有度

一切皆有法　一切皆有度

何海波

法学论文写作

前　言

　　文无定式，但有章法。法学论文写作也有普适的规范和共通的方法。掌握这些规范和方法，不但是完成合格学位论文的实用攻略，也是今后从事法律事务的有用帮手；而对于法律学者来说，更是必不可少的学术训练。

　　眼下的法学院重视法律知识的传承灌输，却很少教授法学论文的写作，更别提系统训练了。很多学生，包括一些已经读到博士的学生，还不知道怎么写论文。市面上有几本讲法学论文写作的书，但总体而言，所讲的东西比较粗疏，规范的细节不多，方法的实例更少。

　　我读书时也没有人专门教论文写作，十多年来一路跟跟跄跄地摸索着写；到今天，还为如何选择和界定主题，如何谋篇布局、组织论证所苦。幸运的是，我在《中国社会科学》做过一阵兼职编辑，这段经历给了我一种新的眼光去审视和鉴赏（而不仅仅是学习）他人的文章。后来去英国读书，在李义恩教授（Ian Leigh）的指导下写作硕士学位论文，受到了一次全面的训练。

　　一个才做十来年学问的人就谈论如何写论文，还早了一些。但看着那些茫无头绪而又焦急万状的学生，我感到还是要早一点把我的体会写出来，跟人分享。这样，也可以免去我向他们一一重复某些同样的话。

　　在此要强调的是，写论文必须有问题意识和创新精神，这是学术论文的生命。在此前提下,追求有头有尾、有条有理、有根有据、有声有色的论述。论文写作是一门实践的技艺。光看不练,哪怕是对着葵花宝典也不会长进功夫;没有一番百思不得、寤寐求之的磨砺,是写不出好文章的。

书中多次引用了我自己的文章。倒不是自己的文章有多好,而是更清楚它们是怎么写出来的。对论文习作来说,看一个粗陋的写作过程也许比阅读华丽的成品更有启发。其中的一些经验之谈,希望同学辨别参考;一些教训,也能够引以为戒。读者能够触类旁通、更上层楼,当然是作者的最大期望。

在写作过程中,我时时回想起多位老师谈论法学论文写作的规范和方法。除了我的几位导师,贺卫方、朱苏力两位老师,还有《中国社会科学》的孟宪范、王好立编审,给了我很多启发。在清华法学院任教并担任《清华法学》编辑期间,与同事、学生的交流也给了我不少启发。写作过程中,参考了多部讨论学术研究方法和法学论文写作的书籍,我的研究生李燕、刘信一、武琼等帮我查找了一些资料。宋华琳、陈越峰、汪庆华、侯猛几位朋友和黄敏达、王振宇两位同学阅读了初稿,给我提了很多很具体的意见,书稿从内容、观点、材料到行文都因此得以改进。在此鞠躬致谢!

本书写作期间,我因病做了一个不大不小的手术。家人、同事和朋友的关心让我感到无比的温暖和感动,我也得以反省和调整自己的生活方式和节奏。对我个人来说,本书也是这段经历的一个小小纪念。

何海波

2012 年 10 月 20 日初稿

2013 年 11 月 22 日定稿

第一讲　选题

一　何为法学？　　　　　　　　003
二　何为论文？　　　　　　　　014
三　选题的基本要求　　　　　　020
四　选题的一般过程　　　　　　041

第二讲　文献

一　穷尽相关文献　　　　　　　055
二　法学文献概览　　　　　　　063
三　文献检索方法　　　　　　　077
四　文献资料的保存和整理　　　084

第三讲　调查

一　现场观察　　　　　　　　　089
二　深度访谈　　　　　　　　　092
三　问卷调查　　　　　　　　　095
四　文献分析　　　　　　　　　100

第四讲 论证

- 一 状况描述 — 112
- 二 属性分析 — 119
- 三 原因分析 — 127
- 四 功能分析 — 134
- 五 法律解释 — 139
- 六 政策建议 — 169

第五讲 部分

- 一 标题 — 179
- 二 导论 — 190
- 三 结论 — 211
- 四 引注 — 223
- 五 作者信息、题注、附录和参考文献 — 246
- 六 目录、摘要和关键词 — 250
- 七 英文翻译 — 258

第六讲 行文

- 一 措词 — 265
- 二 句段 — 277
- 三 章节 — 285
- 四 排版 — 292

第七讲　伦理

　　一　社会调查中的伦理　301
　　二　论文写作中的称呼　303
　　三　批评和商榷　307
　　四　假引和抄袭　311
　　五　署名和致谢　317
　　六　投稿和转载　320

附录

　　附录1　有关法学研究的参考文献　327
　　附录2　本书所引的相关著作　330
　　附录3　本书作者的相关著作　335

第一讲

选 题

常见问题

1. 把报端上的随笔,也当作学术论文
2. 找到了一个研究领域,却不知道自己要论证什么
3. 写完了才发现,这个问题已经有不少人研究过了

第一讲 选题

"老师,我写什么好呢?"这是我听到最多的一句话。

我从来不为学生指定题目,你写这个、他写那个——以后也不会。老师布置的,学生不一定有兴趣、有能力写。更重要的是,老师给定题目,也让学生失去了一次寻找有意义题目的锻炼机会。

找题目有如谈恋爱,命题作文有如拉郎配。拉郎配未必不成功,但恋爱过程中的惆怅、焦灼和幸福就无法体验到了。一位写作指导老师也说:"最好的题目是那些已在学生脑子里酝酿了好长时间,他现在急于诉诸纸上、与他人分享的思想观点;最差的题目则是那些由导师布置给他的。"[1]

本讲讨论法学论文选题过程中遇到的常见问题:什么是法学论文?选题有哪些基本要求?如何确定具体的题目?

一 何为法学?

我听说过这样的故事:一个学生以政府信息公开为题材写作毕业论文,但他写的不是国家秘密应当如何界定、申请资格应当如何认定之类的问题,而是讨论"政府信息公开为什么这么难"。指导老师认为写得相当不错,但在答辩环节被卡住了,原因据说是:"这根本不是法学论文。"呜呼!

有好多次了,听学生谈起一个挺有创意的论文选题,随后又

---

[1] [美]H. 泰特尔鲍姆《英语论文写作向导》,刘健等译,科学出版社 1987 年,86 页。本书引用时略有改动。

担心起自己的选题"不算法学论文",到时候过不了。我一边安慰学生,现在老师对这个问题的看法很开放了,只要大体上算法学论文就行;一边自己也纳闷:"到底什么是法学论文?"

我当然知道,法学是研究法律现象的学问。但什么是法律呢?我们最常用、最熟悉的词,往往是最令人困惑的词。

(一) 法律帝国的疆域

关于法律的一个正统定义是:"法律是国家制定或认可并由国家强制力保障实施的行为规范。"这一定义大体上代表了当前学界对法律的一般认识。它包含着深刻的法学理论,也引发了许多法理的纷争。这里无意辨析法律的概念,而主要从法学论文写作的角度讨论被常识的法律概念所遮蔽的东西。

一个概念有它的核心含义。不管人们如何定义法律,在法学院的课堂上所讲授的、在法学刊物上所讨论的,主要是国家机关运作所遵循的规则,特别是法院审判所适用的规则。这一块是法律体系的核心区块,是法律世界的 CBD(中央商务区)。

在法律 CBD 的边缘,还有一些与特定社会的法律运作密切相关的制度。例如,虽然法学研究通常是以本国现行法律为主要对象,但外国的法律和以往的法律因其对现行法律的借鉴作用或者继承关系,而被纳入法学研究的范围。这就是比较法学和法律史学。又如,虽然法庭是"法律帝国"的中心,诉讼是法律运作的典型场景,但调解、仲裁、信访乃至私力救济等替代性纠纷解决机制(ADR)得到了法律界的广泛关注,并且因立法调整堂而皇之地成为法律的一部分。

对法律的理解也随着法律职业的变迁、法学院培养目标的改变而改变。在我读大学的时候，犯罪学、侦查学、法医学、会计学也是法律系课表上的必选科目，因为我们的职业预期就是进公检法司，"办案子"。今天，世界贸易组织法、国际环境法、公司并购、法律谈判等成为一些法学院广受欢迎的课程，因为学生的职业预期是成为国际商务律师，"做案子"。

虽然法律的概念一再扩展，仍有许多可以称为法律的现象不在上述CBD之内。人类学家发现和探索"初民的法律"[1]，今天一些法社会学者关注了"民间法"或者"习惯法"[2]，一些法律学者开始研究"软法(soft law)"。[3]我们可以用同样的视角，关注人类社会中一些具有类似功能的社会规范。例如，一个清华学生曾经把目光投注于"水木清华BBS"这一虚拟社区，研究其中解决社区用户纠纷的"仲裁"机制如何形成和运作。[4]类似地，老师如何给分、"保研"如何确定、学生会如何选举、"占座"是否允许，校园里的哪样事情不涉及规则呢？

这样看来，凡是涉及人类社会组织规则的，都可以理解为法律帝国的疆域，都可以作为法学研究的对象。

---

[1] 〔美〕E. A. 霍贝尔《初民的法律》，周勇译，中国社会科学出版社1993年。
[2] 梁治平《清代习惯法：社会与国家》，中国政法大学出版社1996年。
[3] 罗豪才、宋功德《软法亦法：公共治理呼唤软法之治》，法律出版社2009年；罗豪才、毕洪海编《软法的挑战》，商务印书馆2011年。
[4] 罗玲《水木清华BBS纠纷解决机制的历史变迁》，载苏力主编《法律和社会科学》第2卷，法律出版社2007年。

(二) 法律讨论的视角

即使在国家机构运作的层面上,传统的法学研究也是集中在法院,论文讨论的问题多数是假定法院正要解决的问题,论文作者也是以法官的视角来看待和讨论问题的。甚至,只有法官适用或者宣示的东西,才被认为是法律。这一视角在很大程度上是有效的。确实,在一个法治国家里,纠纷往往要上法院解决;理论上,也只有在法院才能得到最终解决。法庭是法律辩论的典型场景,法院也是最讲"法"的地方。

但这一视角是有局限的。在法官的视角之外,还存在着看待法律的其他视角。

首先,是"立法者"的视角。法官的主要职责是解释法律,而不是批评法律。即使法律有不完善,法官所能做的是"熨平法律织物上的褶皱"(丹宁法官语);对法官来说,法律不是嘲笑的对象。但是,对于法律改革者来说,他们完全可以挣脱特定法律规范的羁束,而寻求法律制度的完善。不单人大和政府中的官员在起草和审议法律时持有这样的视角,关注法律改革的学者也持有这样的视角。在各种法律刊物中,讨论立法的论文占据了一个很大的比例。虽然官方宣布社会主义法律体系已经形成,但法律的立、改、废将是一个长期的任务,对相关问题的研究也将是法学永远的课题。

其次,是"决策者"的视角。一个恭谨的行政官员在做决策时,自然要考虑法律的约束,但法律只是他的考虑因素之一。因为,他的目标是作出最优的决策,而不仅仅是一个合法的决策。

很多时候,法律不能告诉他最优的决策是什么;法律可以帮他从众多选项中排除某些选项,却不能帮他最终确定选项。这种视角的讨论在传统法学中很少见到,甚至被认为只是一个公共政策的问题而不是法学的问题。但随着对行政规制研究的深入,以行政行为合法性为中心的传统法学很难有效回应现实需求,公共政策的讨论开始"杀入"法学领域。法学研究(特别是行政法学研究)从"捍卫法治"转向"寻求良好治理",一小批年轻学者脱颖而出,并展示了一个充满生机的未来。

第三,是"观察者"的视角。法官埋头审案,却不大有时间去追索这些案件与社会的复杂关联。法官决定一个杀人犯的死与不死,却无需细究他成长过程中促使他走上犯罪道路的因素,也无需理会他杀人后的心路历程(这通常属于犯罪学乃至文学作品的范围)。法官考虑这个案件是否应当受理,却不大关心法院受理的都是哪些类型的案件,还有哪些案件是不会进入法院之门的。一个法学家可能虚构并津津有味地讨论"洞穴奇案"[1],却不去考虑这样的案件一百年也碰不上一个。相反,一个观察者的视角就是在一个大的社会背景和历史背景中去理解各种法律现象的意义,揭示它的规律。法律史学、法律社会学,基本上就属于这种视角的研究。

上述几种视角的区别,可以拿刑讯逼供问题的研究来说明:法官关心的是,警察的讯问是否构成刑讯逼供,以及所取得的证据在具体的刑事案件中是否可以采用;立法者关心的是,法律是

---

[1] [美]彼得·萨伯《洞穴奇案》,陈福勇、张世泰译,生活·读书·新知三联书店 2012 年。

否应当明确禁止刑讯逼供,以及刑讯逼供所取得的证据是否一律不得采用;决策者所考虑的是,如何既能逐步控制和减少刑讯逼供,又能保障刑事侦查有效开展;观察者关心的是,刑讯逼供在实践中为何屡禁不止、新的立法出台后是否能够得到遏制。一个特定的研究者,可以卷起袖子,力陈己见,think like a lawyer,也可以袖手旁观,做一个中立的描述和评价者;但他必须清楚自己所采取的视角,包括这种视角的优势和局限。

(三)法学研究的方法

如果法律就是法官审理案件所适用的规则,那么,法学研究主要就是引用和解释法条(在普通法国家则主要是梳理和检讨判例)。直到今天,法律解释仍然是法学研究的一个基本主题,援引法条、案例和学说进行法律论证仍然是主流的研究方法。一些冠以"法学方法论"之名的著作,主要就是探讨法律解释的方法,与"法律解释学"几可互用。[1]

但由于法律问题和讨论视角的多元化,法学研究方法也越来越多样了。在传统的政治哲学和法律教条之外,社会学、经济学、政治学甚至法律与文学研究方法的引入,在很大程度上改变了法学研究的面貌。北京大学苏力教授大力倡导这种以社会科

---

[1] 〔德〕卡尔·拉伦茨《法学方法论》,陈爱娥译,商务印书馆2003年;杨仁寿《法学方法论》,中国政法大学出版社2013年第2版;梁慧星《民法解释学》,法律出版社2009年第3版;王利明《法学方法论》,中国人民大学出版社2012年。

学方法进入的法学研究。[1]他创办的法学集刊《法律和社会科学》,已成为跨学科法律研究的一个平台。

本书第四讲将会专门讨论法学论文的论证。这里先简单介绍一下法学院学生可能不太熟悉的几种跨学科研究方法。

1. 法律社会学

法律社会学(sociology of law)是第二次世界大战之后兴起的一门法学与社会学的交叉学科。它把法律看成一种社会事实(而不仅仅是规范),致力于观察和描述法律运作的实际过程,揭示特定法律现象的原因、功能及其发展逻辑。法律社会学提醒我们注意"现实中的法律"与"书本上的法律"之间的差异,主张从社会现实的角度去理解和讨论法律。[2]

在中国,也有一些学者偏爱法律社会学的研究,或者用法律社会学方法去描述和揭示法律的运作。[3]应星教授《大河移民上访的故事》,讲述了大河电站移民集体上访所引发的冲突,揭示了上访的移民与维稳的政府所共享的政治权力及其运作机制。书中概括的政府为摆平上访先后采取的不同手段——"拔钉子"、"开口子"、"揭盖子"——正是当代中国"维稳政治学"的

---

[1] 苏力《也许正在发生:转型中国的法学》,法律出版社2004年。
[2] 法律社会学与另一个概念"社会学法学"(sociological jurisprudence)比较接近,但稍有区别。社会学法学是西方国家19世纪兴起的一种法学流派,强调法律与社会的紧密联系,尝试用社会学的方法去阐释或者论证法律规范。它基本上属于法学学科内部的一种研究方法。
[3] 相关综述,参见刘思达《中国法律社会学的历史与反思》,载苏力主编《法律和社会科学》第7卷,法律出版社2010年。

生动写照。[1]苏力教授的《送法下乡》,主要运用社会学的视角,考察送法下乡、法院行政、审判委员会等中国基层司法的制度运作,揭示了为传统法学所忽视的基层司法的技术和知识问题。[2]

我本人曾经解释行政诉讼的撤诉率为什么居高不下,分析行政诉讼受案范围如何在法律没有修改的情况下逐渐扩大,以及正当程序原则作为一个舶来品如何在司法实践中落地生根。[3]我指导的一个学生,分析了王胜俊法院时期官方媒体所塑造的"好法官"是什么形象。[4]这些也可以算法社会学研究方法的一个尝试。

2. 法律经济学

法律经济学(law and economics, or economic analysis of law)是近半个世纪发展起来的一门法学与经济学的交叉学科,主要是用经济学的视角和工具分析法律问题。经过多位学者的大力介绍,法律经济学在中国现在获得广泛的认知,并出现了一些相当出色的研究个案。

张维迎、邓峰应用信息经济学理论,对中国古代长久存在的连坐、保甲制度及其蕴含的激励机制和连带责任作了剖析。文

---

[1] 应星《大河移民上访的故事》,生活·读书·新知三联书店2001年。
[2] 苏力《送法下乡:中国基层司法制度研究》,中国政法大学出版社2000年。
[3] 何海波《行政诉讼撤诉考》,《中外法学》2001年第2期;《行政诉讼受案范围:一页司法权的实践史(1990–2000)》,《北大法律评论》第4卷第2辑(2002年);《司法判决中的正当程序原则》,《法学研究》2009年第1期。
[4] 孙书东《媒体报道中的"好法官":以〈人民法院报〉为样本的研究》,清华大学法律硕士学位论文,2010年。

章认为,在早期国家控制能力低下、信息严重不对称的情况下,连坐和保甲制度属于一种强有力的激励方式,对维护国家统一和社会稳定起到了重要作用。文章进而提出,信息成本是决定法律制度有效性的主要因素,法律制度应该随信息成本的变化而变化。[1]

耶鲁大学埃里克森教授研究了中国古代的典权制度和中国当代的土地使用权制度,认为这两者排除绝卖或者固定期限的特质构成的"复杂地权",不利于经济发展。而简明的永久私有地权的诸多优点之一,是它能够得到非正式的社会规范的支持,从而不那么依赖于有效的法庭。[2]

3. 政治学与法学

政治与法律天然紧密联系。在中国,不但"政法"一词到处可见,"政法法学",即利用经典文献、官方报告、领导讲话之类的政治话语论证法学命题,一度成为主流的法学研究范式。[3]但随着政治学本身的发展,政治学与法学的联系开始呈现新的面貌,特别是带有思辨色彩的政治哲学(political philosophy)和具有实证研究倾向的政治科学(political science)为法律科学注入了新的活力。

---

[1] 张维迎、邓峰《信息、激励与连带责任:对中国古代连坐、保甲制度的法和经济学解释》,《中国社会科学》2003年第3期。

[2] [美]罗伯特·埃里克森《复杂地权的代价:以中国的两个制度为例》,《清华法学》2012年第1期。

[3] 苏力《也许正在发生:中国当代法学发展的一个概览》,《比较法研究》2001年第3期;何海波《中国行政法学研究范式的变迁》,载《行政法论丛》第11卷,法律出版社2008年。

北大的陈端洪教授坚信宪法学研究中存在政治的逻辑,倡导从政治角度研究宪法。他批评,规范宪法学无视中国共产党领导这个最基本的政治现实和宪法原则。他认为应当追问的是,中国共产党如何获得人民的授权?在一系列文章中,他从制宪权切入,论证了为中国现行宪法所确认的政治秩序的正当性问题。[1]他的这些研究被一些同行归纳为"政治宪法学"。

还有一些研究则从政治科学的角度,讨论了诉讼、复议、信访制度的功能。汪庆华《政治中的司法》一书,集中阐述了行政诉讼"多中心主义司法"的特征。作者认为,作为一种正式的行政纠纷解决机制,行政诉讼为民众提供了争取权利、实现正义的平台;但行政诉讼作为控制国家权力的制度安排,被移植到中国之后,也存在着幅度巨大的重构、调整和变异。[2]从政治科学的角度讨论法律问题,与法律社会学研究在方法上基本一致。

4. 法律与文学

法律与文学似乎两不相干。但如果稍微留意一下,会发现文学作品中对法律制度及其运作的描述是大量的。这些描述虽然不属信史,却大大丰富了我们对法律的理解和想象,甚至进一步塑造了我们的法律观。在文史研究领域,存在所谓"诗史互证"的现象,陈寅恪的《元白诗笺证稿》、《柳如是别传》都是诗史

---

[1] 陈端洪《制宪权与根本法》,中国法制出版社 2010 年;陈端洪《宪法学研究中的政治逻辑》(在中国法学创新讲坛"中国宪法学研究方法之辩"上的主题发言),摘要发表于《法制日报》2012 年 12 月 12 日,全文可见于北大法律信息网。

[2] 汪庆华《政治中的司法:中国行政诉讼的法律社会学考察》,清华大学出版社 2011 年。

互证的典范。可见,以文学作品为素材进行法律研究也不是什么荒诞的事。

在西方,法律与文学运动大约是20世纪70年代开始从法学院内部发展起来的。在中国,近年也有一些学者尝试进行法律与文学的研究。强世功教授曾经写过《文学中的法律》,以《安提戈涅》、《窦娥冤》和《威尼斯商人》作为分析对象,分别讨论了三部戏剧中的法律问题,揭示女权主义法律观的内在矛盾。[1]苏力教授《窦娥的悲剧》一文,以中国传统戏剧为材料,对古代司法中的证据问题做了分析。文章认为,窦娥的悲剧不是官员的司法道德问题,而主要是由于裁判者的认知能力有限和古代社会科学技术不发达。文章还分析了当代语境中的"铁证如山"、"无罪推定"、"刑讯逼供"等法律问题在历史场景中的意义。[2]更多相关作品,汇集在他的《法律与文学》一书中。[3]类似地,苏力以及其他多位学者对电影《秋菊打官司》做了反复的解读和分析。[4]

---

[1] 强世功《文学中的法律:安提戈涅、窦娥和鲍西娅——女权主义的法律视角及检讨》,《比较法研究》1996年第1期。

[2] 苏力《窦娥的悲剧:传统司法中的证据问题》,《中国社会科学》2005年第2期。对苏力文章的一个批评,参见康保成《如何面对窦娥的悲剧:与朱苏力先生商榷》,《中国社会科学》2006年第3期。

[3] 苏力《法律与文学:以中国传统戏剧为材料》,生活·读书·新知三联书店2006年。

[4] 苏力《秋菊的困惑和山杠爷的悲剧》,载苏力《法治及其本土资源》,中国政法大学出版社1996年;冯象《秋菊的困惑》,《读书》1997年第11期;江帆《法治的本土化与现代化之间:也说秋菊的困惑》,《比较法研究》1998年第2期;凌斌《普法、法盲与法治》,《法制与社会发展》2004年第2期;赵晓力《要命的地方:〈秋菊打官司〉再解读》,《北大法律评论》第6卷第2辑(2005年)。

顺着这样的思路,谁又能说,讨论《水浒传》、《西游记》或者金庸武侠小说中法律与秩序的文章,不是"法学"文章呢?

二 何为论文?

法学论文是学术性文章的一种。下面,首先谈谈学术文章与非学术文章的区别,然后谈法学论文与其他学术文章的区别,最后说说法学论文的分类。

(一)学术文章与非学术文章

学者写的,不一定都是这里所说的学术文章。报章、博客上的杂文随笔,可能说理生动、思想深远,但这不等于它们是学术文章。例如,贺卫方教授那篇影响巨大的短文《复转军人进法院》,还有他致重庆法律界的公开信《为了法治,为了我们心中的那一份理想》,没有深厚学术底蕴自然是写不出来的,但它们不属于学术文章。他的《通过司法实现社会正义:对中国法官现状的一个透视》、《中国司法传统的再解释》,甚至他《1949年以来中国的法律翻译》,以及他与朱苏力、张志铭两位教授"关于司法改革的对话",才属于学术文章。[1]

学术文章与非学术文章不存在高下贵贱之分,其区别在于交流的对象与目的不同。学术文章不是写给普罗大众的启蒙读

---

〔1〕 贺卫方教授本人所列的一个学术文章目录,参见《1990—2010年间发表论文与评论目录》,载贺卫方博客 http://blog.sina.com.cn/s/blog_488663200102drim.html。

物,不是呈给领导的决策内参,而是写给学术界的同行(包括有学术兴趣的实务界人士)看的,是与有着大体相同的知识背景的同行讨论学术问题。正因如此,学术文章使用的语词更专业,更加注重论证的根据,文中往往带有引注。

学术文章通常发表在学术期刊上;也有一些非专业的报刊辟有理论版,发表一些学术文章。

(二) 综述、评论和论文

学术文章的体裁,大体言之,可分为综述、评论、论文。

综述为对某一个学术会议、某个问题研究、某一个学者或者学术流派的概括叙述。例如,《"法律的社会科学研究"研讨会综述》、《海外学者关于中国行政法的研究综述》、《规范宪法学与政治宪法学的论争综述》。综述比会议纪要、阅读笔记要有条理,但一般不加入作者个人观点。有述有评、以述为主的,可以叫"述评"。好的综述、述评,需要写作者在熟悉情况的基础上,合理取舍和编排相关信息,披沙沥金、条分缕析,从而为学术研究提供有意义的指引。《法学研究》、《中国法学》等权威法学刊物都曾开设过各学科年度法学研究状况的综述或者述评。

评论可以是对一个案例或者事件、对一篇文章或者一本著作、对一个学者或者学术流派思想的评头论足,或赞扬或贬抑。例如,针对龚祥瑞教授主编的《法治的理想与现实》一书,冯象教授发表了《法学的理想与现实》,指陈该书研究方法存在的问题。[1]评论难免需要表明作者观点,但阐发观点必须建立在评论对象上,有所寄附,以评为主。评论可以抓住一点,不及其余,也可以不限一个观点,指哪说哪。法治建设也好,学术研究也好,都需要真诚的批评。目前有的刊物专门开辟了"案例评析"或者"书评"栏目,这些都属于评论的范畴。

论文是有条理地论证作者观点的文章。一般来说,论文应当有一个核心观点,整篇文章为观点而生,为观点而终。眼下学生要求写的是学位论文,学术刊物所载的也多为论文,故本书的阐述主要针对的是论文。

需要说明的是,上述三者的界限有时是模糊的。作者写文章,并不一定循着某个套路来写。我自己写的有些文章,我都不知道如何归类。[2]而且,在中文日常语言中,这三者也没有严格区分,一些综述、评论性质的文章往往也放在"论文"的项目之下。但是,一个成熟的学者,写作时应当有清醒的文体意识,知道自己要写什么。

---

[1] 龚祥瑞主编《法治的理想与现实:〈中华人民共和国行政诉讼法〉实施现状与发展方向调查研究报告》,中国政法大学出版社1993年。相关评论参见冯象《法学的理想与现实:兼评龚祥瑞主编〈法治的理想与现实〉》,《中国书评》第3期(1995年)。

[2] 《正当程序原则的正当性:一场模拟法庭辩论》,是我写过的文体最狂野的文章,一直很踌躇它算什么。文章的主体部分不用惯常的论述方式,而是假定情境的模拟法庭辩论,并且有些口语化,可以说是一种"对话体"。但文章有明确主题,有导论有结论有分段,甚至还有注释。为此,我把它大体上归入论文一类。何海波《正当程序原则的正当性:一场模拟法庭辩论》,《政法论坛》2009年第5期。

(三) 法学论文的类型

下面从不同角度,介绍法学论文的几种常见分类。

1. 规范研究和实证研究

法学论文的类型,从研究视角上大体可以分为规范研究(normative study)和实证研究(empirical study)。规范研究意在回答某个问题"应当怎么样",实证研究则旨在探究某种现象"事实怎么样"。在两者基础上,还有一种我称之为"综合研究",即一篇文章里多个问题分而言之,规范与实证研究兼而有之。

规范研究是有不同层次的。大体而言,一种是法律解释论层面的研究。它试图回答,在一个特定案件中应当适用的法律是什么,甚至某个条文或者概念当如何理解、某个具体的法律原则该如何应用。这是法官经常面临的问题。第二种是立法论层面的研究。它试图回答,面对某个特定事项,法律当如何制定、某项制度应革应废、某个困境当如何突破。这是立法者经常面临的问题。第三种是学理上的。它试图回答,某个法律问题在理论上该如何建立。例如,犯罪的构成要件如何建构、无效行政行为的后果是什么、诚实信用原则在诉讼过程中的适用。甚至更大一些的,法治政府应当如何建立、社会公平如何实现。这是法律学者们最擅长讨论的。

实证研究也有不同面向,有的意在描述事实,有的旨在分析原因,有的重在探究功能。研究过程中,也可能运用到多种方法,从实地调查到文献分析,从定性研究到定量研究。不变的是,它试图揭示某些现象以及现象背后的规律。这也是社会学、人类学、政治科学常用的手段。法律学者的实证研究在对象上与之存在学科交叉;不同的是,法律学者是以法律现象为研究对象,并多以寻求法律制度的完善为导向的。在夏勇主编的《走向权利的时代》中,编者把该书定位为:通过描述和解释当代中国人权利的发展来理解中国的社会发展,"以便更加明智地通过加强权利保护来促进社会发展,通过社会发展来谋求更多的社会正义"。[1]

规范研究难免涉及事实问题,实证研究也会涉及规范问题,但两者旨趣毕竟不同,不但可以区分,写作者更应有区分的意识。规范论证——不管是解释论还是立法论——经常会引用一些事实来论证,但千万不要以为论证过程找了两个案件或者几个数据,就是"实证研究"了。这是法学院学生常闹的笑话。同样,实证研究的对象总是在一定制度框架下运行,描述现象往往需要交待制度背景,不能因此说,整篇论文就是规范研究。

综合研究的典型套路是:揭示现象,提炼概念,讨论规范的适用,指出存在的问题,尝试提出解决的办法。这种写作方式接近于一部探索性的教科书,或者中国古代绘画中的"散点透视",面面俱到,至少多面交集。这种写作方式在早期相当流行,甚至是占主流地位的。周小明的《信托制度研究》、马怀德的《国家赔偿制度研究》,大体都属于这种写作方式。在学术发展的初创时期,相关领域还是一片空白,这种写作方式有相当的合理性。但在法学学术快速发展的今天,很少能够发现"无人踩过的沙坑",

---

[1] 夏勇《走向权利的时代:中国公民权利发展研究》,中国政法大学出版社 1995 年初版,38 页。

这种教科书式的写作已经不再代表学术的主流,甚至难以获得认同。

2. 理论研究和应用研究

理论研究和应用研究的区分,主要在于论文写给谁看、解决什么问题。大体来说,理论研究是从法律现象中探寻内在规律,例如犯罪构成要件的重新探讨、宪法对于私法关系的效力、诉讼制度的基本功能。应用研究则是解决法律实践中直接面临的问题,某个个案的处理、某一个法律条款的理解、某个做法的是非,等等。例如,村民在河道中发现的乌木应当归谁?地方法院有权拒绝适用地方性法规吗?醉酒驾驶是否一律入罪?"有奖拍违(违法驾驶)"的照片能否作为行政处罚证据?

理论研究和应用研究并无高下贵贱之分,能解决问题就是好研究。具体到个人,研究者得根据自己的学术积累和兴趣确定研究方向。作为一般性的建议,法律硕士写论文可以偏实务些,法学硕士写论文可以偏理论些;就多数情况而言,来自实务部门的可以多做应用研究,来自研究机构的多做理论研究。不是说没有成功的反例,但确实不多,这是由社会分工基本决定的。有位中院法官非常喜欢理论研究,看的书也不少,他给我看了他讨论"现代国家行政权的扩张趋势"等理论文章。在惊奇之余,我还是觉得他做具体问题的研究会更有成就。

当然,理论研究和应用研究两个圈子需要多交流。应用研究往往需要借助一些理论。没有理论指引和关怀,缺少深刻和方向。理论研究常常需要建立在应用研究的基础上,要靠应用研究提出新问题、新材料、新观点。没有对实践的关注,理论研究缺少源头活水。

3. 研究报告、学位论文与发表的论文

学术论文的用途,有的作为课题研究报告,供特定人参考;有的作为学位论文,证明自己已经达到相应学术水准;一般的归宿则是在学术刊物上发表,与更多的人交流。好的研究报告和学位论文完全达到可发表的水准,确实也有不少发表了的。

除此之外,学生还有论文习作。论文习作不但是锻炼学者的必修课,也是培养一个学生观察社会、提炼问题、查阅文献、组织论证、驾驭文字的好机会。

三 选题的基本要求

一个好选题,是好文章的一半。一篇论文能够作出什么样的理论创新或者具有什么样的实践意义,不但取决于作者所下的工夫,也取决于论题本身。一些空泛无边、陈词滥调的题目,谁写都难有创新;一些富有洞见的问题,即使作者给了一个蹩脚的回答,仍然激发人们思索。而对于一个受过足够学术训练的学者,决定其学术成就的关键不是方法,而是选题。

选题的基本要求有三:一要有问题意识,二是要有创新可能,三是切合个人情况。

(一) 要有问题意识

什么是问题意识呢?简而言之,作者必须发现现实中存在的问题(problem),从中提炼出一个学术上的话题(question),然后给出自己的命题(thesis)并加以论证。

1. 要发现问题之所在

汉语里的"问题",本身就有些问题:它有时指要求回答的话题,即 question;有时指需要解决的困难,即 problem。不过,这两者又是相通的:有了困难需要解决,才产生了话题。Questions come from problems。不管怎么样,总之是有什么"不对劲"的地方,需要去研究解决;如果没有什么"不对劲",就不需要你费心费力去研究。如何解决这"不对劲"的地方,就是你面对的问题,也就是论文的主题之所在。

好多学生写论文,找到了一个大概的话题,却没有发现真正的问题。比如说,他会先去翻阅教科书,把其中的一章一节作为自己的题目,或者是"论缔约过失",或者是"行政检查研究"。他选这个问题,仅仅是因为他"感觉这个问题很重要"。至于合同缔结或者行政检查在实践中或者理论上有什么问题,他没有意识:他不知道实践中困扰法官的问题是什么,不知道学者们争论不下的是什么,更不知道还有什么被各方所完全忽视了的。因为不知道问题之所在,写起来也像教科书一般平铺直叙:概念、性质、分类、意义……四面八方都说到,既没有重点也没有结论,既不坚持什么也不反对什么,既不和人家商榷也没准备被人家质疑。结果,别人写议论文,他写成说明文了!这种情况好比他划出了一块地,却不知道要在上面种什么。

现实中的问题是分层次的,既可能是法律实践过程中的一个操作问题,也可以是法律认知过程中的一个理论问题。法律实践中的问题,多是长期困惑操作者的问题;而对这些问题的回答,往往可以直接应用于法律操作。例如,什么样的"网络谣言"应受处罚?手机中的"垃圾短信"该如何治理?法院有权拒绝适用地方性法规吗?劳动教养废止后,相关制度如何完善?法律认知过程中的问题,包括一些被人忽视的现象,一种难以辨识的性质,一些似是而非的观念。例如,中国共产党的"党内法规"是什么?[1]是否真的存在"法律人的思维方式"?[2]还有一些文章对我们在法律认知过程中的理论问题进行梳理和反省,这就属于理论的二次方了。例如,"国家"的概念从何而来?"法学研究范式"如何变迁?

一个好的论文选题,必是触及了那些比较典型、人们普遍关心的问题。而那些在实际生活中极少发生而且对社会影响很小的现象,就不属于有重大价值的问题。我读大学时,老师在行政法课堂上讲到公务行为和个人行为的区分时,提到私人主动协助执法的性质。他举了一个例子:一个机动车驾驶员在路口遇到交通堵塞,主动下车疏导交通,由于指挥失误导致两车碰撞,车主要求国家赔偿。国家是否应当把这名驾驶员的疏导行为视为公务行为,从而给予车主赔偿?我记得自己居然还写了一篇论文讨论这个问题。现在回想起来觉得真是可笑,放着世界上那么多真问题不讨论,却讨论起一个几十年也碰不上一回的假问题!这种冥想式的问题,除了帮助作者训练尚属幼稚的思维,

---

〔1〕 姜明安《论中国共产党党内法规的性质与作用》,《北京大学学报(哲学社会科学版)》2012年第3期。

〔2〕 苏力《法律人思维?》,《北大法律评论》第14卷第2辑(2013年)。

对于社会生活没有任何意义。[1]反过来,肖泽晟教授有篇讨论"墓地上的宪法权利"的文章,就触及了当下的一个重大问题。围绕墓地的处理,全国各地发生了很多纠纷。由于我国尚不承认死后人格权,也不承认墓地管理人对墓地的"准财产权",法院对相关权益的保护非常有限。[2]墓地是几乎所有人的最后归宿,如何处置墓地,兹事不可谓不大。

2. 要提炼出问题

有些学生喜欢从一些社会热点问题入手,找寻自己的论文主题。例如,城管执法、醉酒驾驶、"人肉搜索"、"医闹",什么热写什么。这种选题现实针对性更强一些,可以避免初学者虚雾腾腾。问题是,现实中重要的问题未必都是学术上有意义的问题。现实中的问题总是可以从多个方面去看待和讨论,所谓"横看成岭侧成峰",所谓"仁者见山、智者见水"。学术讨论不是侃大山、写散文、作报告。如果不加以提炼,"几个问

---

[1] 多年后,我接触到一篇讨论"天然孳息的归属问题"的文章。作者在学术上比我当年讨论私人主动协助执法时要专业多了,但其关注问题的琐细程度似乎也只在五十步和一百步之间。评议人对这篇论文给予这样的评语:"就天然孳息,物权法规定归所有人,但有用益物权和另有约定的除外;合同法规定交付前归出卖人,交付后归买受人。前述规定之间确实存在某些冲突。但在现有农村土地制度下,不动产天然孳息的归属较难发生争议,而动产(主要是动物)天然孳息的归属,由于交付为动产买卖之物权变动的一般根据,故物权法和合同法的规定通常并不发生适用上的冲突。为此,研究某些特殊情况下的天然孳息归属是有必要的,但其实用价值是极为有限的。更为重要的是,本文的研究完全陷于抽象议论,完全脱离生活实际,故虽其论证在理论上严谨而且娴熟,但看不出任何实用价值。"

[2] 肖泽晟《墓地上的宪法权利》,《法学》2011年第7期。

题"、"若干方面"都说一通,撒胡椒粉一般,也很难作出好的论文。

如何从纷乱的现实中提炼出有意义的学术问题呢?基本的要求是,要放在学术的语境中讨论,要注意思想的传承,要注意与学术界的对话。例如,讨论国务院取消"十一"、春节长假期间高速公路收费合法性问题的文章,如果把问题定位于"管制性征收"或者"行政特许的变更"这样的理论范畴,问题就得到了提炼,讨论就上路了。又如,城市管理执法头绪繁多,笼而统之很难讲清楚,不妨把它细化为一个个具体的问题来讨论:查处"黑车"能否采用"诱惑取证"?打击非法张贴的"小广告",是否允许直接切断广告上的联系电话?又如,讨论"政府职能转变"这样的大问题,听起来犹如"狗吃天,无从下口",写出来也容易流于粗疏空泛。这时,可以选择一个特定的视角去讨论:过去三十年中国政府职能转变遵循的是什么样的逻辑?立法对于保障政府职能转变起到了什么作用?

提炼问题时,有几点需要注意:一是,一篇论文只讨论一个中心问题;二是,"大处着眼,小处入手";三是,清楚合理地界定问题。

(1) 一篇论文讨论一个问题

为什么一篇论文只能有一个中心问题?中心只能有一个,多了就分散了。诸如《工商登记中的若干问题研究》、《城市管理行政执法中的问题、原因和对策》、《关于行政诉讼法修改的几点意见》一类的文章,标题就意味着它是多中心的,也很难写成中规中矩的论文。一篇文章能解决一个问题就不错了,不要两个、多个问题。

有些作者写论文,没有留意论文中出现了多个中心。有篇文章的标题是论建立环保法庭的必要性,大量篇幅讨论的却是环保法律的重要性。评论者指出,环保法律很重要并不意味着必须建立专门的环保法庭,作者的论证在逻辑上存在重大断裂。作者解释说,他的论文不但论证环保法律重要性,还同时主张建立环保法庭。但这样一来,文章就出现了两个有些联系但实际上不同的问题。

(2) 大处着眼、小处入手

"大处着眼、小处入手",是指在一种大的问题关怀之下,选择一个小而具体的题目来讨论。问题太大,文章不好写,纵然有学术意义,往往也很难在一篇论文中给出透彻的分析。研究主题得到合理限定后,相对容易作出像样的成果。尤其对于刚刚从事学术研究的研究生而言,尽量选小一些、具体一些的题目,能够"小题大做"则更好。一些小题目也能够在细微处见功力,其研究结论能够让人掩卷而思,举一反三,从而获得超越研究主题的穿透力。例如,苏力教授从"窦娥的悲剧"入手,分析了古代社会科学技术不发达对裁判者认知能力和司法运作的制约。[1]这篇文章其实主要讨论的是法律与科技的关系,只是他没有写"法律与科技关系的法理学重构"之类的大题目。我本人比较关注中国法院在现实中的功能,但我不会选这么大的题目,直接论述"一、二、三、四",而是通过法院在行政诉讼撤诉和解、正当程

---

[1] 苏力《窦娥的悲剧:传统司法中的证据问题》,《中国社会科学》2005年第2期。

序原则适用等方面,来管窥法院扮演的角色。[1]

梁慧星教授曾告诫:"硕士论文题目的设计,要避免过大;博士论文题目的设计,要避免过小。"[2]从道理来说,这是不错的。但从我所见来看,不但硕士论文选题往往偏大,一些博士论文的选题也是过大。有位法律硕士写毕业论文,最初考虑写《行政强制措施》,连自己也感觉太大;经与导师商量后,决定写《行政调查过程中的强制措施》;在写作过程中发觉还是大,再次调整题目,改为《卖淫嫖娼案件中的调查取证》。改小后,作者很快聚焦于实践中的一些问题,文章就有了血肉。一位博士研究生写毕业论文,题目是"司法治理全球化:民主转型与宪政再造"。我一看就晕了:一个个都是大词,铺天盖地的,谁知道怎么写?还有篇博士论文写《中国民族区域自治制度研究》,我也很替作者担心,不知道他会写成什么样子。

当然,题目并不是越小越好,小也要小得有道理。有个学生想写《行政判决公开合议庭不同意见制度》。我问,行政判决公开合议庭不同意见与民事、刑事判决公开合议庭不同意见会有什么不同吗?他想了想,说:"好像没有什么不同。"既然没有什么不同,那把选题局限于行政判决中的公开合议庭不同意见,就是小得没道理。可以作为对比的是《行政判决理由的说明》:行政判决重在对行政行为的合法性审查,在审查标准和判决方式

---

[1] 何海波《行政诉讼撤诉考》,《中外法学》2001年第2期;《司法判决中的正当程序原则》,《法学研究》2009年第1期。

[2] 梁慧星《法学学位论文写作方法》,法律出版社2012年第2版,25页。

上有很强的特殊性,判决理由说明自然也有其特点。因此,以"行政判决理由的说明"为题,是可以接受的。

(3) 问题要清楚合理界定

有效的讨论来自于合理的研究视角的确立以及问题的清楚界定。根据我的经验,研究视角的偏差多半是因为学科分割,视野局限。有一个法律硕士想写《从行政法角度论"人肉搜索"的法律规制》,这是一个让人不太好理解的题目。"人肉搜索"的法律规制不单是行政法的,甚至主要不是行政法的。"从行政法角度"似乎过于限制讨论问题的视角。有一篇博士论文尝试以商谈民主理论为基础,讨论如何规范行政立法。我也不太看好。"商谈民主"或许能够为规范行政立法提供一点理论上的启示,但没有击中当下中国行政立法的核心问题;两者沾点边,但很可能写成两张皮。

问题没有得到良好界定,有时是因为概念混淆,以辞害意。例如,一篇题为"公务员从事营利活动的法律问题"的开题报告,把公务员的营利活动包括了公务员(包括国有企业和各地"驻京办"中的公务人员)依职务进行的营利活动,也包括公务员个人行为的营利活动。这两方面涉及非常不同的问题,没有办法放在一起论述。再如,一些学者在讨论公民拒绝权时,把公民对违法行政行为的抗拒、基于良心的抵制以及对暴政的抵抗,都混在一起。这会使讨论很难有效进行。

3. 要有核心命题

与问题相伴的,是命题。

多年前,刘南平博士发表过一篇文章,叫《法学博士论文的

"骨髓"与"皮囊"》。文章强调,法学博士论文必须有一个核心命题,论文的全部内容就是围绕这个核心命题展开的;核心命题是法学博士论文的"骨髓",没有核心命题就不是一篇地道的博士论文。[1]鉴于今天"冠以博士论文之名的教科书"仍然不少,刘南平的这篇文章值得每一个法学院的学生阅读。

什么是核心命题?刘南平博士说:"简单地讲,它应该是贯穿整个博士论文的中心论点,是你试图在论文中探讨或论证的一个基本问题(general issue)或基本观点(general position)。"[2]他举了两个例子:较远些的例子是16世纪欧洲的基督教改革运动中,其领袖人物马丁·路德在维登堡教堂大门上贴出的九十五条论纲(theses),如"真诚悔过的基督徒,就是没有赎罪券也能免除罪罚";手边的例子就是他自己这篇论文所包含的命题,即法学博士论文应该具有"骨髓"和"皮囊"。

为什么论文要有核心命题?写文章要有中心思想,让人看完后清楚地知道你在说什么。诸如《行政强制措施研究》《行政合同研究》一类的文章,从标题上看不出核心命题之所在,实际上往往也没有核心命题,算不得中规中矩的论文。还有的文章做法律比较,简单地拿两个国家的类似制度进行比较,然后得出几点相同、几点不同、几点启示。这种漫无目的的比较无法给人有说服力的启示。有意义的比较必须来自合理的视角,并且归

---

[1] 刘南平《法学博士论文的"骨髓"与"皮囊"》,《中外法学》2000年第1期。
[2] 同上。但刘南平博士所说的"基本问题"(general issue),似乎不能算命题。

结为一个核心的命题。

怎么样算有核心命题？我的经验是，看是否能够把核心观点用一句话来表述。我经常用这样的方法来要求学生。每当听学生报告他的选题而不知所云时，我便会问："你想说什么？你能用一句话来概括你的观点吗？"当然，我也用这种办法来检验自己的文章。例如，《没有宪法的违宪审查：英国故事》说的是："英国也是有违宪审查的"；《晨光初现的正当程序原则》说的是："连续的个案显示，正当程序原则已经开始在中国行政法中落地生根"；《公民对行政违法行为的藐视》说的是："面对严重违法行政行为的侵犯，公民在不能获得及时、充分救济的情况下，采取适当方式予以直接抵制，应当允许。"但有的文章通不过这样的检验。例如《英国行政法上的听证》，有一些翔实的介绍、也有一些洞见，却没法概括出一个核心观点。这是因为文章整体上是介绍性的，而且采取了教科书式的叙述方式。按照前面所述学术文章的分类，这样的文章实际上不能算论文。

（二）要有创新可能

1. 为什么要有创新？

创新是学术的生命。学术是一个由不同作者共同续造的绵延不绝的阶梯，一个人的研究必须通过前人并超越前人。每个人只要在前人基础上再迈一步，不管多么微小，都是贡献。如果没能迈出这一步，哪怕文章再华丽，社会反响再好，在学术上是谈不上贡献的。

学术研究具有很强的个人性，但也有公共性。研究什么、怎么研究主要根据个人兴趣爱好和知识结构而定,持有什么见解主张也是个人的。但学术研究不光是个人的学习训练,也不是纯粹的智力游戏,它要求对社会有所贡献。这是学术研究公共性的一面。

学术研究的公共性决定了,对你来说有意思的题目,不一定是学术上有意义的题目。为此,作者必须了解这个问题已经有哪些相关研究,努力在现有的研究基础上能够阐发一些新的东西。如果无视相关研究,你的工作就可能是重复研究,自说自话;做得再好,也不过是高水平的重复而已。我在英国读书期间,写了一篇文章《"越权无效"是行政法的基本原则吗?英国学界一场未息的争论》。当时查阅国内文献并不方便,印象中也没有这一主题的相关文章。回国后,却发现杨伟东博士早在2000年就在《政法论坛》上发表了《越权原则在英国的命运》,不禁愕然。虽然我自认为我的文章在文献运用和学术观点上仍有一些可取之处,但我要是早知道他已经写过了,就不会再去写了。

因此,在着手某项研究之前,一定要做好文献检索工作,特别是对相关主题研究文献的检索。

2. 对谁而言的创新?

新意有大有小。一方面,不能要求每一个问题、见解、方法或者材料都是横空出世或者地下出土。不能因为这个意思某本著作的某句话已经提到过或者暗示过,或者学术圈中有研究的人稍微再想想也不难想到,就彻底否定它的新意。毕竟,"太阳底下无新事"。另一方面,也不能因为这句话人家没这么说过,或者有人没听到过,就算是新的。那创新也来得太容易、太廉价了!

那么,创新是对谁而言的?应当是对整个学术圈而言。如果对学术圈现有知识能够有所推进,就是创新;也只有对学术圈现有知识有所推进,才算创新。一个普通的实际工作者、甚至一个相关领域的研究者所不知道的,不一定是新的。要遍阅文献,你提出的问题、所论证的观点、所采用的材料或者方法是新的,那才是新的。一篇好的文章也许能够让阅读者茅塞顿开,一场好的讲座能够让坐在下面的官员大受教益,但在学术上未必是新颖的。这有点像发明专利,它不是在你周围人群中有点新意就行,而应当对国内外同行都是新颖的。

与自然科学不同的是,法律具有很强的本土性,法律研究的学术圈国别界限比较明显。就中国法律而言,由于研究者的身份不同、所关注的问题和采取的视角不同、写作的语言和读者对象不同,大体上分为国内学术圈和国际学术圈。多数情况下,中国学者还是在国内学术圈内说话,所要求的新颖性也只是对于国内学术圈而言的。所以,不难理解,一些外国学者已经用外文发表的论文,国内刊物还会发表它的中文译本;中国学者已经用中文发表的论文,翻成外文后又到国外发表,有的刊物也不在意。

3. 什么是创新?

创新,是指能够提供新的知识;不然,所谓创新只是个幌子。有一个学生想写《博弈论视角下的中国公共听证制度的构建与完善》,听起来似乎不错。但是,当我问他:"原来大家的讨论算什么视角?它有什么问题?博弈论视角能够提供什么新的启示?"他讲不出来。如果连这一点都回答不了,那么,这篇论文的选题价值就值得怀疑。

创新体现在哪些方面?发现新问题、提出新见解、采用新材料或者新方法,都是创新。

(1) 新问题

学术发展初期,很多问题都没人讨论。这时候,你讨论什么都是新的。现在这样的情况似乎越来越少,很多人抱怨找不到新问题了。其实,很多问题是我们没有发现,或者没有感觉它是个问题。就像罗丹所说的,"世界上并不缺少美,缺少的是发现美的眼睛",法学研究永远不缺少问题,缺的是洞见问题的敏锐。

新的问题常常来自一个被人冷落的研究对象。以行政法学为例,经过二十来年的努力,中国行政法学体系趋于定型,其标志是概念体系的完备。尽管如此,缺漏仍然不少。例如,学术界研究了具体行政行为的成立、补正、变更、撤销、无效等问题,却少有研究具体行政行为的解释。一个行政行为作出后,各方并不试图推翻它,却争辩它的含义。这时就属于"解释"的范畴。[1]行政程序的问题得到了学术界的普遍重视,但大家讨论的多是告知、听证、说明理由等面向当事人的程序,而很少关注行政机关内部职责分工、请示汇报、集体讨论之类的"内部程序"。[2]再以宪法研究为例。在我国现有国家机构中,学术界有意无意地视法院为法治的核心,把大量的精力倾注到对法院的研究上,而人大实际扮演的角色却很少被关注。林彦博士写了一系列的论文,对人大立

---

[1] 何海波《具体行政行为的解释》,《行政法学研究》2007 年第 4 期。
[2] 何海波《内部行政程序的法律规制》,《交大法学》2012 年第 1、2 期。

法及其执法检查做了深入研究,开启了一个全新的领域。[1]对研究者而言,这些都是新问题。

新问题有时来源于新视角。一些被大家讨论很多的主题,如果换个角度,又会有新的问题。我写《行政诉讼撤诉考》,是基于这样一个悖论:《行政诉讼法》禁止调解,但变相调解(撤诉)比例很高;法官们认为这不正常,呼吁严格把关,但自己也在动员原告撤诉。由此,我的问题是"为什么行政诉讼撤诉大行其道?",而不是"法官应不应当动员原告撤诉?"或者"行政诉讼应不应当允许调解?"[2]我写《行政诉讼受案范围:一页司法权的实践史》也是这样。大多数学者讨论的是:《行政诉讼法》关于受案范围的规定应当如何理解,或者未来的《行政诉讼法》应当如何修改?我关注的问题是:在《行政诉讼法》没有修改的情况下,行政诉讼受案范围如何在实践中呈现扩大的态势?[3]撤诉还是撤诉、受案范围还是受案范围,我的问题已经从规范层面转向了实证层面。

(2) 新见解

在科学史上,创新就是提供新的知识。新的知识往往推翻旧的观点,如伽利略的实验推翻"重的物体落地快"的常识、哥白

---

[1] 林彦《从自我创设,到政治惯例,到法定权力:全国人大常委会执法检查权的确立过程》,《清华法学》2009年第3期;《执法检查的政策功能》,《清华法学》2012年第2期;《通过立法发展宪法:兼论宪法发展程序间的制度竞争》,《清华法学》2013年第2期。

[2] 何海波《行政诉讼撤诉考》,《中外法学》2001年第2期。

[3] 何海波《行政诉讼受案范围:一页司法权的实践史(1990 – 2000)》,《北大法律评论》第4卷第2辑(2002年)。

尼的"日心说"否定"地心说"的常识。新知识也可能是原有偶然、零碎知识的整理和提炼。今天大家熟悉的"哈雷彗星",中国古代自公元前3世纪开始就有完备的天象记录,但只有英国人哈雷在18世纪初发现:其中每隔76年出现一次的彗星其实是同一颗彗星。知道"勾三股四弦五",与发现"$a^2+b^2=c^2$"的公式,那也不是一个知识层次。

对法学来说,新见解意味着对一种法律现象的性质、原因或者功能如何理解,或者对一个法律问题如何处理的新意见。例如,苏力教授对"法律规避"作出了有别于传统见解的理解。他通过分析一起"私了"案件指出,农民偏好私了并不一定是不懂法的表现,而是利用民间法和国家制定法的冲突所作出的一种理性选择;法律规避也不意味着国家制定法对社会不起作用,恰恰是国家制定法发挥作用的一种特殊形式。国家制定法与民间法的相互沟通以及在此基础上的妥协、合作,将是制度创新的一个重要途径。[1] 又如,郝铁川教授注意到,一些改革举措违背当时的宪法规定却符合人民的根本利益,他称之为"良性违宪"。[2] 这一看似悖谬的说法表达了关于改革与法治冲突的普遍焦虑,并引起学界的广泛讨论。有学者秉持"宪法至上"和法治的理念,

---

[1] 苏力《法律规避和法律多元》,《中外法学》1993年第6期;《再论法律规避》,《中外法学》1996年第4期。

[2] 郝铁川《论良性违宪》,《法学研究》1996年第4期;《社会变革与成文法的局限性:再谈良性违宪兼答童之伟同志》,《法学研究》1996年第6期。

激烈地批评"良性违宪论"[1];有学者指出,这种实践与规范的冲突本是"宪法变迁"的一种方式,不必一味斥责,也无需冠以"良性违宪"之名[2];也有学者指出,中国现行宪法本身就是一部带有过渡性质的"改革宪法",它为认可和推动改革而制定,并在一定程度上容许了违宪的改革。[3]

一些重大的原创性问题的提出,不但开辟了新的问题领域,而且基本上伴随着新的见解。当苏力教授呼吁重视"本土资源",他郑重地提出了中国法制现代化和中国法律传统之间的紧张关系,并强调珍重法治的本土资源。[4]当罗豪才教授等学者倡导"平衡论",他们不但提出了"行政法学的理论基础"这一范畴,提出了"行政权力—公民权利"的基本冲突,也提出了"行政法应当是平衡法"的主张。[5]

我本人写的文章,也力图在观点上有所创新。《没有宪法的违宪审查:英国故事》一文,针对"英国没有司法审查"这一广泛

---

[1] 童之伟《"良性违宪"不宜肯定:对郝铁川同志有关主张的不同看法》,《法学研究》1996年第6期。
[2] 林来梵《规范宪法的条件和宪法规范的变动》,《法学研究》1999年第2期。另见韩大元《社会变革与宪法的社会适应性:评郝、童两先生关于"良性违宪"的争论》,《法学》1997年第5期。
[3] 夏勇《中国宪法改革的几个基本理论问题》,《中国社会科学》2003年第2期。另见陈端洪《由富强到自由:中国宪法的价值取向与司法化的可能性》,《法制日报》2002年12月5日。
[4] 苏力《变法、法治及其本土资源》,《中外法学》1995年第5期。更多论文,可阅读苏力《法治及其本土资源》,中国政法大学出版社2004年修订版,尤其是其中第一编。
[5] 罗豪才、袁曙宏、李文栋《现代行政法的理论基础:论行政机关与相对一方的权利义务平衡》,《中国法学》1993年第1期。更多讨论,可阅读罗豪才等《行政法平衡理论讲演录》,北京大学出版社2011年。

流行的观点,提出:如果把违宪审查看成规避议会"恶法"的实施效果,那么英国实际上已经形成独特的违宪审查。它们包括普通法外衣下法院对议会立法的变相抵制,议会立法自身授权法院的审查,以及通过重新解释不成文宪法而获得完全意义上的违宪审查。[1]《公民对行政违法行为的藐视》一文,对于赞成和反对公民拒绝权的现有观点都做了回应:反对公民拒绝权的一方,其观点是有问题的;赞成公民拒绝权的一方,其论证是有问题的。双方其实都忽视了中国法律的现实。[2]

(3) 新材料和新方法

一些老问题长期悬而未决或者争论不休,就是因为欠缺新的材料和方法。在航海时代到来之前,要向普通人证明地球是圆的确实相当困难;到了太空时代,摄影图像让这个问题变得简单而直观了。又如达尔文的进化论,它从提出到现在不断遭到攻击,据说部分原因是因为"进化链条"上还存在一些断裂;这只有依靠新的材料或者方法才能补救。

在我国《物权法》制定之前,民法学界围绕物权变动理论有相当多的争议。争议的核心大约在于"物权变动的无因性",特别是善意取得第三人的利益保护问题。在论证中,一些学者广泛援引了德国、法国、日本和我国台湾地区的学说,周详考证、细细梳理,让人惊叹民法学理之博大精深、源远流长。但我纳闷,可不可以从既有交易习惯的角度去论证有关善意取得之伦理,

---

[1] 何海波《没有宪法的违宪审查:英国故事》,《中国社会科学》2005年第2期。

[2] 何海波《公民对行政违法行为的藐视》,《中国法学》2011年第6期。

或者用法律经济学的方法去讨论最优的资源配置？也许，这样的论证方法能够开辟一条新的路径，而不至于让人迷失在眩晕的概念之中。

一些新观点的提出，往往需要新的材料或者方法的支持，甚至新观点本身就是新的材料或者方法催生的。当我写作《行政行为对民事审判的拘束力》《公民对行政违法行为的藐视》，发现现有的争论多继承大陆法的学理，而对英美法缺少足够的关注。这两篇论文探究了英美法的相关做法，也算为争论提供了一些新的材料。另一个例子是行政诉讼中的事实认定。现有的举证责任理论，多在努力追寻已经逝去、有时不可复原的"事实真相"。在一篇论文中，我尝试运用价值衡量的办法来讨论举证责任的分配。我的基本思想是，探寻举证责任分配的意义在于公正和有效率地分配社会资源，指引当事人未来应当遵循的行为规则。[1]

（三）切合个人情况

好题目也不是人人都能写的。别人的好题目，你却不一定做得了或者适合去做。所以，有了选题的意向，还要考虑自己的知识结构是否足以驾驭，能不能获得相关资料，是否有足够时间，以及它是不是符合自己的学术规划或者职业规划。这些不是选题的外在要求，只是一点经验之谈。

---

[1] 何海波《举证责任分配：一个价值衡量的方法》，《中外法学》2003 年第 2 期。

1. 知识结构的限制

作为研究者,可以通过不断学习,努力拓宽自己的视野、优化自己的知识结构。论文写作过程中,作者还难免要临时补习很多东西。但论文写作所需要的最相关、最基础的知识,应当是事先就储备好的。基础知识缺太多的话,临时想补也补不过来。所以,在具体研究过程中还是应当扬长避短,这样才有可能作出较有价值的学术成果。[1]

一般来说,那些宏大、抽象的主题不适合初学者来写。因为它需要相当深厚的知识储备,也需要相当高明的驾驭技巧,而初学者往往还不具备。在北京大学罗豪才教授等人的倡导下,行政法上的平衡理论引起了学界广泛关注和热烈讨论。有一段时间,不少硕士研究生也参与到这个讨论中。这本不是坏事,但以之作为学位论文题目,就要谨慎。这个主题涉及行政法功能定位的宏大理论问题,没有像像样样地读过几本书,怎么敢下手去写?记得姜明安教授就曾告诫说:年轻学者最好做一点具体的研究,不要忙于创立这个论、那个论。

以我自己的经验来看,研究者确实需要抑制一下对某些问题的热情。法律经济学很有意思,但以我目前的知识结构,还是不敢去做的;行政规制研究也很有前途,但没有相当的积累,我也不敢踏足;"全球治理"是个新潮的话题,我半懂不懂,还是少说为妙。行政诉讼法我比较熟悉,自信在这个领域能够刨个坑

---

[1] 宋华琳《选择怎样的题目做研究》,载《法学家茶座》第 17 辑,山东人民出版社 2007 年。

出来,所以,我写的论文主题多半与此有关或者由此而生。

2. 资料之可得

写论文时,要预计一下从事相关研究的资料。有些研究构思很好,但资料难求,就不得不放弃。有位学生想写政府对网络言论的监管。我叫她先找找现有文献,看看政府是怎么监管的。她找了一圈,发现根本讲不清楚,也想不出可以获得信息的渠道,只好作罢。还有位学生,想讨论行政法上的先例,包括法院运用行政法原则作出突破性的判决,这些判决精神能否在以后被遵循,以及行政机关对法院判决的尊重程度。我问:"你准备到哪里去找这些资料?"他发现确实很难找,也放弃了。

研究者本身的外语水平和外文资料搜集能力也是一个比较大的制约因素。如果不懂德语、日语等大陆法系国家的语言,就选择"行政行为公定力"之类的题目做研究,就不容易接上人家的话头,更难指望推进相关的研究了。反之,如果缺少搜集和阅读英文文献的能力,却试图利用中文资料去讨论"美国的独立规制机构"或者"英国法上的自然公正",那么也很难对相关学术讨论有所推进。

3. 研究时间的考虑

学者写论文可以慢慢来,资料一点一点地收集,问题一个一个地处理,思路不清的还可以先放放。我自己的论文中,从开题到定稿断断续续写了八年十年的并不止一篇两篇。

但学位论文就不能不考虑时间了。有些研究主题本身是很好的,但铺得太大,一年两载完成不了,就不大适合作为学位论文题目。学位论文不但是学术水平的检验,其实也是学术论文写作的练习,基本上不是实现你雄心勃勃的一辈子写作计划的地方。例如"警察权研究",作为博士论文也许还行,但作为硕士论文显然就太大了;硕士论文不妨考虑写其中一个方面,如警察盘问权研究、警察职务防卫权研究。又如"国家建设(state-building)与少数民族政策",恐怕也不是短时期内能够写成的;要写的话,不妨也选择其中的一个方面来写,如计划生育政策、语文教育政策、诉讼用语的规定等。改小些,就容易在规定时间内完成。

至于平时的课堂训练,题目可以更小一些。在我的课堂上,一位学生想写公共信托理论,一位学生想讨论社会自治领域的司法审查。这样的题目作为硕士学位论文尚可,但作为学期论文习作都有些大。

4. 学术规划或者职业规划

对大多数学生来说,在本科或者硕士阶段写的论文可能是他这辈子写的唯一的论文。但如果以学术为职业,这辈子就得连续写论文、发论文。这时就得有一个学术规划,至少在若干年内要把精力投入一个相对集中的主题,干完这个——最好弄出点声响来——再换别的主题。所谓"伤其十指,不如断其一指",就是这个道理。有的年轻学者习惯于(或者是被逼着)赶热闹,东一榔头西一锤,没有确定的主题也没有专精的领域,人家都记不起他写过什么、擅长什么。这对他的学术发展很不好。

至于一辈子只写一篇的,如果这一篇能够跟他的职业预期或者职业经历结合起来,也不失为一件好事。有同学想毕业以后去一家NGO(非政府组织),她的论文就写NGO纳税优惠的问题;有位法律硕士同学是从基层财政局出来的,他就写"乡财县管"的问题。

四 选题的一般过程

选题的过程,大体有三个阶段:从阅读或者讨论中获得灵光一闪的思想,从中提炼出问题;有了初步选题后,做先期调研;最后,在调研和讨论的基础上,调整论题。

(一) 提出问题

好题目不是天上掉下来的。一个无知无识的头脑是不可能提出有意义的问题,能够找到一个饶有兴味问题的人必须是有知有识,往往还需要敏锐的洞察和艰苦的追寻。它是在阅读、听讲、交谈或者辩论中,你追问的隐约浮现的问题,你抓住的一闪而过的灵感,你冥思苦索的纠结。

下面结合我自己的所闻所历,讲几个事例。

如果你发现一个现象几乎没有被人注意过,那可能是一个全新的问题。好多年前,我的一位同学发现,大家都在谈诉权,却很少谈诉权的滥用,至少专门的学术论文还没有。于是他就写了一篇文章讨论滥用诉权的侵权责任,发表在《法学研究》上。[1]我写《通过判决发展法律:田永案件中行政法原则的运用》,是因为我注意到,虽然学界已经开始谈论行政法原则,却

---

[1] 郭卫华《滥用诉权之侵权责任》,《法学研究》1998 年第 6 期。

没有专门讨论过一个行政法原则;而海淀法院在该案判决中的得失,正好可以作为我评述的契机。[1] 我的《具体行政行为的解释》、《内部行政程序的法律规制》,大体上也属于这一类。

如果你发现常识的见解有问题,那你从中切入,很可能会发现一个有意思的问题。例如,传统的观点认为,英国不存在违宪审查;而我接触到的事实是,英国法院实际上以多种方式回避、排除乃至抵制议会立法的适用,客观上起到与其他国家违宪审查同样的作用。那,这算什么呢?于是,有了我的《没有宪法的违宪审查:英国故事》。[2]

如果一个问题大家都在讨论,却总也不解决,那可能需要新的视角或者新的材料。我写《行政诉讼撤诉考》,是因为这样一个契机:我在法院实习时,发现行政诉讼的撤诉率高得异乎寻常(最高达57%)。学者们一直强调法院对原告撤诉要严格审查,法官的文章同样呼吁法院要严格把关。既然如此,撤诉率为什么还那么高呢?这就不是个人因素能解释的,背后必定另有原因;解决撤诉率过高的问题,也不是呼吁呼吁、强调强调就行的。[3] 我的《行政行为对民事审判的拘束力》,大体也属于这一类。

如果你跟人家争论,你认为自己很有道理,却无法说服,甚至难以说清,那背后很可能蕴藏着深刻的理论分歧,需要好好挖掘。我的博士论文、也就是后来成书的《实质法治》,就是源起于

---

[1] 何海波《通过判决发展法律:评田永案件中行政法原则的运用》,载《行政法论丛》第3卷,法律出版社2000年。

[2] 何海波《没有宪法的违宪审查:英国故事》,《中国社会科学》2005年第2期。

[3] 何海波《行政诉讼撤诉考》,《中外法学》2001年第2期。

刘燕文案件之后的争论。我深信,正当程序、信赖保护、平等、适度等法律原则应当是法律体系的一部分,是法官判案的依据之一。但是,对手的质疑是无法回避的:我们该到哪里去寻找这些不见于法条的所谓的法律原则?我们该如何适用这些边界如此模糊的法律原则?我们如何保证对公正的追寻不会沦为法官的专断?这些三言两语回答不了的问题,也许值得用一篇论文去回答。[1]我写《何以合法?对"二奶继承案"的追问》,也是起因于争论。我不认同法院的判决,但又觉得一些学者对法院判决的批评(特别是"以德入法"的指责)有问题。萦绕我的问题是:法院究竟应当如何判决才是合法的?[2]

(二) 先期调研

选题如投资。在投资一个行业前,第一你得有一定资本,第二你要做市场调查。论文写作中的"市场调查"就是查阅文献,看看前人是否已经有成熟的观点,自己是否还值得写;或者看看是否能够找到足够材料,自己是否写得了。涉市需谨慎,"市调"应先行。一个博士研究生在开题陈述时说,他写了一篇关于宪法在民法中适用的文章,"写完了才发现这个问题已经有不少人研究过了"。就这一点来说,这个博士生还欠缺最基本的学术训练。

在初步阅读文献的基础上,可以拟写一个写作提纲。提纲

---

[1] 何海波《实质法治:寻求行政判决的合法性》,法律出版社2009年。
[2] 何海波《何以合法?对"二奶继承案"的追问》,《中外法学》2009年第3期。

可以澄清思路,也可以使作者一目了然地看出自己的思路是否前后一致。还可以列一个参考文献目录,使自己明白要看和要找的资料。与人讨论自己的论文构思,也是一个好办法。目前,研究生论文写作要求经过"开题"环节,老师们在开题时所提的意见值得重视。

1. 是否还值得写?

如果一个问题已经有很多讨论,已经形成成熟的观点,甚至已经达成共识,再增加你一篇也没什么意思。例如,围绕当下行政诉讼法的修改,主张纳入抽象行政行为,扩大行政诉讼受案范围,行政诉讼中应当允许调解,可能就没有多少新意可言。围绕行政程序法的制定,阐述什么正当程序原则,也没有什么新意可言。泛泛地讨论行政法的原则、法律解释方法、行政裁量的控制,我也怀疑能够写出什么新意。

一个问题是否有成熟观点,对于长期浸淫在该领域的学者来说,往往是比较清楚的。但对于一个新手,就需要查阅教科书、论文和专著,看看相关问题的讨论情况。一般来说,一个问题被大量文章讨论的,就会比较成熟;没有多少文章讨论的,就是有待探索的新领域。例如,我写《内部行政程序的法律规制》时,查了一下:在过去二十多年中,外部行政程序得到了大量的讨论,其中以"听证"为题的论文超过 1000 篇,光是核心期刊上的就有 100 余篇。而研究内部程序的,专著付之阙如,文章寥寥可数;哪怕是研究行政程序法的专著,论及内部程序的篇幅也只寥寥数行。据此,我相信这是一个被学界冷落、需要引起关注的新问题。

需要强调的是,问题是否成熟不完全在于这个主题下已经有多少篇论文了,而在于问题是否被人看到了、解决了。三、五篇优秀论文,也许就能够把某个问题说得非常明白,无以复加;被人狂轰滥炸过的主题,尘埃落定之后却很可能发现留有大块死角。

还要强调的是,你查找时使用的关键词也可能妨碍你的视线。人家已经有很多讨论,但不是用你的词汇讨论,你的查找很可能是无效的。这个问题在第二讲"文献"中将专门讨论。

2. 是否写得了?

值得写的问题,你不一定写得了。有的是因为资料难求,有的是因为自己知识储备差得太多。所以,要看看是否能够获得足够的资料,或者自己是否有能力驾驭。

文献查找是个工夫活,不下工夫肯定不行,但资料难求的问题可能真不好解决,下了工夫也不一定行。有几个学生想研究中外交通事故责任认定规则的差异,但查阅书籍、法条和判例都没有想要的东西。我猜,那些东西基本上不在这上面,而可能在街头执法者和基层裁判者的手中,所以很难找。他们后来放弃了。有人问我愿不愿意研究一下"党内法规"。我倒很有兴趣,但粗粗查了一下,发现大量党内文件是不公开的。我拿不到手,就没法深入研究,只好推脱了。

知识储备不够可以补充,但如果差太多,一下子补不过来,那就没法写。时下流行的一些理论,如"法律经济学"、"协商民主"、"法律商谈"、"合作行政",都可能为你的研究提供有益的视角或者工具,但如果你对它完全陌生,就不必生搬硬套,冒险尝试。

(三) 调整论题

调整论题是常有的事。论题的调整,大约有三种情况:第一,由大到小,限缩、拆分;第二,由小到大,深入、扩展;第三,由此及彼,转移论题。下面结合我自己的经历,做一个介绍。

1. 限缩、拆分

我从英国读书回来后,接到一个邀请,让我写《英国行政程序法》,不超过 5 万字。英国的行政程序除了判例法还有大量的议会立法,行政程序的内容更涉及多个方面,5 万字恐怕只能蜻蜓点水。经过一番考虑,我决定把行政程序的内容限于听证,法律渊源限于判例。这样也能更好地体现英国行政程序的制度特色。于是,整个文章缩为《英国行政法上的听证》。[1]

下面是一个拆分的例子。刘燕文案件让我看到了正当程序原则在中国司法实践中的一线曙光。刘案之后不久(大约 2000 年),我在电脑上创建了一个 word 文档,标题即为"晨光初现的正当程序原则"。这个题目搁了好多年,也没有写成文章。这部分是因为材料过于单薄(用一两个案件来说明正当程序原则在中国司法实践已经怎么样还为时过早),但主要还是因为思路一直没有理顺:我想说明正当程序原则在中国司法实践中已经晨光初现的事实,又想为这种现象的正当性辩护——一篇文章两个主题,难怪别别扭扭!后来,我把它拆成两篇文章:《晨光初现的正当程序原则》一文(发表时改为《司法判决中的正当程序原

---

[1] 何海波《英国行政法上的听证》,《中国法学》2006 年第 4 期。

则》),从经验层面讨论中国法院如何通过个案判决逐步推动法律原则的发展,以及这种现象的意蕴;《正当程序原则的正当性》一文,则从规范层面讨论在法律没有明文规定的情况下法院适用正当程序原则判案的正当性。[1]类似地,我的《中国行政法学的外国法渊源》与《行政法学研究范式的变迁》,也是从最初的一个稿子拆分而成的。

2. 深入、扩展

美国学者孔飞力在《叫魂》一书的中译本序言中说到,当他来北京在第一历史档案馆从事研究时,全然不知道会写出这样一本书。他本来打算从叫魂案入手,研究清政府内部的通讯体系是如何影响其政策的实际运作的;而他很快发现,叫魂案所揭示的一些问题值得更为深入地探讨,特别是专制体制之下皇帝与官僚机构之间围绕信息操控所进行的控制与反控制。[2]像这种从一个问题入手,连续追问,最后获得原先没有清醒意识的新见解,在学术研究中是很常见的。

我写《多数主义的法院:美国联邦最高法院司法审查的性质》这篇论文,经历了一个不断自我追问的过程。起初,我只想用政治科学研究成果来证明一个判断:美国联邦最高法院的司法审查,多数时候与判决当下的主流公众意见是一致的,而关于

---

[1] 何海波《司法判决中的正当程序原则》,《法学研究》2009 年第 1 期;《正当程序原则的正当性:一场模拟法庭辩论》,《政法论坛》2009 年第 5 期。

[2] [美]孔飞力《叫魂:1768 年中国妖术大恐慌》,陈兼、刘昶译,生活·读书·新知三联书店 2012 年再版。

司法审查"反民主"的批评,在很大程度上遮蔽了现实的政治图景。这部分写完之后,我追问自己一个问题:是什么导致司法审查的"多数主义"?它是偶然的巧合吗?通过考察法官的主观意识、外在力量的制衡以及法官任命体制,我的回答是,这一现象是植根于美国的政治制度之中的。写到这里,我又追问自己一个问题:如果是这样,那么司法审查与民主的关系究竟应当作何理解?于是,我试图通过重新诠释民主,来理解司法审查在美国社会中的功能:它不是外在于美国民主制度,更不是民主制度的敌人,而恰恰是美国民主过程中的一部分。[1] 就这样,通过连续的自我追问,讨论也得以步步深入。我另外两篇文章《行政诉讼撤诉考》、《何以合法?对"二奶继承案"的追问》,也经历了类似的过程。

《行政行为对民事审判的拘束力》的写作,源于一个难缠的案子:甲向法院提起民事诉讼,称乙非法占用了自己的房屋,要求乙迁出。甲出示了房管局颁发的房屋产权证书。乙以争议房屋不属甲所有为由进行抗辩,并对甲持有的房产证效力提出异议。就在民事诉讼过程中,乙对房管局提起行政诉讼,请求法院撤销房管局颁发给甲的房产证。于是,一起纠纷,两种诉讼,三级法院,十年官司,先后十八份裁判文书,可谓"超级马拉松"。这一奇特的案件吸引了众多学者的讨论,但除了一两篇文章,多数讨论是就案论案的。我对类似问题做了扩展扫描,并加以重新提炼:从程序的角度而言,在民事诉讼过程中遇到一个相关的

---

[1] 何海波《多数主义的法院:美国联邦最高法院司法审查的性质》,《清华法学》2009年第6期。

行政争议,应当采取什么途径予以解决;从实体角度而言,则是在民事诉讼中如何对待司法审判的自主性和行政行为效力的问题。[1] 这种扩展无疑增加了讨论的复杂性和结论的危险性,但使文章主题有了更大的针对性。

3. 转移

有的时候,你发现了一个问题,但对该问题正面的回答不一定是最好的回答,或者你发现了比预设问题更有意义的问题。这时,你可以转移一个视角、方法或者变换一个问题来讨论。例如,把一个规范的问题转成一个实证的问题,把一个中国的问题转成一个外国的问题,把一个对策的问题转成一个理论的问题。转移视角、方法或者问题,是研究中常见的现象。

我本人读研究生期间,曾因未经允许进入一个别墅小区,被管理这个小区的万春园公司罚了 10 元钱,结果跟它打了一场官司。在经历了这场官司之后,我对社会组织实施处罚的现象比较有兴趣。但相对而言,物业管理机构对擅入小区的人进行罚款不是一个常见现象。我发现,村民自治过程中的处罚更为悠久和普遍。于是,我写了一篇基本上是实证研究的文章《依据村规民约的处罚:以明堂村近 25 年情况为例》。[2]

中国在农村土地征用、城市房屋拆迁中暴露出大量的问题,

---

[1] 何海波《行政行为对民事审判的拘束力》,《中国法学》2008 年第 2 期。

[2] 何海波《依据村规民约的处罚:以明堂村近 25 年情况为例》,载沈岿编《谁还在行使权力?准政府组织的个案研究》,清华大学出版社 2003 年。

无数的文章就是围绕这一主题,其中"公共利益"的标准是个争论不休的问题。这时,有学者把目光转向国外,发现美国最高法院判决的 Kelo 案与之很相似。在这起影响巨大的诉讼中,美国最高法院把宪法中的"公共使用"(public use)做了扩大解释。[1]对这个案件做深度的阐述,能够为中国问题的讨论提供非常有益的启示。

很多时候,面对复杂的社会问题,简单地拿出一个对策是没有意义的。因为对策取决于决策者的综合权衡,而不取决于学者的论证;多数时候,拿出对策也不一定是学者所擅长的。学者更适合做的,毋宁是分析一个现象产生的各种条件、一个决策的一般后果,从中寻找规律性的东西。举个例子:几年前,中国建立违宪审查的呼声很高,不少热切的学者提出了建立违宪审查机构的设想,甚至具体到宪法委员会或者宪法法院组成一类的问题。这种憧憬不是没有现实意义,但确实没有太多学术意义。在我看来,学者需要回答的是两个问题:由一个专门机构进行合宪性审查,与人民代表大会制度在法律上相容吗?与中国共产党领导在政治上相容吗?洪世宏博士的一篇论文,就分析了对法律进行违宪审查与现行人民代表大会制之间的深刻矛盾。作者断言,在人民代表大会所体现的民主集中制下,其实"无所谓合不合宪法";相反,设立任何独立于全国人大常委会的违宪审

---

[1] 汪庆华《土地征收、公共使用与公平补偿:评 City of Kelo v. New London 一案判决》,《北大法律评论》第 8 卷第 2 辑(2007 年)。

查机构都从根本上违背了现行的宪法。[1]其观点自然可以商榷,其问题才是真正的学术!

选题练习:

每人预选 1—3 个论文主题,简要说明问题意识的来源、相关文献的情况、可能的创新以及初步的论证思路。下堂课讨论。

---

[1] 洪世宏《无所谓合不合宪法:论民主集中制与违宪审查制的矛盾及解决》,《中外法学》2000 年第 5 期。

第二讲

文 献

常见问题

1. 没有系统地查阅文献,碰到一篇算一篇
2. 不知道文献藏在哪里
3. 不知道该用什么关键词检索电子数据库

写作学术论文,文献检索是必不可少却又常被忽视的一环。在动手写作前或者写作过程中,作者要做的就是围绕主题、遍搜文献。从经验来看,写一篇法学论文,作者检索文献的时间往往多于——甚至远远多于——坐在电脑前码字的时间。

目前有不少著作详细介绍文献信息,可供进一步阅读。[1] 这里着重讲三个问题:要找什么文献?到哪里找?如何找?

一 穷尽相关文献

学术论文要有根有据、有所创新,都必须建立在文献基础上。有根有据,就必须拿文献说话;有所创新,就必须比对现有文献。没有必要的文献根据,满嘴跑火车,哪怕说得再动听,也不叫论文;没有阅读相关文献,一个人自说自话,可能说得很有道理,却不一定有什么创新。要想写一篇合格的论文,必须穷尽相关文献。

什么叫"穷尽相关文献"?是不是找个三五篇相同主题的论文,拾掇拾掇,整出一篇自己的呢?那肯定不行。是不是把这个主题下古今中外的所有鸿篇巨制、稗官野史,都看一遍?那也不一定。下面分几个具体问题,一一讨论。

---

[1] 陈瑞华等《法学论文写作与资料检索》,北京大学出版社2011年;凌斌《法科学生必修课:论文写作与资源检索》,北京大学出版社2013年;于丽英主编《法律文献检索》,北京大学出版社2013年第2版。中国法律史研究的文献,还可以参阅荣新江《学术训练与学术规范:中国古代史研究入门》,北京大学出版社2011年。

(一) 法学文献与非法学文献

法学论文最主要的读者群是学术界,学术思想最主要的表达形式是论文,其次是专著和教材。写论文前,首先需要查找的就是学术界相关主题的论文、专著和教材,看看学术界都已经讨论过什么。学术是一个知识和思想的系统,也是一个学术人的系统。如果你不看学术界的讨论,不知道学术界惯用的术语、基本的观点,你根本进不了这个系统,只能在学术圈外面自说自话。如此,人家对你的评论是"还没入门"、"不上台面"。

但光有论文还不行。如果你仅仅检索、参考和引用论文,你只能在一个狭隘的圈子里说话,而且往往还无甚新意。等而下之的,用论文拼凑论文,用语词复制语词,只有学术的外貌而没有学术的内核——思想创新。现在好多垃圾文章,就是这么炮制出来的。

在法学论文以外,相关的立法、判例和时事报道,是法学论文写作中经常需要参引的。法学以外的人文社科文献,也是法学论文作者经常需要参引的。

(二) 资料的新与旧

一些老师告诫:"必须引用最新的资料,不能引用过时的东西。"这话有道理,但不完全正确。

有道理,是因为学术研究必须跟上社会的发展,跟上乃至引领学术的前沿。你拿他人观点作为论据,人家自己都已经修正乃至放弃了这个观点,这一论据的分量就减弱了;甚至,人家可能对你还有意见。你拿一个制度作为论据,这一制度已经被改革了,你论据的有效性也会受到影响;甚至,你的研究还贻害不浅。《行政诉讼法》规定行政诉讼不适用调解,现在看来有问题。当初那么规定,很大程度上是因为不了解国外相关制度的发展,还抱着半个世纪前"公权力不得调解"的旧观点。

更有甚者,你的研究对象发生了变化,你还拿它做研究,这就危险了,甚至毫无意义。有个学生写房屋拆迁补偿标准的论文,开题之后不久,国务院废止了《城市房屋拆迁管理条例》,代之以《国有土地上房屋征收与补偿条例》。新的条例改变了原先的补偿标准和计算方法。这个学生交上来的论文,还是在探讨房屋拆迁补偿标准,所参引的为数不多的几篇论文,也都是针对旧条例的讨论。结果,他的论文没有通过答辩。

但事情也不绝对。一个制度的改变,并不意味着原先讨论这个制度的文章毫无意义;一本书再版后,也不意味着原先的版本就立即成为废纸。这取决于你从哪个角度看待和讨论问题。如果你要梳理一个制度的来龙去脉、溯源一个概念的生发演变,那些故纸堆里的东西可能正好是你要找的,那些变化的细节也许正是值得你关注的。搞历史研究的人太明白这一点了。即使不是专门搞历史研究的也会发现,一些有生命力的文献是不因时间的淘洗而褪色的。

在论述当代中国的法律渊源时,我稍稍考证了一下当前流行的法律渊源理论是怎么来的。最后发现,相关文献对这个问题呈现出两个明显不同的理论渊源:在正式法律文本中,法最初被看做最高权力机关制定的法律,这种权力不断蘖生,止于法规、规章;在法学理论中,法一开始就被定义为各级国家机关制定的各种规范性文件,随后,范围不断收缩,止于法规、规章和司法解释。两个源流基本殊途同归,汇流成今天流行的法概念。[1]在这种问题意识之下,不同时期法律规定的变迁、学者说法的差异,正是我所刻意寻找的,那些已经泛黄的老文章,对我来说正是弥足珍贵的;而不同教科书上大同小异的"最新说法",却不是我需要着力搜寻和辨析的。

综上,研究者必须注意到研究对象的最新发展,也可能需要考察其历史变迁。具体如何引证,则应当根据研究对象和论证需要而定。

(三) 资料的洋与中

中国学者对外国学术和外国法律是相当重视的。这种重视,反映到法学研究中,就是对外国文献的频繁引用[2];一些介

---

〔1〕 何海波《实质法治:寻求行政判决的合法性》,法律出版社2009年,41—58页。

〔2〕 根据对行政法学专业刊物《行政法学研究》1993—2005年期间所发表的文章进行的统计,不包括专门介绍外国法的文章,在注释中引用外国及中国台湾地区的文献占全部引用文献的40%(但是,如果排除专门介绍外国法的文章,援引外文文献的只占引用外国文献总数的4.5%)。何海波《中国行政法学的外国法渊源》,《比较法研究》2007年第6期。

绍外国法的译著,长期高踞被引频次的排行榜。[1]对外国文献(特别是外文文献)的崇尚,也反映到学位论文写作上。梁慧星教授提出:硕士学位论文和博士学位论文,一定要有相当的外文资料;"没有外文资料,不仅影响论文的质量和水准,而且不符合硕士、博士的标准"。[2]

中国学界重视外国文献是有原因的。历史地看,当代中国法律很大程度上是一百多年来法律近代化(现代化)的产物,从概念、理论到制度都大量移植自西方国家。因此,很多问题追根溯源的话,都要到外国文献中寻找。在实践中,我们所面临的许多问题是西方曾经面临过的,我们所讨论的问题是西方国家曾经讨论的。即使他们的回答不一定能够为我们所采纳,但至少可以为我们提供一种比较。最后,在法律全球化的背景下,各个国家之间也需要互相观照、互相借鉴。

重视外国文献,特别要强调利用第一手的外文文献。在渠道不通、外文文献难求的情况下,为数不多的几位学者对外国法律或者法律理论的翻译和介绍,奠定了中国法学的基石。说得难听点,当初抄来也是贡献。而现在对国外相关问题的深入研究,必需第一手的外文资料。毕竟,第二手文献在意思传递过程中

---

[1] 苏力教授根据中文社会科学引文索引提供的资料,对1998—2002年期间法学著作的引用情况所做的统计表明,王名扬的《美国行政法》被引用194次,在所有的法学"教科书型著作"中位居榜首;他的《法国行政法》被引用170次,排第4;《英国行政法》被引用104次,排12位。苏力《也许正在发生:转型中国的法学》,法律出版社2004年,第一章"从法学著作引证看中国法学",尤其是64页。
[2] 梁慧星《法学学位论文写作方法》,法律出版社2012年第2版,45页。

转手倒腾,难免有丢失乃至讹误。对于一个特定主题来说,二手文献数量也毕竟有限,盲人摸象、雾里看花是常有的事。至于转述二手资料的资料(三手资料),对你的论文已经没有什么价值了。可以这么说,一手资料是金,二手资料是铜,三手资料是垃圾。

但是,对外国文献(特别是外文文献)的要求也不能过分,更不能强求。有些问题本来就很中国,外国学者也不一定有相应讨论,非要摘引几篇外国的,看上去就像"长城外面贴瓷砖"。事实上,一些很有原创性也很有分量的论文,从头至尾就没有引用一个外国文献。赵晓力的《通过合同的治理》,通过文献研究和实地调查指出,中国农村承包合同不仅是农户与村集体之间民事法律意义上的租佃契约,还成为地方政府和乡村干部治理农民和农村事务的一种新方式。[1]这篇文章没有引用一篇外国文献,我看丝毫也不损害其价值。

还有一种情况,作者与相关外国文献本来就接触很少,对外国的情况根本讲不清楚,就不必"为赋新诗强说愁",东拉西扯地引上几句。有的学位论文在后面的参考文献中列了一大堆外国的甚至外文的文献,在正文中却没有提及。这种做法,倒有作假嫌疑了。

(四) 文献的权威与不权威

有学生问:"我想讨论政府采购合同。用中国期刊网查找了一下,发现关于政府采购的论文居然有近4万篇之多,即使是讨论'政府采购合同'的论文也有近千篇之多。难道都要看完吗?"

---

[1] 赵晓力《通过合同的治理:80年代以来中国基层法院对农村承包合同的处理》,《中国社会科学》2000年第2期。

当然不用,这几万篇中的相当一部分是垃圾文章。关键是,如何判断文献的质量。

一个初入门者,可能会借助作者身份、期刊或者出版社、发表(或者出版)的时间(版次)、被引用乃至下载次数等外在因素去判断。这些不是完全没有道理:一个权威期刊上发表的文章,可以假定比一个三流刊物上同主题的文章要靠谱;一篇被频繁引用或者大量下载的文章,总比一篇没人引用的同主题文章要好一些;一本几次再版或者多次印刷的教科书,大体上是品质的保证;你所了解的一位名声在外而素来严谨的学者写的东西,永远值得重视。有一些垃圾刊物,是认真的研究者不屑在上面发表,也不屑参考的。[1]

我自己也曾用这些方法来鉴别。在检索结果太多而不得不有所取舍时,或者在刚刚进入一个陌生领域而无所适从时,上述外在因素就是一个便当的判断标准。在写作《多数主义的法院》一文时,我一头扎进美国政治科学(political science)的文献,刚开始如堕云雾。我上网查找、打印了一份政治科学期刊的排名,获知哪些是权威期刊、哪些是一般期刊、哪些可能是垃圾刊物。在研究的最初阶段,这份期刊排名提供了一个有用的指南(直到渐渐熟悉这个圈子学者的名字)。

---

[1] 下面是一家刊物的约稿函,你能想象得出它的质量:"《时代经贸》杂志中旬刊现面向社会各界的专家学者广泛征集优秀论文,为了保证论文的来源你也可以做我们杂志的代理,代理人如能向本刊推荐6篇论文可以免费为你发表论文一篇,推荐12篇可免费发两篇(被推荐作者需缴纳相应的版面费),我们可以将代理人的论文安排在同等级别的其他国家级刊物上发表,详情见附件。希望你能成为我们杂志真诚的合作伙伴!顺祝一切好!"

当然，上述判断方法很可能是有偏差的。一个盛名之下的学者，可能其实难副；一份号称权威的刊物，也不乏平庸的文章；一个名声卓著的出版社，难免也会出一些垃圾书。甚至，一篇被人频繁引用的文章，可能只是因为它赶上了一个热门的话题，取了一个通俗的标题。

所以，判断文献质量最可靠的办法是阅读文献，自己作出判断。如果没有时间阅读全文，哪怕是阅读一篇文章的摘要、目录、导言、结论、参考文献，也可以作出大体的判断。

下面简单讲讲判断文献质量的因素（详细的讨论可参见第五讲中的"引注"）。在我看来，文献质量取决于三个因素：一是思想的原创性或者出处的原生性；二是论证的严谨性或者报道的准确性；三是影响力。

所谓思想的原创性或者出处的原生性，指一个学术概念或者观点最早是谁、在哪里提出的，或者一个事件最早是谁报道的。思想的原创性通常只有阅读了大量文献，理清思想的脉络以后，才能作出准确的判断。但阅读论文摘要或者文献综述，有时也能作出大致的判断。

所谓论证的严谨性或者报道的准确性，也就是不但要"早"，还要"好"。最早提出的，不一定是论述最充分、最有力，或者报道最详细、最可靠的。判断论证的严谨性需要认真阅读全文，并与同类文章相比较。但浏览文章目录或者引注，有时也能基本有数。

所谓影响力，主要是它传播的范围和被人接受的程度。衡量学术论文的影响力，最有效的指标是它的被引频次。一些期刊数据库在列出搜索结果的同时，还会显示文章的被引频次。注意一下它的被引频次，对其影响力也就有了一个基本的认识。

二　法学文献概览

　　大体知道需要什么样的文献之后,下一个问题就是到哪里去查找这些文献。除了亲身调查获取资料(见第三讲"调查"),法学研究文献主要来自三个地方:一是图书馆的纸质文献;二是电子数据库,例如清华同方开发的"中国知识资源总库"(又称"中国知网",CNKI)、Thomson Legal and Regulator's 开发的"万律法律数据库"(Westlaw);三是互联网,它沟通了一些单位网站、个人博客。

　　下面按照文献类型,简单地介绍文献的所在。由于传统纸质文献已经大规模地数字化,本书着重介绍数字化信息的检索途径。

(一) 书籍

　　书籍是人类知识的总汇,也是研究者必经的阶梯。当代书籍数量浩瀚,最近几年每年出版的图书数量都在几十万种。以2011年为例,全国共出版图书近37万种(初版20余万种,重版、重印16余万种),其中政治、法律类1.5万余种(初版1.2万余种)。[1]另据粗略估计,中文法律学术书一年约有两千

---

[1] 《2011年全国新闻出版业基本情况》,《中国新闻出版报》2012年8月7日,转引自新华网 http://news.xinhuanet.com/zgjx/2012-08/07/c_123542239_4.htm。

种。[1]正式出版的图书目录,收录于《全国总书目》。[2]

查找和借阅书籍,最便当的地方就是自己所在学校(或者单位)的图书馆。各个单位藏书情况差别很大,好在图书馆藏书目录可以远程电子检索。如果本单位图书馆没有,可以尝试"馆际互借",或者直接去其他单位查阅。国家图书馆是目前中国藏量最大的图书馆。

现在,有部分图书实现了电子化。由世纪超星公司开发的"超星数字图书馆",据称是世界最大的中文在线数字图书馆(www.ssreader.com)。一般的图书馆,也越来越注重收集电子化的图书。我在寻找号称"当代中国民告官第一案"的包郑照诉苍南县人民政府强行拆除房屋案相关资料的过程中,注意到黄传会写的长篇报道《中国的"挑战者"号:首例农民告县长案始末》(海潮出版社1990年)。找了几个图书馆(包括国家图书馆),都没有;后来,意外发现清华大学图书馆有该书的电子版,书中附有判决书和代理词。类似地,发生于民国初年的民国大学诉工商总长刘揆一案件的一些资料,包括刊载该案判决书的《京师地方审判厅法曹会判牍汇编》(1914年),也是从电子文件中找到的。[3]

图书的数字化,乃至图书馆的进书,有个时间差的问题。要

---

[1] 王铁梅《2002—2005年法律类学术性图书出版情况分析》,《图书馆》2009年第3期。

[2] 《全国总书目》是我国的国家书目,自1949年以来逐年汇总编纂全国各出版社正式出版的图书信息,从2004年起推出网络版。

[3] 熊元翰等编《京师地方审判厅法曹会判牍汇编·第一集民事》,京师地方审判厅1914年,232—236页,转引自北京记忆 http://www.bjmem.com.cn/bjm/bjwh/zzfl/200711/t20071111_5953.html。

获得最新出版的图书信息,可以检索当当(dangdang)、亚马逊(Amazon)等网上书城。

(二) 论文

1. 中文法学论文的阵地

法学论文最主要的阵地是各个法律院校、研究机构举办的专业法学刊物,例如《中国法学》、《法学研究》、《中外法学》、《法商研究》等。这些刊物虽然各有风格,但都接受各个领域的法学论文。《行政法学研究》、《知识产权》、《中国刑事法杂志》一类的部门法学刊物,刊载了相当数量本领域的论文。

下表以北京大学图书馆的"中文核心期刊"[1]、南京大学的中文社会科学引文索引(CSSCI)[2]和中国法学会的"中国法学院核心科研评价来源期刊(CLSCI)"[3]为依据,列举一些主要的法学刊物(排名不分先后):

---

[1] 中文核心期刊是北京大学图书馆所开发的一个数据库,旨在为图书情报部门对中文学术期刊的评估与订购、为读者导读提供参考依据。《中文核心期刊要目总览》先后于1992、1996、2000、2004、2008、2011年出过6版,其中最新一版收录法学期刊28种。期刊目录见朱强主编《中文核心期刊要目总览(2011年版)》,北京大学出版社2011年。

[2] 中文社会科学引文索引(CSSCI)是南京大学中国社会科学研究评价中心开发研制、用来检索中文社会科学领域的论文收录和文献被引用情况的数据库。目前收录法学期刊21种,另有扩展版法学期刊8种,法学集刊18种。来源期刊目录见http://cssci.nju.edu.cn/news.asp?ChannelID=9。

[3] 中国法学院核心科研评价来源期刊(CLSCI)是中国法学创新网所使用的评价各个法学分支学科、各个法学科研单位情况的期刊目录。目前共收录期刊15种,其中包括表中未列出的人文社科综合性刊物《中国社会科学》。详见http://lawinnovation.com/html/law_801.shtml。

#	北京大学图书馆中文核心期刊·法学	中文社会科学引文索引(CSSCI)·法学	中国法学院核心科研评价来源期刊(CLSCI)
1	中国法学(中国法学会)		
2	法学研究(中国社会科学院法学研究所)		
3	中外法学(北京大学)		
4	清华法学(清华大学)		
5	政法论坛(中国政法大学)		
6	法学家(中国人民大学)		
7	法商研究(中南财经政法大学)		
8	法律科学(西北政法大学)		
9	现代法学(西南政法大学)		
10	法学(华东政法大学)		
11	法制与社会发展(吉林大学)		
12	法学评论(武汉大学)		
13	比较法研究(中国政法大学)		
14	环球法律评论(中国社会科学院法学研究所)		
15	行政法学研究(中国政法大学)		
16	知识产权(中国知识产权研究会)		
17	华东政法大学学报		
18	当代法学(吉林大学)		
19	法学杂志(北京市法学会)		
20	法学论坛(山东省法学会)		
21	政治与法律(上海社会科学院法学研究所)		
22	中国刑事法杂志(最高人民检察院理论研究所)		
23	河南财经政法大学学报		
24	甘肃政法学院学报		
25	河北法学(河北省法学会)		
26	法律适用(国家法官学院)		
27	人民检察		
28	国家检察官学院学报		

此外，近年来还出现了《北大法律评论》、《清华法治论衡》、《民商法论丛》、《行政法论丛》等一批论文集刊(即"以书代刊"的连续出版物)。这些集刊也登载一些质量不错的文章，有的篇幅很长。不少集刊论文在"中国知网"(CNKI)等数据库中能够检索到，中文社会科学引文索引(CSSCI)也收录部分法学集刊。

除了专门的法学刊物，还有一些人文社科领域的综合性刊物也刊载法学文章。主要是各省社科院、社科联举办的社会科学综合性刊物(如《探索与争鸣》、《开放时代》、《江海学刊》)，以及各个综合性大学举办的学报。在这些刊物中，中国社会科学院主办的《中国社会科学》，通常被认为是整个人文社科领域的顶级刊物；三联书店举办的以书评为中心的《读书》，则是广受尊重的思想文化杂志。

一些报纸和非学术性的刊物也可能辟有理论专版，登载一些思想性或者学术性的文章。特别是在20世纪八九十年代，这种状况相当普遍。例如，最早为行政法制和行政法学鼓与呼的几篇文章，就是发表在《人民日报》、《中国法制报》等报刊上。这些在今天看来不算论文的篇什，就是那个年代的学术。直到今天，一些学术文章特别是学者对一些社会热点问题的意见，也可能发表在大众化的报刊上。但要看到，随着学术的发展，学术刊物与非学术报刊的分工日益清晰。多数情况下，学术文章首先在学术刊物上发表，在报刊上发表的往往只是它的通俗版、简缩版；或者，在报刊上先发表一个快评版、短论版，而事后才形成有头有尾、有根有据的论文。这样，报刊文章的原创性、严谨性和完整性都可能受到影响，作为学术文献的意义也大大降低。

学位论文作为文献有特殊性。有一部分学位论文,在写作过程中或者写完后分拆或者整体发表了;多数学位论文则没有发表。通常大学图书馆会保留学位论文,博士学位论文和部分院校的硕士学位论文还要交国家图书馆统一收藏。国家图书馆提供检索服务[1],清华同方"中国知网"(CNKI)、万方数据库等也提供论文检索服务。与公开发表的论文相比,未发表的学位论文质量更加参差不齐,引用时应当特别慎重。

2. 中文论文电子数据库

清华同方等单位研发的"中国知网"(CNKI),包括了中国期刊全文数据库、中国优秀博硕士学位论文全文数据库、中国引文数据库、中国重要会议论文全文数据库、中国重要报纸全文数据库、中国图书全文数据库等多个数据库。其中的中国学术期刊网络出版总库,是目前世界上最大的中国学术期刊全文数据库,收录了96%的核心期刊(自1915年至今,部分期刊回溯至创刊)。该数据库除了提供web版(网上包库)、镜像站版、光盘版,也提供按流量计费的服务。单位用户多采取网上包库,个人用户也可以购买服务卡,按照查阅文献页码计价。

此外,还有维普资讯公司开发的"中文科技期刊数据库"、万方数据公司开发的"万方数据资源系统"。"中文科技期刊数据库",收录1989年至今(部分期刊追溯到创刊年)1.2万余种期刊,其中核心期刊1810种;自2005年起增加收录法学类刊物。

---

[1] 国家图书馆学位论文收藏中心,http://res4.nlc.gov.cn/home/index.trs? channelid = 3。

2006年起,维普与Google合作,成为Google学术搜索频道最大的中文合作资源。另一个数据库"万方数据资源系统",则收录自1998年以来国内出版的各类期刊7000余种,其中核心期刊2800余种。

电子数据库大大便利了文献检索,不会用电子数据库简直没法写论文。但需要警惕的是,任何电子数据库都有它的局限。少数期刊因各种原因未予收录,相当数量的论文集或者论文集刊不在视野之内也未予收录。还有一些刊物虽在收录范围,但从发表到收录往往有几个月的时间差;或者可能是由于衔接有问题,其中一些论文也未收录。检索中国期刊网,我本人的文章中,就有3篇发表于核心刊物、5篇发表于集刊上的论文未予收录。[1]在高度依赖电子数据库的今天,这些没有收录在电子数据库中的文章约等于不存在。这是一个认真的研究者需要警惕的。

在电子数据库之外,研究者还可以通过Google或者Baidu搜索论文。互联网搜索目前还不能作为学术论文的主要文献来源,但可以补充电子数据库的缺漏。这不但因为互联网上的信息更加丰富,还因为检索工具更加智能。所以,检索电子数据库

---

[1] 未予收录的期刊论文是《行政诉讼撤诉考》(《中外法学》2001年)、《举证责任分配:一个价值衡量的方法》(《中外法学》2003年)、《多数主义的法院:美国联邦最高法院司法审查性质》(《清华法学》2009年);未予收录的集刊论文,如《通过判决发展法律:评田永案件中行政法原则的运用》(《行政法论丛》第3卷,法律出版社2000年)、《中国行政法学研究范式的变迁》(《行政法论丛》第11卷,法律出版社2008年)。

之后,再搜索互联网,往往能带来意外的收获。一般来说,Google的排序较为合理,有助于在浩瀚的数据中尽快找到最相关的信息。Google scholar(谷歌学术搜索)更是为搜索学术文章提供了很大的便利。但受防火墙的影响,Google 有时信息传输不畅,这一点不如 Baidu。

3. 国外论文及电子数据库

外国的法学刊物难以尽说。以美国为例,主流的 *Law Review*,差不多每个法学院都有,其中最有名的当数《哈佛法律评论》(1887 年创办)、《耶鲁法律杂志》、《哥伦比亚法律评论》。Law Review 题材广泛,相当于中国各个法学院主办的专业刊物;不同之处在于,它们是由学生编辑的。此外,也有一些专注于某个主题的同仁刊物,例如 *Administrative Law Review*、*Journal of Law and Economics*、*Harvard Human Rights Journal*。

随着中国研究的兴起,国外出现了一些研究中国政治、社会和法律的综合性刊物,如 *China Journal*、*China Quarterly*、*China Review*。也有一些专门讨论中国(东亚或者亚洲)法律的专门刊物,如 *Asian Journal of Comparative Law*、*Columbia Journal of Asian Law*、*China Law and Practice*。

在英文法学刊物中,有 110 种左右为社会科学引文索引(SSCI)所收录。[1]主要刊物的影响因子,可以参考华盛顿和李大学法学院(Washington and Lee School of Law)发布的排名,ht-

---

[1] 具体收录数量各年有异,2011 年收录 107 种。见 Thomson 公司网站 http://ip-science.thomsonreuters.com/cgi-bin/jrnlst/jlresults.cgi? PC = J&SC = OM。

tp://lawlib.wlu.edu/lj/。

在法学论文的电子数据库中，Westlaw、LexisNexis 是两个比较著名的数据库，许多学校都订购了。我本人常用的是 Heinonline。它是由 William S. Hein & Co. 于 2000 年开发的法学刊物数据库，里边收录了几乎所有的英文法学刊物（http://heinonline.org/HOL/Welcome）。如果查找法律以外的人文社科刊物，JSTOR（Journal Storage，http://www.jstor.org/）是一个更好用的数据库。查找外国学位论文，还可以用 ProQuest Digital Dissertation。

（三）法规、案例

1. 中国的法规

法规的正式出版物是政府公报，包括《全国人民代表大会常务委员会公报》、《国务院公报》、《最高人民法院公报》等。在政府公报上刊登的法规文本是标准文本。除了政府公报，官方机构还进行法规的正式汇编，如国务院法制办的《中华人民共和国新法规汇编》。该汇编收集全国人大及其常委会通过的法律和有关法律问题的决定，国务院公布的行政法规和法规性文件，报国务院备案的部门规章，最高人民法院和最高人民检察院公布的司法解释，以及报国务院备案的地方性法规和地方政府规章目录。《新法规汇编》目前每月一辑，由中国法制出版社出版。此外，还有民间机构各种形式的法规汇编。在电子数据库和互联网日益发达的时代，那些纸质法规汇编的用处已经越来越小。

目前，有不少政府或者商业机构开发了法律检索系统。其中,做得比较专业、成熟的,是北京大学法制信息中心与北大英华科技有限公司推出的"北大法宝"。该系统的网上检索,可以登录www.pkulaw.cn。该系统收集了中央层面的法律、法规、规章、司法解释以及其他规范性文件几十万件,并提供法律文件标题、正文的关键词检索以及制定机关、时间和类别检索。目前,国内多数法律图书馆订购有该检索系统。此外,"北大法意"也是一个专业和成熟的法律检索系统,用户可以登录 www.lawyee.net/Act/Act.asp。

但需注意的是,任何一个法律数据库都有遗漏。特别是法律、法规、规章和司法解释以外的规范性文件,由于缺少统一的文号格式,也由于没有公开发布的要求,大量地散落各处。例如,我在研究司法建议时,注意到一份20世纪50年代的文件《司法部关于人民法院在审理案件中如发现某单位在工作中存在缺点时不要用"个别裁定"应用"建议书"的批复》([56]司普字第853号)。这一文件在法律数据库和互联网上都找不到,后来有学生帮我从司法部编的《中华人民共和国司法行政规章汇编(1949—1985)》(法律出版社1998年)中找到。还有一部分规范性文件,下发时甚至是标有密级的,外人当然无从知道。例如,中共中央办公厅法规室等机构编的《中国共产党党内法规选编》(法律出版社),收入了原先标有密级的一些党内法规(在收入《选编》时做了解密处理)。

2. 中国的司法案例

中国司法案例的发布正在探索之中。法院不断发布或者汇编司法案例,从最高人民法院正式公布的案例、最高人民法院各审判庭编纂的案例集,《中国审判案例要览》、《人民法院案例选》等带有探讨性的案例分析,到各地法院自行编印的裁判文书选编。一些法院在自己的网站上公布本院审判的案件,"中国法院网"也有各地裁判文书的专栏 www.chinacourt.org/paper.shtml。2013 年 7 月,最高人民法院开设了"中国裁判文书网"www.court.gov.cn/zgcpwsw。

目前最成熟、收录案件最多的案例数据库,还是"北大法宝"。该数据库收录了 38 万多个案件的判决书或者案例评析,其中包括最高人民法院公布的案例,以及《最高人民法院判案大系》、《中国审判案例要览》、《人民法院案例选》等多套案例选编上的案例。该数据库还可以根据案例类型(民事、刑事和行政)、案由、法院、当事人、审级、审结日期、文书类型,以及全文关键词等进行检索。该系统的网上检索,可以登录北大法律信息网 www.pkulaw.cn。不便之处是,它要收费。此外,"北大法意"也提供类似的检索,可登录 www.lawyee.net/Case/Case.asp。

总的来说,现有数据库还有相当大的问题。主要是法院判决书公开还不规范,实际公开的只是其中的小部分,甚至最高法院的裁判文书也没有完全公开。其次,各地公开裁判文书的做法很不均衡。有几个司法裁判文书公开的示范法院,几乎全部公开;其他法院基本不予公开。这导致的后果是,利用关键词检索案例所得的结果,往往集中在几家法院。如果根据这样的统计结果来推断全国的情况,可能会出现明显的取样偏差。

在司法案例以外的其他案例,例如检察机关的案例、行政复议机关的案例,公布的情况更不理想,找起来比较费劲。

3. 外国的法规和案例

一般来说,各国都有自己的法规和案例检索系统。就美英两国来说,Westlaw、LexisNexis 是两个最著名的数据库。就美国的法律(制定法和案例法)而言,互联网上随处可寻,其中 Justia 是个不错的网站(http://law.justia.com/)。查找美国最高法院的判决,除了其官方网站,Oyez 是个好用的网站(www.oyez.org)。

(四) 媒体报道

报刊、电视等传统媒体是新闻的权威发布者。中国主流媒体多为官办,新华通讯社、中央电视台、中国国际广播电台、《人民日报》、《中国青年报》、《瞭望》周刊等都报道一些与法律有关的新闻。其中《法制日报》、《人民法院报》等法制类报刊,则大量登载法律新闻。一些民间色彩较重的媒体,如《南方周末》、《财经》、《新世纪》周刊,也建立了较好的信誉。

在互联网时代,绝大多数传统媒体建立了自己的网站,如新华网、人民网、央视国际、中青在线、法制网、中国法院网、财新网。这些网站迅速成为信息的主要来源。有些网站还提供站内检索;有的网站提供报纸的 PDF 版本,文章的真实性和位置版式一览无余。从中央到地方政府、各个企事业单位的官方网站,也起到信息发布平台的作用。个人博客、微博也提供大量信息,只是比较零碎。

新浪、搜狐、网易、腾讯等门户网站汇集了大量信息,常常成为人们获取信息的重要渠道。但受新闻管制,这些门户网站几乎没有原创报道。又由于著作权保护不力，网站在转载消息时，往往没有完整、准确地标明原始信息的来源。因此，它们不能作为权威的消息来源。有些论文动辄引用这些门户网站上转载的信息，有失严谨。

用 Google、Baidu 搜索新闻，现在成了研究者获取信息的必要途径。但需要特别谨慎的是，互联网上的信息非常混乱。例如，在"全国牙防组"事件中，最早的一篇重要报道是记者何晔在《现代快报》上发表的《全国牙防组：只有两个人两张办公桌》；该文经新华网转载，获得了更多人的关注；之后，该报道以"惊！两个人两张桌忽悠了 13 亿人"的标题，风靡互联网。在多数转帖中，不但文章标题被改换，原始报道的出处和记者也被漏掉了。其中还有一个细节：就牙防组事件提起公益诉讼的李刚称，他从新华网上看到一篇揭露全国牙防组内幕的报道《牙膏认证过程扑朔迷离 全国牙防组只有两个人》，才决定提起诉讼。这一说法广为报道，而这个标题的文章在新华网上却无从查找。[1]所以，互联网上的信息，必须查到它原始的出处；没有找到原始出处，都属于道听途说。

（五）统计数据

官方的统计数据，现在一般能够在该单位的网站上找到。例如，从 2009 年开始，最高人民法院的司法统计数据已经公开

---

[1] 有媒体称，这是《新华每日电讯》的报道，但目前只有其他网站转载的信息。例如，网易 http://biz.163.com/05/0619/16/1MKFGDU200020-QBK.html。

上网。国家统计局网站则提供了各种官方统计数据或者数据链接，www. stats. gov. cn。

如果要追溯更早时候、更广范围的统计数据，可以查找各种年鉴。例如，《中国法律年鉴》提供了1987年创刊以来立法、司法、法学教育与研究等法律领域的相关数据。更多的统计数据，可以从中国知网(CNKI)的中国年鉴网络出版总库、中国经济社会发展统计数据库中获取。北京精讯云顿数据软件有限公司开发的搜数网，也提供了一个查找各种统计数据的快捷平台，www. soshoo. com. cn。

联合国统计数据库(UNDATA)由联合国统计处负责编制，免费提供多个国家的统计信息，http://data. un. org。此外，经合组织(OECD)、世界银行等机构网站也提供多个国家的相关统计数据。美国统计局的官方网站则提供了关于美国社会的相当广泛而权威的统计数据，www. census. gov。

(六) 概念术语

研究过程中，经常会遇到一些不甚明白的概念术语。对付这些问题，互联网是非常好的帮手。你不知道"核心期刊"包括哪些，那就百度一下；你不知道 Vigilante Justice，那就 google it！所谓"内事不决问百度，外事不决问谷歌"也。一般性地了解概念术语的意思，"百度百科"和维基百科(www. wikipedia. org)是非常有用的网站。

但是，这些网上资料只能作为释疑解惑的辅助工具，而不能作为权威文献援引。如果要作为权威文献引用，最好还是求助有良好信誉的辞书。例如,《辞海》、《元照英美法词典》、《中国大百科全书》(有法学卷)、《不列颠百科全书》。

三 文献检索方法

一个成熟的研究者对论文主题相关领域的状况总会有所了解,事先知道一些相关的文献(有些选题就是受了那些文献的激发)。但凭着偶然的、零星的接触,谁也不能担保自己已经穷尽了相关文献。所以,专门的文献检索是必需的。文献利用严重不合理的论文,多半是作者检索不到位。

查找文献有两种方法:一是确定范围、全面排查,即确定检索范围、检索方式和检索词,进行地毯式的检索;二是顺藤摸瓜、延伸阅读,即根据已有文献提供的线索做进一步检索。这两种方法应当交替并用,只用一种还不行。

(一) 确定范围,全面排查

确定范围、全面排查,就是确定检索范围、检索方式和检索词,进行地毯式的检索。下面分别予以讨论,重点则是确定检索词的一些技巧。

1. 确定检索范围

无论查找什么,首先要知道到哪里查找。这个问题前面讲过了。

这里需要强调的是,用数据库检索也要合理确定一个数据库的子数据库。以中国知网(CNKI)的"中国学术期刊网络总库"为例,该库要求检索者选择学科领域,其中法学各部门罗列于"社会科学 I"之下。如果检索者选择的领域太宽泛,可能导致检索结果显示的文献太多太杂;如果选择的领域太狭窄,可能导致那些列在其他法学部门或者法学以外其他学科之下的文献被忽略。此外,由于数据库录入和归类的问题,一些综合性期刊上的法学文章在"社会科学 I"中也可能被遗漏。例如,我的《没有宪法的违宪审查:英国故事》(《中国社会科学》2005 年第 2 期)就被归为"哲学与人文科学"类中,而不是法学类中。

一些数据库把学术期刊分为"核心期刊"和全部期刊。"核心"与非核心的区别只是相对的,但不是没有意义。一些热门主题(像"听证"、"政府采购合同"之类),检索结果成千上万,多数文章翻来覆去、无甚新意,而又没法用其他关键词作出甄别。这种情况下,可以把检索范围限定于"核心期刊"。反过来,有些主题下文章本来就寥寥可数,再限定于"核心期刊"就不合适了。

2. 确定检索方式

电子数据库通常提供多种检索方式,例如文献作者、标题(篇名)、主题、内容摘要、文章全文、发表时间、发表刊物。在此情况下,要确定用哪一种方式检索。

你如果知道谁发表过一篇大概什么文章,或者哪个机关制定过一部大致叫什么名称的法律,这查起来比较容易。更多时候,我们要查找的是关于某个问题的文章、法条或者案例。许多人往往使用标题来检索。标题检索最快捷,但也最容易遗漏。查找论文的,使用主题、关键词或者内容摘要检索比较保险,可以补充标题检索的不足。一些时候,特别是检索法条、案例的时候,还得检索全文,做大海捞针的努力。

具体使用哪种方式,不但取决于你要找的信息,也取决于数据库提供的检索方式。有些数据库或者搜索引擎同时提供快速检索和高级检索。研究者不但需要了解数据库和搜索引擎覆盖的信息范围,也要了解乃至熟悉它的检索方式。磨刀不误砍柴工,专门花点时间去尝试、学习各种检索方式也是很受用的。

下面是在中国学术期刊网(http://acad.cnki.net)上用不同检索方式检索几个关键词所得的结果[1]:

检索词\检索方式	篇名	关键词	摘要	主题	全文
违宪审查	118	251	251	407	3414
正当程序	82	394	411	673	7009
违法性认识	19	57	38	67	390

3. 确定检索词

作者姓名一类的信息相对固定,没有什么问题。这里主要讲讲使用标题、摘要、正文中的关键词进行检索。这类信息的检索词不太确定,检索起来难免有很多遗漏。

一些比较定型的主题,检索词也相对固定。例如,"缔约过失"、"越权无效"、"罪刑法定",现在都是专门术语。那些尚未定型的主题,说法就五花八门了。一个研究者需要做的是,根据自己的现有知识去探索。对于自己不太熟悉的问题,可以借助教科书、工具书,获取最初的知识。我的《行政行为对民事审判

---

[1] 检索范围设定为"社会科学Ⅰ",文献来源类别设定为"核心期刊",检索词设定为"精确",检索日期为 2013 年 11 月 18 日。

的拘束力》一文讨论的是:民事争议所涉及的问题,如果行政机关事先已经有个结论,法院在民事诉讼过程中应当如何对待行政机关的结论?我想了解英美法对这个问题是怎么处理的。开始时,对此完全无知。于是,到图书馆找了几本英文的民事诉讼教材,从目录开始迅速翻阅。很快,res judicata(既判力或者既决效力)、issue preclusion(争点排除)、collateral estoppel(间接重复诉讼)等关键词就浮现了。它们是我进入这个陌生领域的钥匙。

需要注意的是,即使是一些定型的主题,用特定的检索词也不一定能够获得理想的结果。检索者需要尽量拓宽视野,尝试不同的关键词。

首先,讨论范围有大小宽窄,角度也因人而异。例如,行政处罚是个确定主题,但人家讨论的可能仅仅是其中的"警告"、"罚款"或者"吊销"。如果你光查"行政处罚",就会遗漏一些问题更加具体的讨论。又如,我们平常说的"车祸",法律上多称"交通事故",而在刑法中一般用"交通肇事(罪)"。

其次,表达同样概念的可能有几个不同的语词。例如,"合同"又称"契约"、"协议",虽有差异但常混用;"情势变更",也有的说"情事变更"、"情势变迁";英国法上的 natural justice,现在多译"自然正义",但也有说"自然公正"的。随着时间流逝,一些语词会被淘汰,另一些语词会受偏爱;但在一段时间内,不同语词会被同时使用。至于不同时期、不同地区人们的用语,相差就更大了。我们现在说的"听证",20年前只是介绍外国法时的用语(我们自己叫"申辩"、"听取意见"什么的);中国大陆学者所说的"行政行为",台湾学者叫"行政处分"。

再次,文章标题可能有个人风格。不少文章的标题不是中规中矩的"论××"或者"××研究"。这种文章,用通常的检索词检索标题(篇名)很容易被遗漏。例如,你想写讨论公民拒绝权的文章,如果光查"拒绝权"、"抵抗权"的话,《法治和良知自由:行政行为无效理论及其实践之探索》、《公民对行政违法行为的藐视》之类的文章,就不在你的视野之内。所以,除了标题(篇名)检索,还要尝试主题检索或者关键词检索。

检索文献的过程,很大程度上是尝试各种检索词的过程。期间充满了茫然、沮丧和欣喜。你可能半天也查不到你要的东西,你可能面对过于庞杂的信息而不知所措,你也可能为获得一篇高度相关并且论证翔实的文章而喜出望外。

下面是我写《公民对行政违法行为的藐视》一文的检索经过:

我在以前的阅读中记得,同主题的文章可能涉及公民"拒绝"、"防卫"、"抵制"、"抵抗"、"抗拒"、"藐视",还可能涉及"行政行为无效"、"公民不服从"、"国民抵抗权"等等。所以,对这些词一一做了检索。结果证明,"拒绝权"、"防卫权"、"抵抗权"都有文章使用。在写作过程中,我把目光转向英美法,想知道他们是如何讨论的。起初,顺着大陆法上"行政行为无效"的思路,我查了"void"。结果发现,英文文献中的 void 主要是婚姻无效和合同无效,很少讨论行政行为无效,更少触及公民的抗拒问题(后来从其他途径看到一篇讨论 void order 的文章)。我再尝试"藐视(抗拒、抵制)",用 contempt、resist(resistance)、defy(defiance)等多个关键词进行检索。结果发现,contempt 几乎是无关的,resist 和 defiance 则是两个有用的关键词(resist unlawful arrest,defiance of unlawful authority)。通过这个路径,我找到了几篇重要的英文法学文献,从而摸索到了英美法关于这个问题讨论的门口。哇!

(二)顺藤摸瓜,延伸阅读

由于检索范围、检索方式和检索词的局限,关键词检索难免会有遗漏。这种情况在学术论文中最为常见。弥补这个缺陷的办法,就是根据现有文献提供的线索,去进一步寻找相关文献。

1. 学术论文的参考文献

学术论文的脚注或者篇末,一般会提供作者在论证中参引的文献。一篇规范的学术论文,通常会综述前人对相关问题的研究,并提及重要的文献;一些优良的论文甚至可以把此前的重要文献一网打尽。因此,找到一篇引证丰富的论文,就如找到一个经验丰富的向导。顺着它的指引,你又可以找到更多的文献。枝枝蔓蔓,不断延伸,直到整个研究脉络渐渐浮现。

普通法国家的法院判决书,往往引述大量的先例。找到一个好的判决,也就找到相关判例发展的脉络。

顺藤摸瓜式的延伸阅读,特别适合那些研究者不熟悉相关文献的领域。研究者可以从近年发表的一、两篇高质量的学术研究成果入手,不停追溯相关文献。就我个人来说,做外国法研究或者跨学科研究时,这种方法用处很大。我的《多数主义的法院》一文,主要讨论美国最高法院司法审查的民主性问题。凭借着我以前接触的一些文献,通过不断的延伸阅读——不断地看脚注、不断地查文章——终于基本搞清了文献的脉络。我写《通过村民自治的国家治理》,则借助了社会学研究者提供的参考文献,作为进一步查找的指南。

2. 引用学术文献的文献

一些重要的论文(还有普通法的判例),不但有"前生",也有"后世"。后世,就是它发表以后对它的评论和引用。目前的电子数据库往往能够提供援引某一文献的文献。这不仅可以帮助判断某个文献的影响力,也可以反映相关问题的晚近发展。

这种方式不但可以用作地毯式检索的补充,一些时候也可以作为文献查找的入口。我写《英国行政法上的听证》,主要意图是对英国相关的法律制度做一个准确、翔实的描述。我找来了当代英国最权威的三本行政法教科书,对书中的相关判例做了系统阅读和初步整理。接着,我按照书中的提示,在 LexisNexis 上查找相关的判例和论文,同时也使用一些关键词进行地毯式的检索。在阅读这些判例的过程中,我特别注意法官在这些判决中着重提及的重要判例,并进行追踪检索。在对这些判例进行初步阅读后,我又去查找此后引用这些判例的判例。在几个重要问题上,例如《欧洲人权公约》所保护的"民事权利"、监狱犯人的听证权利、自治性社区成员的听证权利,我找到了教科书上还没有的新近案例(包括两个论文写作当年才公布的案例)。[1]

---

[1] 何海波《英国行政法上的听证》,《中国法学》2006 年第 4 期。

3. 同时被引用的文献

除了上面讲的两种情况,现有的电子数据库还可能提供那些同时被引用的文献。同时被多位研究者关注的一批文献,往往在研究主题上存在较强的关联性,因此也值得留意。

(三) 补充检索,交替反复

从延伸阅读中发现遗漏的文献,里边包含原来没有注意的关键词,则用新的关键词重新排查。例如,在写作《公民对行政违法行为的藐视》一文中,在使用 defiance、resist 等关键词对美国文献进行检索后,我发现:在实践中,争议往往发生在公民因藐视行政行为而受到刑事起诉的过程中。所争论的问题是,当事人没有直接对行政行为提起诉讼,事后在刑事追诉中能否以行政行为违法作为间接抗辩?这时,我确定了新的关键词 collateral attack,并进行新一轮的检索,结果斩获不少。

前面说的几种方法,往往是交替并用的,甚至反复使用。经过几个来回,研究者对相关文献才清清楚楚。这时,他可以说,他已经穷尽相关的重要文献了。

四 文献资料的保存和整理

每写一篇论文,建一个文件夹,把保存下来的电子文档存入其中。文献数量庞大的,还可以建多个子文件夹。

整理文献目录,必要时做摘要。

注意备份。下载的文件,我常常在 U 盘上拷一份。

文献检索练习：

第一组（检索论文、专著等学术文献）：

1. 什么是行政法治？
2. 权利概念的来源及其含义
3. 行政判决合法与合理之辨
4. 司法判决应当考虑公众意见吗？

第二组（检索法条、案例等法律渊源）：

1. 行政合同，存在吗？
2. 公法与私法的划分
3. 判决未生效，可以批评吗？
4. 许霆"恶意取款"案终审判决的正当性

第三组（检索新闻报道与评论）：

1. 孙志刚事件与收容遣送的废止
2. 唐福珍事件与拆迁条例的修改
3. "上访妈妈"唐慧劳动教养案
4. "全国牙防组"的撤销与行政机构的法制化

第四组（检索外国文献）：

1. 土地征收中的公共利益标准：以 Kelo 案为参照
2. 国际条约在国内法庭的运用：国外的几种模式
3. 公益诉讼，是全民诉讼吗？
4. 庭审公开：来自域外的经验

第三讲

调 查

常见问题

1. 没有关键的第一手资料,引来引去不是法条就是学说
2. 问卷设计内容有歧义、选项有交叉,可能误导调查对象
3. 文献统计没有说明样本的代表性,也没有交代统计的标准

第三讲　调查

前面所说的,都是获取已经生成和发表的文献。在传统的法学研究中,有了这些文献,就可以写文章了。但许多时候,光是这些现有文献还不够,还需要作者亲自对社会现象进行调查,以获取相关资料。没有关键的第一手资料,引来引去不是法条就是学说,法学的创新终归是有限的。

在实践中,越来越多的学者通过社会调查获取论证所需的资料。这是好事。但整体上讲,法律学者对社会调查的方法还是陌生的,运用起来还不那么自如。所以,有必要讲讲调查方法的问题。调查中的伦理,在第七讲中还会涉及。

社会调查的方法很多,每一种方法也有自己的要求。社会学研究者对此多有讨论。[1]下面着重讲四种比较常用的方法,即现场观察、深度访谈、问卷调查和文献分析。至于社会学研究中比较常用的实验法,在法学研究中却比较少见,本书略过。

一　现场观察

现场观察是最基本的调查手段。社会学研究者常常借助现场观察来洞悉和描述事实。早在20世纪60年代,美国社会学家劳德·汉弗莱斯为研究同性恋者的生活方式,耗费大量时间

---

[1]〔美〕艾尔·巴比《社会研究方法(第11版)》,邱泽奇译,华夏出版社2009年;潘绥铭、黄盈盈、王东《论方法:社会学调查的本土实践与升华》,中国人民大学出版社2011年。此外,重庆大学出版社出版的"万卷方法"文库包含了几十种介绍社会科学研究方法的书籍,例如弗洛德·福乐的《调查问卷的设计与评估》,丹尼·乔金森的《参与观察法》,米尔斯和休伯曼的《质性资料的分析:方法与实践》。

去观察同性恋者心照不宣地聚集和交往的隐秘场所——某个公园里的公厕,写成了《茶室交易》一书。[1]类似地,孙沛东博士通过对上海某公园人头攒动的"相亲角"的观察,结合深度的访谈,写出了《谁来娶我的女儿:上海相亲角与"白发相亲"》一书。[2]与观光游览不同,出于研究目的的观察应当有明确的目标、周密的计划,而且往往需要多次甚至长期的观察。观察还需要与访谈等其他手段结合,才能深入。

根据观察对象的具体情况,观察可以暗中进行,不介入观察对象的活动,也可以公开进行,直至参与到观察对象的活动中去。下面分别讨论。

(一) 不介入的观察

在某些场合,一旦让观察对象发现他们正在被人观察,可能给研究者自己惹来或大或小的麻烦。而在某些场合,如果观察对象意识到他们正在被人观察,会有意地改变自己常规的行为,从而产生"霍桑效应"[3]。为了避免介入给观察者自己带来麻

---

[1] Laud Humphreys, *Tearoom Ttrade: Impersonal Sex in Public Places*, Duckworth, 1970.
[2] 孙沛东《谁来娶我的女儿:上海相亲角与"白发相亲"》,中国社会科学出版社2012年。
[3] "霍桑效应"(Hawthorne Effect)起源于美国哈佛大学心理学教授埃尔顿·梅奥的研究团队在西方电器公司所属的霍桑工厂进行的一系列心理学实验。实验表明,在薪酬、照明条件、工间休息等条件改善的情况下,其生产效率都有明显提高,但各种条件下改善的效果都未能长久持续。可见,实验者设计的变量不是主导生产效率变化的唯一因素,甚至不是显著的因素;当初生产效率的明显提高,主要是由于工人们意识到自己正在被观察。

烦,或者干扰观察对象的常规行为,研究者可以采取不介入的观察。

我的一名研究生孟璞在写作《警察的当场盘查》过程中,想探究警察是如何行使盘查权的。她选择"五一"、"春运"、"两会"三个客流高峰时间,对北京站旅客进站口或者地铁出口的警察拦截盘查做了实地观察。作者找了一个便于观察又不太显眼的位置,根据事先设计的调查项目(被盘查人数,被盘查人的性别、所带行李、是否戴眼镜,警察是否出示证件,被盘查人的反应等),对盘查情况做了现场记录。她发现,警察选定盘查对象靠的是感觉,基本上只盘查有暴力犯罪可能的中青年男子。这种盘查方式虽然对于抓获暴力犯罪嫌疑人是有用的,但与《人民警察法》所规定的"有违法犯罪嫌疑"的盘查标准并不相符。[1]

(二) 参与式观察

在一些场合,研究者也可以采取参与式的观察,即观察者作为一个角色参与到观察对象的活动中去,与观察对象产生互动。人类学家观察一个异族的生活,往往采取参与式的观察;学生实习、挂职锻炼,也能够提供一个参与式观察的机会。强世功在中国陕北农村调查时,跟随一个派出法庭庭长下乡,观察了一起"依法收贷"的处理过程。[2] 应星以中国社会科学院博士生身份

---

[1] 孟璞《警察的当场盘查》,载《行政法论丛》第 11 卷,法律出版社 2008 年。
[2] 强世功《"法律不入之地"的民事调解:一起"依法收贷"案的再分析》,《比较法研究》1998 年第 3 期。

挂职副县长期间,参与并观察了当地大河水库移民的信访和地方政府的处理。[1]王波更是作为一个"内部人",参与和考察法律在一个城市工商所的实际运作。[2]

参与式观察有助于研究者深入地接触和了解观察对象的行为,这是一般的观察所不及的。参与式观察的研究者,往往需要特定的关系以进入特定的场景,并以特定的身份出现。他可以以一名研究者的身份出现,并适当告知其研究目的;必要情况下,也可以以一名局内人名义参与活动,而不披露其研究意图。不管如何,研究者需要取得局内人的信任,与局内人建立和谐融洽的关系。但研究者也必须注意尽量不干扰观察对象的行为倾向;如果一定程度的干扰无法避免,也要审视和分析他的参与对观察对象正常行为可能带来的影响。

二 深度访谈

与单纯的观察相比,深度访谈有助于研究者直观地了解当事者对事物的感受、意见,或者其行为的动机,听到单纯观察所不能听到的事情。与后面将要提到的格式化的访谈式问卷调查相比,深度访谈的对象更加个别化,内容更加开放、灵活、深入。

在《行政诉讼撤诉考》一文中,我访谈了一位家乡的法官,也是我当年的同学。根据他的估计,行政行为被告上法庭的,"可

---

[1] 应星《大河移民上访的故事》,生活·读书·新知三联书店2001年。
[2] 王波《执法过程的性质:法律在一个城市工商所的现实运作》,法律出版社2011年。

以说十之八九都有问题"。但为什么这么多撤诉呢?他告诉我:"现在一些地方搞'依法治理',要统计行政案件的败诉率,甚至实行行政审判'一票否决',一个案件败诉就评不上先进。而原告撤诉,则不认为(行政行为)违法。"所以,行政机关千方百计寻求原告撤诉。那为什么法院也愿意撤诉呢?因为法院受到压力。他说:"在我们县,凡是县委领导打招呼的,没有一个是判决(结案)的。"这位法官还讲述了一个正在审理的、在当地轰动的案件:"(如果)判决,政府肯定败诉,但这个案子影响大,肯定协调处理。"[1]亲历行政审判的法官,他的理解和感受比书斋里的学者要贴近现实。我把他的话写进了文章。

在许多情况下,深度访谈可以与现场观察、问卷调查等其他方式结合起来。在《晨光初现的正当程序原则》一文中,我找到了若干个看上去体现正当程序原则的判决。判决书文本透露出一种信息,在几年的时间里,法官对正当程序原则的运用越来越清晰,越来越自信。为了了解法官的想法,我先后登门拜访了海淀法院审理田永案件的法官,长途电话联系上江苏高院、成都中院、广西高院的法官,请他们谈谈对正当程序的感觉。这些访谈验证了我的看法。

采用访谈方式需要注意一些问题,包括找谁访谈、谈什么,如何让人家接受你的访谈,以及访谈中可能出现的偏差。

首先是找谁访谈、谈什么,事先要有个规划。一般情况下,访谈对象不是随机确定,而需要找了解情况的人。你应当知道

---

[1] 何海波《行政诉讼撤诉考》,《中外法学》2001年第2期。

他是干什么的,他能了解多少,又能说出多少。像央视记者那样,在街上随便拉住一个人问"你幸福吗?",是没有多少意义的。同时,考虑到访谈的成本,你不便找太多的人去访谈。有几个本科学生受湖南凤凰古城收费风波的启发,想利用暑假到当地去了解这个事件背后的故事。他们列了一个长长的访谈对象,里边除了旅游局、文物局、旅游开发公司外,还有教育局、环保局、团委等多个单位。我告诉他们,太多了,而且你走访教育局、团委这些单位根本没有意义。

其次是如何让人家坦诚接受你的访谈。找到了人是一回事,人家愿不愿意说是另一回事;人家跟你说是一回事,敞开心扉跟你袒露真实想法又是另一回事。调查者遇到人家拒绝访谈或者遭到人家敷衍打发,是常有的事。能够进入人家的世界,这需要一定的"权力资源"[1],包括你自身的地位、与被访谈者的关系、一定的研究经费,有时候还需要良好的沟通技巧。"找熟人"是个好办法,因为双方互相信任,容易交流。没有熟人,由单位开个介绍信什么的或者通过官方机构安排,往往很难获得理想的结果。我有一次调查行政诉讼的实施状况,通过一家高级法院联系了一家中级法院、一家基层法院。人家很重视,庭长带着几个法官在法院会议室里一排坐开,有的面前还摊着笔记本。但我马上发现,这种场合下人变得拘谨,说话也谨慎起来。如果要了解法官内心的想法,可能还不如在法官的办公室甚至饭桌上跟他们聊天。当然,不管采取什么方式,都应当让访谈对象知

---

[1] 苏力《法律社会学调查中的权力资源:一个社会学调查过程的反思》,《社会学研究》1998 年第 6 期。

情,并得到他的同意(也就是知道你在进行访谈并且访谈内容可能用于发表)。必要时,可以承诺发表时不披露访谈对象的身份信息。

最后,要防止访谈中可能出现的偏差。当被访谈者意识到自己的话正在被记录乃至录音,往往会倾向于小心谨慎,从观点到措词都会精心考虑。这是好事。但一些被访谈者也可能过于注意正确的立场,或者刻意塑造自己的形象,从而扭曲了真实的想法。研究者对此需要保持警惕。我的《依据村规民约的处罚》一文,主要描写我生活的村子在过去二十多年间村民自治过程中处罚的状况。由于这个问题比较敏感,我不方便到处找人打听,只得主要依靠我父亲——一位多年的村干部的叙述。我在文章中特意写道,尽管我父亲曾参与几乎所有处罚的制定和实施,并在其中起了重要作用,由于主要倚赖他一个人的回忆,难免有些片面、遗漏,甚至细节上的出入。但是,我相信他叙述的基本事实是可靠的。他的部分叙述可以得到我本人亲身见闻的印证,文中具体引用的村规民约也都有文字记录。

三　问卷调查

问卷调查的好处是把问题标准化,便于对众多对象进行调查,并对调查结果做定量分析。在法律社会学研究中,一些学者也尝试问卷调查。早在 20 世纪 90 年代初,北京大学龚祥瑞教授率领他的团队,就行政诉讼法的实施状况做过问卷调查[1],夏勇教授和他的合作者用同样方法对中国当代社会权利发展做了研究。[2]朱芒和陈映芳曾以问卷调查对上海市民有关行政处罚听证制度的法意识和法行动的倾向进行了研究。[3]

下面着重讲讲问卷调查的方法,包括问卷的制作、实施和评估。

(一)问卷的制作

问卷在设计上可以分为两类:一类是格式化答案,一类是开放式答案。格式化答案指某个问题只提供固定的选项,调查对象只能从中选择一项(确有必要的,也可以允许选择多项)。开放式答案指某个问题不提供固定选项,由调查对象自由回答。格式化答案的好处是便于统计,因此较为常用。它的缺点是无法适用复杂多样的可能情形。为此,有的问卷设计者在固定选项之后,设置"其他"一栏,供调查对象勾选或者填充。

调查问卷的制作,问题一定要清楚,遣词造句避免歧义;必

---

[1] 龚祥瑞主编《法治的理想与现实:〈中华人民共和国行政诉讼法〉实施现状与发展方向调查研究报告》,中国政法大学出版社1993年。晚近,武汉大学林莉红教授的团队做了更加严谨的问卷调查。

[2] 夏勇《走向权利的时代:中国公民权利发展研究》,中国政法大学出版社1995年初版。

[3] 陈映芳、朱芒《市民的法意识:关于上海市行政处罚听证制度》,《社会科学》2005年第3期。调查表明,受访者对听证制度和上海市行政处罚听证制度的了解程度较低,对其实际效果存有疑义,实际利用该制度的很少;有过受罚体验的人往往对听证制度的评价较低,且倾向于不利用听证制度。

要时,可以做一些解释说明。问题还应尽量简单,注意避免包含多重内容的套叠问题。问题应当中肯,避免带有倾向性的问题和措词。所提的问题应当是调查对象能够回答和愿意回答的。为了检验调查对象的认真程度,可以设置一些实质上重复的问题,看他回答是否前后一致;或者设置一些虚假的答案选项,看他是否选择。问题的数量应当考虑调查对象对问卷的兴趣和耐心,一般不宜太多。太多了,人家很可能拒绝作答。街头调查的问卷,最好限于一张纸(可以正反面印刷)。

问题序列,即先问什么、后问什么,可能会影响到回答。有的问卷以调查对象感兴趣的问题开始,以吸引他们作答。这是一种可以借鉴的方式。千万要注意的是,刚开始的问题不要太敏感,以免吓跑调查对象。在自填式问卷中,调查对象的身份信息(年龄、性别、学历等),一般放在最后。一些缺乏经验的研究者将它们放在最前面,却没有意识到调查对象对这些问题并无兴趣。当然,在访谈式问卷中,以这些问题开始更容易让受访者放松。

问题排列应当整齐、美观。仅与特定选项关联的一个或者多个问题,可以排在前一问题之后,变换格式(比如靠右排列、外套方框),并用箭头或者语言予以提示(如,回答"是"的,请继续回答下列问题;回答"否的",请跳过这些问题,直接回答问题×)。对于具有相同答案分类的多个问题,可以建构一个矩阵式的问题和答案。例如,竖排左边是各个问题(可用 A、B、C、D 编号),横排上边是"完全赞同"、"赞同"、"不赞同"、"坚决反对"、"尚未决定"等答案选项,中间是相应的答题框,供调查对象填选。

无论研究者设计得多么缜密,实际调查过程中总会出现这样那样的问题。例如,问题歧义不明,答案选项之间有交叉。为了测试问卷设计是否存在瑕疵,可以先做一个小规模的预调查,并根据预调查中出现的情况完善问卷的制作。这一点对于一些大型调查尤其重要。

(二) 问卷的实施

在调查对象人数不多的情况下,问卷可以设法发至所有调查对象。如果调查对象人数庞大,就只能采取抽样调查的方法。只要采用合理的抽样方法,就能够大体准确地测量全体的情况。典型的例子是美国总统选举的民意调查,调查机构在选举前夕抽取不超过 2000 个样本,就能够预测 1 亿多选民的行为,其误差不超过 2 个百分点!

在理论上,最可靠的抽样方法是从包含研究总体的名单中随机抽取样本,即概率抽样(probalility sampling)。社会科学研究中选取大型的、代表性样本,多采用概率抽样。但很多时候,由于各种条件限制,概率抽样无法开展,不得不采用其他方法进行问卷调查。例如,在街头随机拦下路人,或者选取一个有代表性组织的成员,或者根据线人的介绍确定调查对象,或者根据样本的要素特征选取相应比例的代表。具体采用什么方法,应根据情况而定。例如,调查对象是一般市民的话,街头随机调查是大体可行的;但如果调查对象是法官、律师、行政人员等特定群体,同样方式显然不成。

确定调查对象后,可以由调查人员当面或者通过电话进行访谈,也可以通过信函或者电子邮件联系,也有的通过组织渠道发放。大规模的访谈式问卷调查,需要多名访谈员。访谈员的活动,从穿着举止、说明意图、宣读问卷、记录答案、追踪询问到协调控制,都应当经过培训。通过信函或者电子邮件进行的自填式问卷调查,回收率较低,往往需要补寄问卷,以鼓励仍未寄回问卷的调查对象及时填答和寄回。通过组织渠道发放的,需要取得组织者的支持和配合。例如,通过与主办单位合作,在一个法官培训班上给参与培训的学员发放问卷,请他们在课间利用10分钟时间作答。在中国,这不失为一个有用的方法,虽然用这种方法取得的调查结果的可信度会受一定影响。

与访谈一样,如何让人接受问卷调查也是一个挠头的问题。一定程度上,这需要技巧(尤其是街头调查、电话调查),乃至"权力资源"(特别是通过组织渠道发放)。

(三) 问卷的评估

统计和评估问卷调查结果时,要考虑并评估问卷的应答率,即所发放的自填式问卷的回收率或者所进行的访谈式问卷的应答率。虽然无法一概而论多少应答率是足够的,但应答率太低,无疑会影响问卷调查结果的可信度。

对问卷的统计需要排除无效问卷。一般来说,没有回答完全的问卷,大面积出现相同选项的答案(比如说,选项中出现一连串的A,一会儿又是一连串的B),或者回答明显前后矛盾的问卷,都属于无效问卷。

不管采取哪一种方式的问卷调查,都应当考虑被忽略的群体,以及那些拒绝回答的对象。由于你不知道他们对相关问题是怎么看的,这个"沉默的群体"成了调查的死角,问卷调查因此可能出现取样偏差。这是问卷调查一个难以克服的陷阱。这方面的一个教训是:1936年富兰克林·罗斯福与阿尔夫·兰登竞选总统时,一家调查机构通过对200万人进行的民意测验显示,兰登即将以巨大优势胜出,然而结果完全相反。究其原因,调查机构是根据电话号码和汽车号牌选取样本,而当时许多家庭还没有电话和汽车,恰恰这部分经济相对困难的家庭多数是罗斯福的支持者。[1]为了克服这种取样偏差,研究者可能需要做一些追踪调查,努力联系上那些在问卷调查中被忽略的对象。

四 文献分析

在法学研究中,直接引用既有文献作为论据是很平常的;而在既有文献基础上进行汇总、统计、分析,往往能够获得一番不同的风景。这里要讲的是后一种情况。

文献分析与问卷调查颇为相似,区别在于问卷调查求诸活着的人,而文献分析求诸死的文献,特别是各种传媒的报道、官方的统计数据、相关的学术论文。搜集到足够文献后,根据需要可以做定量或者定性的分析。

---

[1] 〔美〕艾尔·巴比《社会研究方法(第11版)》,邱泽奇译,华夏出版社2009年,182—183页。今天如果再利用固定电话进行调查,恐怕又是另一番情景:那些持有移动电话却不安装固定电话的家庭同样被忽略。

对既有文献的定量研究是大量的。金观涛、刘青峰两位学者利用包含海量文献的"中国近现代思想史专业数据库(1830—1930)",通过对"权利"、"社会"、"民主"等术语使用次数的统计,揭示了近现代中国社会基本观念的变迁。他们的研究超越了那种根据"代表人物的代表著作"进行评说的传统方法,实现了从"思想史"到"观念史"的范式转变。[1]本书中关于法学论文副标题的使用频率、文句字数的统计,还有我本人在《行政诉讼撤诉考》一文中对行政诉讼统计数据的汇总,也属于文献分析。

这里再举一个具体事例:我在写作《中国行政法学的外国法渊源》过程中,想了解中国行政法学界对外国行政法的关注程度,以及不同国家的行政法在中国的影响力。我分别做了几个汇总和统计。一是,我拿日本学者美浓部达吉、民国时期的学者白鹏飞、范扬的著作与当今主流教科书做了一个比对,证明中国当代行政法学的概念体系深受大陆法的影响。二是,统计了中国介绍外国行政法的文章,发现关于美国、日本的遥遥领先,英国、法国、德国居第二梯队,苏联(俄罗斯)备受忽视,发展中国家几乎为零。三是,拿《行政法学研究》这份专业期刊1993—2005年间所发文章作为样本,统计其引注所涉的域外文献。统计发现,引用域外文献的比例高达40%,其中美国文献遥遥领先,日本、德国、英国、法国次之,苏联(俄罗斯)几乎可以忽略。[2]这些

---

[1] 金观涛、刘青峰《观念史研究:中国现代重要政治术语的形成》,法律出版社2009年。

[2] 何海波《中国行政法学的外国法渊源》,《比较法研究》2007年第6期。

汇总和统计反映了中国行政法学的源流和特点,即以大陆法为传统、融入较多的美国法因素。这种汇总统计的说服力,胜于引用学者的主观判断。

在文献数量比较有限的情况下,定量研究可能并不合适,这时也可以采用定性研究。在《通过司法实现正义》一文中,贺卫方教授根据特定时期《人民法院报》的报道,考察了主流媒体所赞颂的好法官的要素,勾勒出官方对法官乃至司法功能的褊狭理解。[1]十几年后,我的一名学生利用类似的方法,写了《媒体报道中的"好法官"》。他从连续16个月的《人民法院报》中,选取了58篇关于法官事迹的专门报道做分析。结果显示,官方媒体眼中优秀法官的典型特征是富有爱心、吃苦耐劳、深入群众、善于调解,而不是法律人通常理解的教育背景好、处事办案正、判决水平高。[2]

(一) 样本的代表性

文献分析需要考虑样本的代表性,定量研究尤其强调这一点。要使样本具有足够的代表性,一种方法是找到足够典型的案例。案例是否足够典型,应当根据是否能够达到研究目的来衡量。例如,以《人民法院报》报道的典型事例来说明官方对法官角色的期待,是有代表性的;但以《人民法院报》报道的典型事

---

[1] 贺卫方《通过司法实现社会正义:对中国法官现状的一个透视》,载夏勇编《走向权利的时代》,中国政法大学出版社1995年。
[2] 孙书东《媒体报道中的"好法官":以〈人民法院报〉为样本的研究》,清华大学法律硕士学位论文,2010年。

例来说明司法的实际状况,则是严重扭曲的。

下面再以我自己的一个例子来说明。

在《晨光初现的正当程序原则》一文中,我试图考察法院对《行政诉讼法》所规定的撤销行政行为理由之一的"违反法定程序"的运用情况。为此,我统计了《人民法院案例选》第1—58辑614个行政案例,分析其中撤销判决所用的5种撤销根据的使用频率。统计发现,在判决撤销的297个案件中,法院援引"违反法定程序"作为判决依据的有97个,占撤销判决总数的33%;使用"违反法定程序"为唯一的判决依据的有36个,占撤销判决总数的12%。这说明,法定程序的观念已经深入人心,并得到法院的有力认同。

问题是,《人民法院案例选》由最高人民法院应用法学研究所编辑,其中的案例由各地法官选送,多属"大案、要案、疑难案,以及反映新情况、新问题的具有代表性的典型案例"(编者前言)。有评论者质疑,用这套案例选作为样本是否有足够的代表性?我的回答是,这取决于讨论的主题。用它说明中国法院权利保护的一般状况显然是不行的。例如,法院以判决方式结案的比例和原告胜诉的比例均大大高于全国行政案件的平均水平,而法院不予立案的情况在案例选中则难得一见。但就本文讨论的司法判决的根据这一点上,不存在明显的取样偏差。因为法官在选送案件的时候,主要关心的是案件类型的新颖性、判决结果的正确性以及案件的社会影响,一般不会刻意关心他根据的是《行政诉讼法》第54条第2项中的哪一目。在此前提下,法官对"违反法定程序"这一判决根据的使用频率,能够大体反映法官对程序问题的关注程度和对程序理由的倚重程度。[1]

当样本数量巨大时,很难对全体进行统计分析。一个替代办法是对全体进行随机抽样。清华大学法学院的一个学生团队在研究行政决定的非诉执行时,以山东某县法院两年来总共5090份执行案卷为全体,抽取出案卷编号末位数为"1"的案件作为样本。这一方法保证了1:10的样本比例,也保证了抽样的随机性。

在一些情况下,随机抽样并不能完全保证样本的代表性。王亚新教授在研究民事一审程序时,每隔若干号抽取案件卷宗,但经常碰到卷宗尚未归档引起的空号,不得不进行补充抽样。在补充抽样时,考虑了案件类型和承办法官等因素,特意做有针对性的抽样。[2]

(二) 取样标准的界定

有时候,样本的范围是确定的,研究者只需要拿这个样本做汇总分析。例如,前述对《人民法院案例选》中行政案件判决理由的统计。但也有时候,样本的范围只是大体确定,操作中还需要做具体的界定。例如,前述对《人民法院报》中关于法官事迹的报道,研究者不但需要确定所统计的时段,还需要界定哪些算关于法官事迹的报道。那些报道一个法院乃至一个地区的事迹时,所举的某个法官的事例算不算?这些都必须给出一个操作

---

[1] 何海波《司法判决中的正当程序原则》,《法学研究》2009 年第 1 期。
[2] 王亚新《实践中的民事审判:四个中级法院民事一审程序的运作》,《现代法学》2003 年第 5、6 期。

性的定义。

统计标准的确定,不但要有道理,还要让人可以检验。从原理上讲,别人根据我确定的标准去重复统计,应当能够得出与我基本一样的统计结果。

我在统计《行政法学研究》引用外国文献情况时,发现某篇文献算到哪个国家头上,实在不是一个小葱拌豆腐般清楚的问题。这个问题不解决,统计就没有意义。为此,我做了一个长长的说明:

> 《行政法学研究》的文章可能有些参差不齐,总体上也不是以原创性见长。但它作为行政法学专业唯一的核心刊物,时间跨度比较大,作者群体广泛,应当能够代表行政法学研究的一般状况。
>
> 引用文献,包括学术著作、法律文件、判例、领导讲话和媒体报道,不包括纯粹的外国法译文、介绍、考察报告中。例如,陈建福《制定行政程序法若干基本问题的思考》(1996.2)和《中美行政执行制度比较》(2001.1),提及大量的美国、英国、澳大利亚等国的文献,予以统计;《韦德的第七版〈行政法〉和最近英国行政法的发展》(1997.3)、《德国行政法学的先驱者》(1998.1)、《政府管制研究:美国行政法学发展新趋势评介》(1998.4)、《德国行政法学中行政主体概念的探讨》(2000.1)、《日本行政指导制度及其法律控制理论》(2001.3)等等,包含数量可观的注释,但没有统计。
>
> 本项统计关注引文的篇数,而不是引注的数目。一个引注中包括多篇引文的,分别计算;同一个文献在文章中重

复出现的,重复统计。纯粹的说明性注释,例如"此处所称的行政行为仅指具体行政行为"、"联邦制是一种典型的分权方式",不予统计。

引用的内容不但包括正统意义上的行政法学著作,也包括基本上属于法理学、政治学、经济学等学科的著作,例如博登海默的《法理学:法哲学及其方法》、孟德斯鸠的《论法的精神》。

涉及各国的引文,以翻译或者介绍外国法的著作为准,例如王名扬的《法国行政法》、法国达维的《当代主要法律体系》。包含多国行政法的著作,例如龚祥瑞的《比较宪法与行政法》、姜明安的《外国行政法教程》、胡建淼的《十国行政法》,根据正文指涉的内容归入相应的国家。域外学者撰写的外国行政法,根据其讨论所涉及的国别,归入相应的国家,例如印度赛夫著、我国台湾地区周伟译的《德国行政法》一般归入德国。外国学者的著作,如果无法从正文判别其讨论的国家,则归入作者所属国家,例如美国博登海默的《法理学》通常归入美国。马克思、恩格斯、列宁的著作(数量不大)计算在引文总数中,但不计算到各自国家。

引用原文的数量已经包括在前面的统计中,但在括号内专门标出。转引的原文,不计算到原文中。

由于某些文章大量征引特定国家或者地区的文献,例如台湾学者蔡文斌的《关于立法怠惰的国家赔偿责任》(1998.4)、《行政争讼与行政程序》(1999.4)、吴万得《论行政立法的概念及其意义》(2000.2)、白维贤等的《中美行政执行制度比较》(2001.1),使得个别国家或地区的文献的引用率在特定年份被大大提高了。但在总体上,本表的统计仍然能够反映各自国家或地区的情况。

(三) 统计和描述

在对既有文献进行定量分析后,最后落实到一组数字。

数字应当力求精确,但以能够说明情况为限,不必为了貌似精确而其实繁琐。例如,在统计行政诉讼的撤诉率时,有的文献精确到小数点后两位,我看没有这个必要,于是统统精确到小数点后一位。你能说,撤诉率49.32%就比49.3%更精确吗?

在统计数据很多的情况下,可以用图形或者表格来显示。这样更直观。连续几行地列举一长串统计数据,只会令人眼花缭乱,读不下去。用图表显示,再配以必要的文字说明,看起来就轻快了。

社会调查练习:

第一组 几个同学一组,做一个现场观察,并访谈:
1. 行人为什么闯红灯?
2. "占座"是如何发生的?
3. 录像对法庭审理的影响

第二组 几个同学一组,设计一份问卷,并实施调查:

1. 对你而言,"中国梦"意味着什么?

2. 国人的宪政意识

3. 司法独立会加重司法腐败吗?

第三组 几个同学一组,做一个文献分析:

1. 中央电视台《今日说法》栏目说的都是些什么法?

2. 刑事被告人赔偿受害人(或其家属)后,量刑是否减轻了?

3. 学术刊物上不同性别、年龄、职称学者的分布情况

第四讲

论 证

常见问题

1. 自言自语,没有意识到人家可能会质疑和辩驳
2. 举了几个例子,便以为是实证研究
3. 对策论证没有优劣比较、利弊权衡

第四讲 论证

选题已定、资料已备,接下来最大的挑战就是如何组织论证。

明晰的论证意识是一篇论文成为论文的前提,适当的论证方法则是一篇论文成功的基本保证。一些人写文章,没有和人对话的意识,不去想人家可能会有质疑和辩驳,自己需要做些回应。这就谈不上论证,只是自言自语而已。而有些论文逻辑混乱,漏洞百出,或者干脆拍脑袋,说些没凭没据的话。这样的论文,即使它给了一个读者期待的结论,实际上也没有什么价值。作者应当时时意识到,自己说的每个观点乃至每句话,都有一双较真的眼睛在注视。你要想办法让他能够信服,说话必须有根有据。一篇成功的论文,必须是一篇论证周详、严密、清晰的论文。

能够规范、自如地运用论证方法,是一个学者成熟的标志;研究者能够普遍做到规范运用论证方法,则是一个学科成熟的标志。最近二十年来,法学界在论证方法的自觉性上有了很大的提高,也出了一些专门探讨法学研究方法的著作。[1]但研究方法的规范运用,显然还需要更多的努力。许多博士、硕士论文在导论中交代,文章都采用了哪些、哪些研究方法;但如果问起这些研究方法到底是怎么回事,作者往往说不明白。一些讲法学论文写作的文章,讲到这个问题时,往往也是大而化之、笼而统之,不易让人领悟。本章对论证方法的讨论,虽然浅陋但尽量

---

[1] 白建军《法律实证研究方法》,北京大学出版社2008年;陈瑞华《论法学研究方法:法学研究的第三条道路》,北京大学出版社2009年;王利明《法学方法论》,中国人民大学出版社2012年。

具体,希望让初习者有所收获。

学术论证方法,最基本的不外乎归纳、演绎、类比三者。具体到法学命题,常见的有思辨的方法、实证的方法、历史的方法、经济分析的方法、比较法的方法等,不一而足。有些方法我自己也不得要领,有些论证技巧实在难以言传,更无法"倾囊相授"。但论证方法也不是什么神秘的东西。天底下的论文,最后无非是要归到一个"理"字上。把道理讲清楚、以理服人,这才是论文的真谛。道理讲不清楚,光搞些花里胡哨的"方法",什么用也没有。

就论文写作而言,论证方法必须服从论文主题,先有目标再谈方法。一般说来,法学论文涉及这样几个方面的主题:描述状况,解释法律,分析原因、功能和属性,提出政策建议等。这些主题构成了法学论证的目标;相应的,论证方法也应当围绕这些目标而设。当然,在一篇论文里同时运用几种论证方法,尤其是在各个分论题之下各取所需,也是很正常的。

下面就按照不同的论证目标,分状况描述、属性分析、原因分析、功能分析、法律解释、政策建议等几个主题,一一探讨论证方法。

一 状况描述

状况描述是法学论文写作的基本功之一。尽管法学论文多为规范研究,旨在回答"应当怎么样"而非"事实怎么样",但状况描述在法学论文中还是很常见的。"应当怎么样"往往建立在

"事实怎么样"的基础上。

描述状况的具体方法有好多种。下面着重讨论举例说明、统计数据和类比说明三种方法。

(一) 举例说明

举例说明看似散漫,至今仍然是法学文章中描述状况的常用手法。所举的事例,可能是一个司法案件,一个媒体报道的事件,一段某人的讲话,也可能是一则轶事。个别的事例,如果足够典型,往往能够生动地揭示事实真相,帮助人们很容易地理解事情。为了强化效果,可以运用多个事例。但事例不能太多,太多了就有堆砌的感觉;原则上,支撑同一观点的事例不超过三个。文章中叙述个案的文字尽量精炼,宜短不宜长。特别是,记得把那些无关紧要的话删去。

例如,关于行政诉讼"告状难",行政机关威胁当事人,迫使其撤诉,我们可以从下面的例子管中窥豹:

> 某县土地局因刘某建房手续不全对他处以罚款,刘某提起行政诉讼。土地局有关人员对刘某说:"你告吧,我们可以找个理由把你盖的房子扒了。"刘某一下子心里没了底,就申请撤诉了。[1]

下面几个事例,用于说明一些美国法官对待公众意见的态度:

---

[1] 张乐发《对撤诉行政案件的分析及意见》,《人民司法》1992 年第 3 期。

法学论文写作

　　与法官努力维护独立判断的立场相对的是,他们承认他们无法完全避免公众意见的影响。早在将近一个世纪前,具有法律现实主义精神的卡多佐法官就指出,最高法院的大法官无法"逃避那吞没他人的时代大潮"。[1]著名的法官弗兰克福特也曾说,司法权力最终必须建立在公众对法院道德规制的持久认同上。[2]曾经执掌最高法院长达20年的首席大法官伦奎斯特在一次题为"宪法与公众意见"的演讲中,也指出,"你可以把公众意见阻挡在法院大门之外,但它仍会撞击法院的大门"。[3]

　　事例要有说服力,必须是真实而典型的。说真实,要有据可查、高度可信;说典型,一般来说是能够代表普通的状况。在某些情况下,极端的个案也能够说明问题。就像北京、上海不能代表中国经济和社会发展的一般水平,但仍然是反映中国经济和

---

[1] Benjamin Cardozo, *The Nature of the Judicial Process*, Yale University Press, 1921, p. 168.

[2] Barker *v.* Carr, 369 U. S. 186 (1962), per Justice Frankfurter. 原文是:"The Court's authority—possessed of neither the purse nor the sword—ultimately rests on sustained public confidence in its moral sanction."

[3] William Rehnquist, Constitutional Law and Public Opinion, 20 *Suffolk University Law Review* 751 (1986), at 768. 伦奎斯特以他早年担任大法官助理时所经历的一个重大案件(钢铁公司接管案)为例,生动地揭示了强烈的公众舆论对司法审判的影响。在演讲的最后,他意味深长地说:"法官当然不必像民选官员一样在'在公众意见面前发抖';但在那个案件中,如果法官不曾听取公众意见,他们恐怕真的要发抖了。"伦奎斯特不便讲述他自己当大法官时的考虑,也没有正面回答法官是否应当听取公众意见,但他讲的故事无疑是他思想的写照,他的言语似乎透露他至少在某种程度上是认同的。

社会发展水平的一个侧影。

援引个例有它的缺陷:个例自身无法说明它的代表性,无法说明这是一个极端的个案还是一个平常的事例,是一个新颖的现象还是一个老旧的故事。这都需要作者评估、拿捏,并向读者交代这个个案的代表性在哪里。拿捏需要经验,没有经验的作者容易不知轻重。

(二) 统计数据

个别的事例不可能反映面上的情况,最典型的事例也做不到这一点。统计数据则有可能弥补这一缺憾。早在20世纪80年代,就有学者指出:"对社会现象中所要研究的问题进行量的抽象,用定量的方法去描绘它的状态和进程,表明人类思维能力的提高,是社会科学现代化的特征之一。定量研究能使人们对社会的认识更深刻、更精确。"[1] 现在,定量研究方法在社会科学中得到大量应用,而且出版了专门介绍定量研究的著作。[2]

总体而言,法学研究中定量研究大大落后于经济学等其他学科。这从一个方面说明,法学研究还没有成为一门真正的社会科学。它在很大程度上仍然停留在概念建构、观念塑造上,停留在洞察生活经验的层面。目前许多领域欠缺基础性的统计数据,这也阻碍了定量研究的开展。当然,定量研究自身也需要改进。许多定量研究又是表格又是图形,最后发现不过是煞费苦

---

[1] 宋健《社会科学研究的定量方法》,《中国社会科学》1982年第6期。
[2] 谢宇《社会学方法与定量研究》,社会科学文献出版社2012年第2版。

心地阐述了一桩显而易见的事,或者得出一个貌似新鲜却荒诞不经的结论。

下面阐述的是较低版本的"定量研究",即法学研究中如何运用现成的统计数据来描述状况。使用统计数据要注意的,一是数据的可靠性,二是数据的及时性,三是数据的相关性。

1. 统计数据的可靠性

说到统计数据的可靠性,有个笑话:"世界上的谎言有三种,根据程度轻重,依次为:谎言,弥天大谎,统计数据。"无论对于官方还是民间的统计数据,保持警惕是必要的。

为什么貌似精确的统计数据如此不可靠呢?

一种原因是有些数据是胡编乱造的。例如法院加大执行力度的情况,各家法院都报告民事案件的执结率上升了多少多少,听起来言之凿凿。可是,当我听过一个法院院长讲的故事后,不免对这类数据警惕起来。那个院长说,手下的人来请示:向上级法院报执结率该报多少?院长想了想说,就95%吧。结果,该院排名倒数第一,挨了批评。院长检讨:"下次一定改变落后状况,做不到也要办到。"又如,有个学生写论文说,某县"退耕还林"政策实施后,森林覆盖率比之前提高了10%。问题是,这个数据来源于什么机构?是怎么得出的?提高了10%又是哪年跟哪年比?作者都没有交代,听上去像是杜撰的。

二是数据的获取方式有严重瑕疵。这里举一个北京空置房数量的统计问题。北京市公安局人口管理总队发布的数据显示,在其组织的实有人口基础信息大调查中,"核对空置房屋381.2万户"。这意味着,北京空置房比例高达29%。舆论顿时一片哗然,纷纷呼吁打击地产投机。但业内人士普遍对该数据的准确性持有异议,指出统计机构并未对"空置"一词给出明确定义,也没有说明其所用的统计方法。事实上,一些民警在普查中,将一些暂时无人居住甚至普查当天无人在的房屋,都划为空置房。面对业界质疑,北京市公安局承认统计方法存在问题,表示"空置房381万套不是最后数据"。[1]

最后,即使是比较严谨的社会调查,也难免会有缺陷。例如,在运用抽样方法获取统计数据的情况下,取样偏差是一个不易克服的纰漏。这个问题在第三讲"调查"中已经谈到过,此处不赘。

所以,看到一个统计数据,别急着相信。你不但要看看它是否与你的经验相符,还要看看这个数据是谁提供、怎么得出来的。

2. 数据的及时性

如果用于说明现在的情况,最好是最新的统计数据。数据越老,离现状的差距可能越大。在社会急速变迁的中国,你用五、六年前的数据来说明今天,就不免让人心生疑窦;至于十几年前的数据,那都是"老皇历"啦。

3. 数据的相关性

相关性要求数据切合论证主题,能够合理说明情况。

关于这个问题,我有一个教训。在一篇文章中,为了说明国

---

[1] 汤旸《北京核对空置房屋381万户》,《新京报》2012年6月5日;王晟《北京市公安局:空置房381万套不是最后数据》,《京华时报》2012年6月6日。

家赔偿经费的支出相当有限,以致《国家赔偿法》沦为"国家不赔法",我举了最高人民法院工作报告提供的数字:2008—2012年五年间,全国各级法院审结国家赔偿案件仅8684件,决定赔偿金额2.18亿元。[1]五年才8千多个案子、2亿多一点的金额,听上去是很少的。后来才知道,这个数字没有把行政赔偿案件统计在内,仅仅是法院赔偿委员会决定的刑事赔偿和司法赔偿的数字。而且,有相当数量的案件是在诉讼程序以外解决的,法院决定赔偿只是整个国家赔偿经费支出的一部分。所以,用上述数据来说明整个《国家赔偿法》的运作情况,在逻辑上是断裂的,在结果上可能是误导的。回想起来,最高人民法院工作报告的表述有些问题;我呢,过于轻信,不加辨别地使用。这再次提醒人们,"数据陷阱"实在防不胜防。

(三) 类比说明

类比,是将一种事物所附带的信息转移到其他事物之上的认知过程。类比在论证过程中被广泛使用。例如"社会契约论"就是拿契约做类比,说明国家权力的最终来源。[2]在描述过程中,类比也扮演重要角色。例如,原子中的原子核以及由电子组成的轨域,我们看不见摸不着,但如果类比成太阳系中行星环绕

---

[1] 王胜俊《最高人民法院工作报告》,2013年3月10日第十二届全国人民代表大会第一次会议。报告称,全国各级法院五年来"审结一审行政案件62.4万件,同比上升32.4%;审结国家赔偿案件8684件,决定赔偿金额2.18亿元。"

[2] 苏力《契约的隐喻:对一种国家学说的知识考古学》,《中国社会科学》1996年第4期。

太阳的样子,读者就明白得很。在《内部行政程序的法律规制》一文中,为了说明内部行政程序和外部行政程序的区别,我先说了区分的视角和标准,然后做了一个类比:"打个比方,行政机关是一台机器,当事人参与是向机器输入信息,行政决定是机器吐出的结果,那么,机器内部的运转就是我们所说的内部行政程序。"

要注意的是,用于类比的事物与类比对象不一定有实质上的同源性,其类比也不见得精确合理。就以前面举的原子核为例,由于电子没有固定的运行轨道,拿行星环绕太阳做类比其实暗藏着很大的误导。所以,类比只能作为描述状况的一种辅助手段。没有科学合理的界定,类比只能让人晕晕乎乎,不如不比。

二 属性分析

我们的很多研究是为了搞清楚:这东西属于什么?它有什么特征?它跟别的事物区别在哪里?我把这类研究称为"属性分析"。

(一) 有待探讨的属性

属性分析在教科书中是相当常见的。每讲到一个重要概念,教科书都会给出一个定义,指出它的属性。论文写作也经常需要探讨事物的属性。不同之处在于,教科书呈现的往往只是研究的结论,特别是成熟而共识的观点;在论文中,它们恰恰是研究的目标,存有争议、等待探索。

怎么描述一个事物的属性呢？大体说来,如果一个东西的属性是确定的,则可以直接援引现有文献予以描述,并据此进行演绎推理。但如果它的属性还存在争议,则需要借助归纳、比较的方法,论证其属性。

举个例子,我们要讨论行政合同纠纷的救济方式问题。在中国,这个问题涉及行政合同纠纷应当由行政庭按照行政诉讼法解决,还是由民事庭按照民事诉讼法解决。有行政法学者坚定地认为,应当由行政庭按照行政诉讼法解决。其理由(翻开几本行政法教科书):一是,"行政合同指……";二是,"行政合同的特点是……";三是,"行政合同的类型有……"。所以,这些行政合同纠纷应当由行政庭按照行政诉讼法解决。这样的论证方式是霸道的,也是无效的。因为在一个民法学者看来,行政法教科书讲的行政合同的概念、特点、种类,都是可以质疑的。例如,有人主张"公法领域无契约",认为"行政合同"是个"伪概念"。其理由,一是不平等则无合意,二是意思自治与依法行政无法调和。"行政合同"在什么意义上存在,都包含哪些类型,远未取得共识。

所以,如果大家都是从自己定义的概念或者自己奉行的教条出发,以不具有共识的观点作为论证的前提,就无法进行有意义的学术讨论。要真正解决前面所说的行政合同一类的问题,恐怕需要回到原点,把它放在现实情景中重新探讨它的属性。

(二) 归纳和比较的方法

如果存在非常确定的前提,对事物属性的探讨可以采取演绎的方法。例如,我们知道液体具有什么样的特性,氮气在多少温度下呈液态,这个温度下的氮气就具有什么样的特性。问题是,世界上没有那么多的确定知识,从那些不太确定的前提开始讨论是不靠谱的。为此,我们需要借助归纳和比较方法,获得对事物的认知。

这种归纳从根本上讲是经验的,而非逻辑的。但它需要满足两个条件:一是内在特征的融贯性,二是与现有相关概念的协调性。

在《具体行政行为的解释》一文中,一个重要主题就是揭示具体行政行为解释的属性。文章的第一项工作是通过对一个具体案件的分析,揭示具体行政行为解释现象的存在。建设局在颁发建房许可时,限定"柱高6.2m";在相邻各方发生纠纷后,建设局作出一个《处理决定》,声明柱高从外墙面底层起算,要求当事人不得超高。文章指出,这种现象不同于确认、补正、变更等行政处理行为,不能被目前通行的行政法学概念所包容,是一类尚未"型式化"的行政行为。接着,找寻各种具有"家族相似"的事例,分析其中解释行为发生的原因、场合和方式,归纳它们的共同形态。据此,文章认为具体行政行为解释是一种独特的法律行为解释,也是一种相对独立的二次行政处理。之后,我才讨论具体行政行为解释的原则、方法以及解释争议的解决渠道。[1]

在《公民对行政违法行为的藐视》一文中,我要做的一个工

---

[1] 何海波《具体行政行为的解释》,《行政法学研究》2007年第4期。

作是界定讨论的范围。在现有文献中,"公民不服从"、"国民抵抗权"与"公民拒绝权"混为一谈,给讨论带来了困扰。我的文章从法律争议的不同层面甄别相关概念的使用。文章提出,公民对国家行政权力的藐视,可以区分为两个层面:一是公民对行政行为所依据的法律本身的争议,二是公民对一个行政行为是否符合法律的争议。当一个公民承认行政行为符合既定的法律,但基于自己政治、道德、宗教上的信念拒绝服从,他反抗的才是法律本身——"公民不服从"、"国民抵抗权"即属于此。当一个公民承认现存的基本法律秩序,但基于自己对法律的判断认为一个行政行为违反法律,他争议的只是一个行政行为的效力——"公民拒绝权"即属于此。因此,与"公民不服从"、"国民抵抗权"不同,公民行使拒绝权并非挑战一国的法律秩序,而只是挑战行政机关及其执法人员对法律的宣称;它可能涉及但并不必然涉及道德良知。[1]

(三) 概念的使用原则

在分析事物的属性时,我们常常遇到概念的困扰。英国哲学家培根(F. Bacon)注意到语言造成的"市场假象":文字是"照着流俗的能力而构制和应用的,所以它所遵循的区分线也总是对流俗理解力最为浅显的。而每当一种具有较大敏锐性或观察较为认真的理解力要来改动那些界限以合于自然的真正区划时,文字就拦在路中来抗拒这种改变。因此,我们常见学者们崇

---

〔1〕 何海波《公民对行政违法行为的藐视》,《中国法学》2011年第6期。

高而正式的辩论往往以争辩文字和名称而告结束".〔1〕

概念表达使用者对事物的理解。从原理来讲,概念的含义可以由使用者给定。只要使用者能够抓住事物的特征,把握清晰的内涵和确定的外延,保证它与相关概念的协调,并保持前后使用的同一性,那就 OK。其道理如同计算机编程中赋予的符码。但同时,概念的使用应当尊重人们对相关概念的既有理解。法学概念尤其具有法律规定性和实践指向。例如,《民法通则》对"法人"做了定义,"我是这家公司的法人"就是不通的;《行政诉讼法》既然使用了"具体行政行为"的概念,那么"行政行为"自然是它的上位概念。如果一个作者有足够的理由,他可以在不引起误解的情况下使用自己定义的概念。但如果处处都与人家说法不一样,那人家读起来仿佛天书,反而失却了交流的便当。任何概念的使用必须在两者之间找到妥协。

在《实质法治》一书的导言中,我这样交代一些关键概念的使用:

> 出于对法治的特定理解,在论述实质法治过程中需要挣脱一些当前流行的概念的束缚。但鉴于现有的、约定俗成的概念体系很大程度上是形式法治主义的产物,在论述实质法治主义立场的过程中,又不得不借助这些概念来表达。这一点常常困扰我的写作,也难免影响对本文的阅读。最大的困扰莫过于"法(法律)"和"合法性"这两个核心概念。"法(法律)"的概念向来混乱不堪,既可以在形式意

---

〔1〕〔英〕培根《新工具》,许宝骙译,商务印书馆 1984 年,30、31 页。

上理解,也可以在实质意义上使用。"合法性"的概念同样充满歧义:它有时在形式合法的意义上使用,相当于合法律性(legality);有时在实质合法的意义上使用,相当于正当性(legitimacy)。[1]对此我将在第四章中专门予以阐释。再如,"法律解释"的概念也可能在多种含义上使用:我国正式制度安排中的"法律解释"与一般学理阐释的"法律解释"就有很大不同,后者又可能在狭义和广义上使用。[2]而在实质法治眼里,法律解释暗示了法律渊源的特定性和权威性,未必能够准确地概括法律适用的全部环节。为此,我有时用"法律论证"(legal argumentation)、"法律议论"(legal discourse)来取代"法律解释"。又如"法律共同体"这个词,一些学者曾在"法律职业共同体"的含义上使用它,本书则把它理解为包括专家、公众和领导在内,由法律利益的纽带联结的整个社会。本书第八章对此将专门阐释。

……如果上述用法还有什么不妥当,我只能为自己辩解:"重要的是说什么,而不是用什么词来说。"

---

[1] 刘毅《"合法性"与"正当性"译词辨》,《博览群书》2007年第3期。作者建议,用"正当性"一词对译 legitimacy,用"合法性"一词对译 legality。

[2] 广义的理解可以指称从各种法律渊源中寻找正当性论据以获得可适用于具体案件的法律规范的全过程,其中包括通常意义的条文解释、漏洞补充乃至否定法律条文的效力等环节。一些学者在讨论法律文本的解释问题时,意识到这一可能的困境:"将法律文本或条文的解释与其他法律'解释'分割开,本身就有问题;本文的这种聚焦则有可能强化这种人为的分割。"苏力《解释的难题:对几种法律文本解释方法的追问》,《中国社会科学》1997年第4期。

（四）理想类型的建构

理想类型（ideal type）是研究社会和解释现实的一种概念工具，是高度抽象出来的、反映事物本质特征的分类。它有一个更加通俗易懂的中国名字："模式"。

最早有意识地运用理想类型分析方法的学者是德国社会学家马克斯·韦伯。韦伯运用理想类型的方法，是为了摆脱惯常概念所面临的两种困境：要么由于概念过于宽泛，失掉现象的具体特征；要么由于概念过于狭窄，无法包容相关的现象。理想类型则是在对纷繁芜杂的现象进行整理、提炼所得的典型。它不完全对应于经验事实，不是对现实的精确描绘，但又基于经验事实，抓住了现实的一些基本特征。韦伯自己运用理想类型的方法，将不同统治类型区分为法理型、传统型和魅力型三种，将不同法律形态区分为形式理性、形式非理性、实质理性和实质非理性四类。

韦伯关于理想类型的思想具有极为重要的方法论意义。它不但是韦伯进行社会研究的方法论基础，也为后代学者所纷纷效仿。美国法学家帕克借助理想类型的分析方法，建构了刑事政策中的两种对立模式：正当程序模式和犯罪控制模式。正当程序模式强调公正地对待犯罪嫌疑人，防止无辜者被判有罪；即使因此放纵了一些罪犯，认为也是值得的。犯罪控制模式强调有效地查处案件，以控制犯罪、维护社会秩序；即使一些无辜者因此受到错误惩罚,也是可以忍受的。[1]类似地,在行政法的功能问题上,罗豪才教授倡导的行政法平衡理论也建构了两种对立的模式:管理论和控权论。管理论把行政法的功能定位于促进政府有效管理,维护公共秩序;而控权论则着眼于控制政府权力,保护公民权利。在此基础上,罗豪才教授主张一种中庸的观点,即平衡论。[2]中国诉讼法学界讨论的职权主义和当事人主义,也明显地带有理想类型的色彩。

我本人也曾屡次运用理想类型方法描述事物的性状。在讨论英国司法审查的合法性基础时,我评析了英国学界两种主流观点,即"越权无效理论"和"司法自治理论"。"越权无效理论"认为司法审查的合法性只能来自议会的授权,法院的一举一动都必须从议会意图中得到证明;"司法自治理论"则认为英国深厚的普通法为司法审查提供了足够的合法性基础,法院判决的合法性可以从司法先例中找到依据。在驳斥这两种观点之后,文章提出我自己的观点,即"法律共识理论"。[3]类似的,在《实质法治》一书中,我建构了中国法治的两种对立模式,即形式法治和实质法治,并在此基础上展开分析和辩论。[4]

理想类型比较适合于宏观、抽象的社会问题的叙事和分析。

---

[1] Herbert L. Packer, "Two Models of the Criminal Process", in Herbert L. Packer, *The Limits of the Criminal Sanction*, Stanford University Press, 1968.

[2] 罗豪才主编《现代行政法的平衡理论》,北京大学出版社1997年。

[3] 何海波《司法审查的合法性基础:英国话题》,中国政法大学出版社2007年。

[4] 何海波《实质法治:寻求行政判决的合法性》,法律出版社2009年。

涉及具体、实际的法律争议问题,则还是具体分析、实证研究为好。

三 原因分析

有小孩做了个实验:先是把一只蜘蛛放在桌子上,然后冲蜘蛛大吼了一声,蜘蛛吓跑了。他把蜘蛛抓回来,把它的脚全部割掉,再冲蜘蛛大吼一声,蜘蛛不动了!于是,他写文章说:"蜘蛛的听觉是在脚上。"——别笑!在我们探索未知世界的过程中,我们对事物原因的解释其实未必比这小孩高明多少。

探寻事物之间的原因,就是揭示不同事物之间引起和被引起的关系。学术研究中探寻因果关系的目的,是获得对我们的研究目的而言有意义的、真实的联系。

(一) 寻找有意义的联系

很多时候,一个问题的原因可以从多方面来论说。有意义的联系仅仅取决于我们关心的问题和讨论的主题。法国历史学家布洛赫曾经举过一个例子:某人沿着山路行走,不慎摔了一跤,从悬崖上掉了下去。事故是由很多因素造成的,如重力作用,因地质变迁形成的地形,还有那条从村庄通往夏季牧场的山路等。然而,在调查事故原因时,任何人都会答道:"失足"。[1]

---

[1] 〔法〕马克·布洛赫《历史学家的技艺》,张和声、程郁译,上海社会科学院出版社1992年,139页。

在法律世界里,我们关心的是秩序的维护和改进:某个现象为何出现?谁应当承担责任?某个制度为何失效?

有意义的联系应当符合上述特定的视角,也就是,讨论的应是"法律问题"。例如,2010年上半年短短的几个月时间里,位于深圳的富士康公司连续发生十余名员工跳楼自杀事件。为何出现媒体所称的"富士康十三跳",人们可以从不同角度解读:研究企业管理的人指出,富士康采取福特式企业管理模式,员工劳动强度大,长期心理压抑;心理学家把它归为当事人的心理素质问题,认为当事人抗压、抗挫能力差;传播学者反省,趋之若鹜的媒体报道起到了放大和积聚效应,他们的关心反而促使其中一些人选择自杀;也有人说,富士康公司员工工资不高而抚恤金高,这笔抚恤金对一些来自家境困难的人来说有很大诱惑力,从而起到错误激励。而对于一个法律学者来说,可能更需要关心的是:有关劳动保护、人身保障、纠纷解决的法律是否得到执行?这些方面的问题应当如何改进?

有意义的联系必须是对法律秩序的维护或者改进具有启示作用的。最高人民法院副院长沈德咏曾经发文谈冤假错案发生的原因:"冤假错案的发生原因很多……纵观已发现和披露的案件,冤假错案的形成主要与司法作风不正、工作马虎、责任心不强以及追求不正确的政绩观包括破案率、批捕率、起诉率、定罪率等有很大关系。"[1]沈德咏强调的主要是司法工作人员的主观态度。这样的说法不能说是错的,但似乎没有点到症结,那就

---

[1] 沈德咏《我们应当如何防范冤假错案》,《人民法院报》2013年5月6日。

是司法体制和制度的问题。如果按沈德咏的说法,解决问题的出路主要应当在于帮助司法工作人员"提高认识"、"端正态度"等老路,而不是司法体制的改革和完善。

有意义的原因分析往往在认识到事物背后的复杂关联的同时,把视线聚焦于一个原因。有的作者分析原因,喜欢面面俱到:"其原因是多方面的,一是观念的问题,二是方法的问题,三是体制的问题……"这样说倒是四平八稳,却难以提供有益的启示。世界本是相互联系的,诸多的"原因"也可能相互影响,从多个角度去分析原因,反而不得要领。一篇文章能够把一个原因讲清楚,就不容易了。当然,指出一个原因并不意味着排斥其他可能起作用的因素。文章能够把这个原因与其他因素的关系也讲清楚,让人一览无遗,则是上好之作。

我们所追寻的对因果关系的解释,往往是超越常识的。郭松博士有篇文章讨论人民调解纠纷的数量为何下降。他注意到,自1991年起,人民调解的解纷数量逐年下降。对此,学界的解释几乎都集中于其他解纷机制的分流。而作者通过定量分析表明,民事诉讼在1997年以前分流了部分人民调解的纠纷,但此后这种分流日趋减弱;公安机关分流了部分特定纠纷,但没有实质性地影响人民调解;基层法律服务所没有起到分流作用。作者提出,人民调解解纷数量下降的原因可能在于纠纷形态随着社会转型发生了变化,适合人民调解的纠纷减少了。这种新的解释让我们重新认识"人民调解解纷功能弱化"的已有判断,启发我们思考纠纷解决机制构造的宏观战略。[1]

(二) 寻求真实的联系

在一起交通肇事案件中,驾驶员撞倒了一名老汉。驾驶员的律师为他辩护说:"我的当事人不可能有过错,因为他开了25年的车,从未撞倒过人。"对方的律师反驳说:"如果年龄也可以考虑的话,我的当事人更不可能有过错,因为他走了60年的路,从未被车撞到过。"这仅仅是一个法律笑话。但它揭示了一个道理,年龄(驾龄)不是判断交通肇事发生原因和责任归属的因素。这两者只是虚假的因果关系。

探寻原因必须获得真实的联系,否则就会开错药方,"头痛医头、脚痛医脚",甚至更糟,"头痛医脚"。例如,有人批评法官职业化(由受过良好法学教育的人来充任法官),其理由是"法官受教育更好,却更腐败"。其实,法官职业化解决的主要是法官的专业素养问题,而不是职业操守问题。司法腐败或者"更加腐败",基本上与法官所受的专业教育无关。

张泰苏博士有篇文章讨论了"中国民众在行政纠纷中为何偏好信访"的问题。他注意到,近些年,中国民众在解决行政纠纷时往往选择信访而不是诉讼。他驳斥了学界的两种现有解释:一是行政诉讼问题太多,效果还不如信访;二是中国人具有"厌讼"或"信人不信法"的传统。在此基础上,作者提出另外一

---

[1] 郭松《人民调解纠纷数量为何下降?超越已有理路的新论说》,《清华法学》2010年第3期。

种可能的解释:中国民众不选择行政诉讼是因为对这种诉讼的程序感到陌生和排斥。目前的行政诉讼制度不允许调解,过于生硬,冲突性过强,而中国民众偏向冲突性较低、法官主导功能较强的诉讼程序和审理方式。[1] 按照作者观点,行政诉讼如果"圆桌审理"、再允许调解,问题应当有实质性改观。但作者可能没有看到的是,法院那些年大搞"协调处理"、变相调解,情况却似乎更糟。作者看来忽视了,法院自感无力处理官民纠纷,把很多案件推向门外。在所有这些现象的背后,法院缺乏应有的独立性和权威性才是问题的症结。当事人走上信访之路根本不是出于什么"偏好",而纯属无奈之举。

我们所探讨的因果关系并不是一种无边无界的任意联系,而是关注前事对于后事的发生引起的"恒常结合"(constant conjunction)。绝小概率、纯粹偶然的事件,对于我们所探讨的因果关系是没有意义的。有一个故事说,一个鞋匠在马掌上少钉了一个蹄钉,一个蹄钉的缺失则导致损失了一匹战马,一匹战马的损失导致骑马的将军阵亡,将军阵亡导致一场战斗的失败,一场战斗的失败导致一个王朝的灭亡。这可能是不假的,而且常常被用来教导人们做事要认真。但是,把一个王朝的覆灭归咎于马掌上缺损一个钉子,实在是过度联系了。[2]

---

[1] 张泰苏《中国人在行政纠纷中为何偏好信访?》,《社会学研究》2009年第3期。
[2] [英]尼尔·弗格森《未曾发生的历史》,丁进译,江苏人民出版社2001年,17页。

(三) 因果关系的复杂性

在很多时候,探寻原因是一条布满歧路和陷阱的泥泞小道。"共生现象"和"多因一果"是其中常见的陷阱,而追寻"原因背后的原因"则可能让这条小道望不到尽头。

1. 共生现象

为了证明 A 是 B 发生的原因,我们必须证明没有 A 就不会有 B。如果 A 消失了,B 也跟着消失了,我们可以初步认为 A 是 B 的原因。但光这样还不行。很多时候,A 和 B 的出现都因为 C。C 消失了,A 和 B 也同时消失了。在这种情况下,A 不是 B 的原因,毋宁是与 B 共生在 C 这个树上的果子。

下面举共生现象的一个实例:

过去的研究认为,母乳能增进幼儿的智力,母乳喂养的婴儿长大后出人头地的机会也比喝牛奶长大的人多。英国布里斯托尔大学的研究者通过对 1414 名男女跨越 60 年的饮食和健康调查,发现吃母乳长大的人社会地位提高的概率高于喝牛奶长大的人。研究者认为,这个发现说明母乳喂养能够促进发育、健康和智商,对社会地位的提升可能产生长期影响。这项研究在一些媒体上更是被演绎成"吃母乳长大更有出息"云云。〔1〕

然而,《英国医学杂志》上的研究报告指出,母乳喂养能使孩

---

〔1〕 《调查研究称孩子吃母乳长大更易进入社会高阶层》,中新网 http://www.chinanews.com/gj/2013/06-26/4971129.shtml;《吃母乳,长大更有出息》,新华每日电讯 http://news.xinhuanet.com/mrdx/2013-07/05/c_132515366.htm。

子更聪明的说法缺乏依据。由英国医学研究理事会的一个研究小组研究了美国5475名婴儿和3161位母亲的资料,对他们的家庭环境、母亲性格以及婴儿是否母乳喂养等因素都做了分析。研究人员发现,母乳喂养益处多多,但不包括让孩子变得更聪明。研究人员认为,孩子的智商在很大程度上取决于母亲的智商;如果母亲更聪明,教育背景更好,营造的家庭氛围更有利,孩子的智商发展一般来说也更好。[1]

上述研究暗示,坚持母乳喂养本身需要一定的家庭条件;可能恰恰是这样的家庭条件,而不是母乳喂养本身,为孩子的智力发展和社会成长提供了更好的支持。

2. 多因一果

多个原因导致的结果,即"多因一果",是法学研究中一个比较难以处理的问题。例如,甲长有罕见的"蛋壳脑袋",一敲就碎;乙对此并不知情,嬉笑中重拍了甲的脑袋,导致甲死亡。乙应当承担什么样的法律责任?又如,甲屡遭乙追打,请求派出所保护,而派出所未采取任何措施;其后一次,甲为躲避乙的追打,从自家阳台跳下,致身体残废。在该案中,派出所的不作为在什么意义上构成甲受伤致残的原因?诸如此类的问题,在分析法律责任时常常令人纠结。

3. 原因背后的原因

这世界本来就是普遍联系,一物生一物,延展无穷。在一些

---

[1] Salynn Boyles, "Breastfed Babies Aren't Smarter", http://www.webmd.com/parenting/baby/news/20061003/breastfed-babies-arent-smarter?src=3drss_public.

时候,有人指出了一个事物的原因,但我们还要追问原因背后的原因。

在《案卷笔录中心主义》一文中,陈瑞华教授以"案卷笔录中心主义"解释了以加强庭审功能为宗旨的刑事司法改革何以失败。他指出,公诉方通过宣读案卷笔录来主导和控制法庭调查过程,法庭审判成为对案卷笔录的审查和确认程序,这导致法庭审理流于形式,通过当庭审判来形成裁判结论也就不可能了。[1]这一见解是相当有启发性的。然而,我们仍然可以追问,是什么导致了他所说的"案卷笔录中心主义"?如何才能改变"案卷笔录中心主义"?如果不回答这个问题,刑事司法改革可能还是找不到病根。

四 功能分析

功能,指事物或方法所发挥的有利的作用。在学术研究中,我们关心的问题主要是:某个事物或者方法有什么样的功能?一项预定的功能发挥得怎么样?以及,它为什么具有这样的功能,或者预定的功能为何失效?

(一) 功能的显现

美国社会学者罗伯特·默顿将功能划分为显功能和潜功

---

[1] 陈瑞华《案卷笔录中心主义:对中国刑事审判方式的重新考察》,《法学研究》2006年第4期。

能。[1]显功能是参与者有意安排的客观后果,而潜功能是参与者无意图的、未认识到的后果。以宗教为例,宗教信徒寻求的是关于终极性问题的答案,追求一种超验或超世的人生境界,以获得个人的灵魂救赎。这是宗教的显功能。但另一面,教会和信徒以极大的热情关注社会问题,并且大规模地参与社会行动和改革计划。这是宗教的潜功能。显功能和潜功能的区分,提醒我们注意社会行为的主观意图与客观效果之间的区别,关注那些未被计划、未被认识的潜在功能,从而理解一些看似不合理的社会模式,避免以朴素的道德判断代替社会学的分析。

在《谁来娶我的女儿:上海相亲角与"白发相亲"》一书中,孙沛东博士探讨了上海某公园相亲角的实际功能。她注意到,每到周末,该公园的相亲角人头攒动,上演"白发相亲"(父母替子女相亲)的街头剧;但实际上,子女因此配对成功的极少。既然相亲角的效率如此之低,为什么人气还如此之旺,而且多年持续不衰?孙沛东的解释是,相亲角还具有一定的潜功能。例如,它成为知青一代父母社会交往和情感交流的新渠道,也为父母和子女的情感交流提供了新话题,甚至成为一些单身老人择偶的"鹊桥会"。[2]

赵晓力博士在《通过合同的治理》一文中,通过分析20世纪80年代以来中国基层法院对农村承包合同的处理,发现其着眼

---

[1] [美]罗伯特·默顿《社会理论和社会结构》,唐少杰、齐心等译,译林出版社2006年,第三章"显功能与潜功能"。
[2] 孙沛东《谁来娶我的女儿:上海相亲角与"白发相亲"》,中国社会科学出版社2012年。

点并不只是解决纠纷,而是试图通过对合同纠纷的处置,帮助党和政府改进和加强对农村和农民的治理。在此意义上,农村承包合同不仅是农户与村集体之间民事法律意义上的租佃契约,还成为地方政府和乡村干部治理农民和农村事务的一种新方式。[1]其他研究者也发现,类似的"治理化"现象弥漫于当代中国社会,传统法律意义上的民事行为、自治行为都被纳入到国家治理的整体秩序中。[2]这些文章都旨在努力发掘被法律概念和官方话语所遮蔽的制度的潜功能。

(二) 功能评估

一种制度预定的功能发挥得怎么样,常常需要客观的评估。例如,死刑在多大程度上能够阻吓犯罪?机动车"尾号限行"在多大程度上能够缓解交通?降低法院的诉讼收费在多大程度上能够便利诉讼?与前述的潜功能现象相反,在一些地方,一项制度的预定功能却几乎没有得到实现。

美国制度经济学家斯蒂格勒研究了美国一些州所实行的电价管制的效果。当初电价管制有两个基本目标,一是制止供电企业设定垄断高价,二是消除某些形式的价格歧视。斯蒂格勒的研究却发现:(1) 虽然实行管制的州比不管制州的平均电价

---

[1] 赵晓力《通过合同的治理:80 年代以来中国基层法院对农村承包合同的处理》,《中国社会科学》2000 年第 2 期。

[2] 朱晓东《通过婚姻的治理:1930 年—1950 年共产党的婚姻和妇女解放法令中的策略与身体》,《北大法律评论》第 4 卷第 2 辑(2002 年);何海波《通过村民自治的国家治理》,载沈岿编《谁还在行使权力?准政府组织的个案研究》,清华大学出版社 2003 年。

水平要低,但那些管制州实行管制后,电价同样上涨,可见管制对平均电价水平没有影响;(2)对比管制州和不管制州,居民用电和工业用电的比率也没有变化,可见管制并没有给广大居民带来好处;(3)对比管制州和不管制州,电力管制对供电企业的股东收益也没有产生明显影响。结论为,电力管制是无效的。[1]

另一个例子是,北大法律硕士陈耿通过观察和访谈,对四川省一个县《行政许可法》实施前后相关状况进行了细致考察。他发现,《行政许可法》给当地行政许可领域带来一些表面上的改变(如设立了政务中心、许可数量略有减少、许可方式有所改进),但并没有产生实质性的变化。数百项应当取消的许可项目,主管部门以"没有收到上级明确通知"为由,继续实施;依法被清理的行政许可项目,政府秘而不宣,民众无从得知;政务中心集中办理行政许可有名无实,实质性的操作仍在机关办理;收费问题尾大不掉;信赖保护原则遭受践踏。文章指出,《行政许可法》在西部基层地方的影响非常有限,通过立法打造有限政府和服务政府的初衷还远远没有实现。[2]

---

[1] 〔美〕乔治·施蒂格勒《管制者能够管制什么?电力部门实例》,载斯蒂格勒《产业组织和政府管制》,潘振民译,上海人民出版社、上海三联书店1996年。文章还探讨了管制失效的原因。
[2] 陈耿《〈行政许可法〉实施在我国西部基层地区的实际影响研究:以四川省南河县为考察对象》,载吴敬琏、江平主编《洪范评论》第2卷第2辑,中国政法大学出版社2005年。

(三) 功能发挥的机理

一些时候,我们知道一种事物或者方法的功能,想进一步探知其发挥作用的机理。也就是,它为什么具有这样的功能,或者预定的功能为何失效?这个问题有些类似于原因分析,只不过思维过程是逆向的:原因分析是从已知的结果追溯成因,功能分析则试图从确定的现象探知结果。

刘忠博士的《"命案必破"的合理性论证》,为公安系统所提的"命案必破"口号做合理性论证,是一篇有争议的文章。但不管如何,文章对"命案必破"口号作用机理的分析是独到的。他认为,批评"命案必破"口号的人对于公安机关的分析和评价都采用了整体论的方式,也就是将公安机关作为一个单位,而没有细致感知公安机关作为一个由各个分支部门构成的组织是如何运作的。文章指出,公安机关的刑事侦查部门与其他部门(特别是经济犯罪侦查部门)存在人员、经费、装备以及领导关注程度上的竞争,公安机关与其他党政机关之间也存在着一定的竞争。"命案必破"的口号改变了国家机关之间和公安机关内部的资源分配方式,使之向公安机关刑事侦查部门倾斜,从而提高了命案的侦破率。[1]

陈瑞华教授的《案卷笔录中心主义》则提供了刑事审判方式改革为何失效的例子。文章认为,以加强庭审功能为宗旨的刑

---

[1] 刘忠《"命案必破"的合理性论证:一种制度结构分析》,《清华法学》2008年第2期。

事司法改革的失败,源于刑事审判中"以案卷笔录为中心"的审判方式。在这一审判方式下,公诉方通过宣读案卷笔录主导和控制法庭调查过程,法庭审理成为对案卷笔录的审查和确认程序;不仅控方证据的可采性是不受审查的,其证明力也是优先的。结果,现代刑事证据规则难以适用,法庭审理流于形式,那种通过当庭审判来形成裁判结论的机制和文化也难以形成。[1]

五 法律解释

法律是一套规范体系,大多数法学论文探讨的也是规范的问题:对于某个问题,现行法律是怎么说的?当事人在法律上有什么样的权利或者义务?法院对该问题应当怎么判决?对这类问题的探讨,通常归为"法律解释"。

法律解释关心的不是"理想的法律应当是怎么样的"(这个问题多归于立法政策的辩论),也不是"实际上的规则是怎么样的"(这个问题多由法律社会学来研究)——它关心的仅仅是"现有的法律是怎么样的"。在这一点上,一篇探讨法律规范的论文与法院判决书理由说明的旨趣是相同的。它们都假定,现行法律对相关问题有并且只有一个正确答案,我们所要做的就是寻求这个正确答案。所不同的是,法学论文的论述更周详、引证更丰富,写作体例上的拘束也少一些。

---

[1] 陈瑞华《案卷笔录中心主义:对中国刑事审判方式的重新考察》,《法学研究》2006 年第 4 期。

法律解释的过程,基本上是运用各种法律渊源去论证法律命题的过程。按通常理解,法律渊源可以分为成文法源和不成文法源。成文法源指由特定国家机关制定、以条文方式表达的法律规范性文件,其中最主要的是法律、法规、规章等正式立法。不成文法源是个相对开放的概念,不同学者的理解也不尽相同。大体来说,它包括法律学说和原则、先例(立法例、行政惯例和司法判例)、公共道德、行政政策以及比较法。在这两者之外,法律解释还可能借助范围更宽广、形式更多样的社会事实,运用社会学、经济学或者利益衡量的方法进行论证。这些方法的共同之处在于,解释者把自己假想为一个理性的立法者,去探求科学合理、实际可行的规则。因此,可以统称为"合理性解释"。

下面着重讲讲几种成文法源在法律论证中的运用,接着讨论不成文法源的运用问题,然后是利益衡量等几种合理性解释的方法。

(一) 成文法源的论证

在宽泛的意义上理解,成文法源包括:宪法,法律,行政法规,地方性法规,自治条例和单行条例等特别法规,行政规章,国际条约和协定,法律解释文件,其他规范性文件[1]。与不成文法源比较,成文法源(尤其是法律、法规、规章和司法解释)往往

---

[1] 多数法学著作把法律、法规、规章以外的规范性文件(俗称"红头文件")归为不成文法源。由于规范性文件也是国家机关制定和下发,其生成方式与法律、法规、规章相似,所以这里把它们归入成文渊源中一并叙说。

更具明确性和权威性,通常也是法律论证时最优先考虑的渊源。

1."论据之王"

柳经纬教授曾经出过一道题:"《物权法》第46条规定,'矿藏、水流、海域属于国家所有'。请问,如果我家住在小河边,天天从河里取水,是否侵害了国家对水流的所有权?"林来梵教授将它改编后,发到博客上征求答案。回答可谓形形色色:有认为在河里取水是属于人们的习惯权利或者天然权利的;有认为水流如同道路,不具有排他性,可供全体人民共同使用;有认为国家所有就是全民所有,我是人民的一员,自然可以享用;也有干脆主张"国家就不应该规定水流归国家所有"。其实,一个更直接、更有力的回答,还是法律条文本身。《水法》第48条在规定取水许可制度,要求取水单位和个人申领取水许可证并缴纳水资源费的同时,明确规定"家庭生活和零星散养、圈养畜禽饮用等少量取水的除外"。[1]

就如上面的例子所暗示的,在实定法层面的辩论中,法律条文往往是"论据之王",找到了一个适当的法条,就可能一锤定音。无视具体条文的辩论,要么是法理的思辨,要么是虚夸的浮想。

但是,法律条文作为论据也不是所向披靡的。它作为论据的有效性取决于几个因素:一是法条含义的明确性,二是法条自身的有效性,三是法律条文与论证主题的相关性。

---

[1] 林来梵《秋菊女儿的困惑》,载《法学家茶座》第23辑,山东人民出版社2008年。

法条含义的明确性,是法律论证中所遇到的最大陷阱。看上去白纸黑字清清楚楚,其含义却经常引发分歧。这时候,人们不得不借助法条体系、法律原理、立法资料甚至比较法等其他途径加以论述。

法条自身的有效性,即含义确定的法律条文在整个法律体系中的效力。一个法律条文可能因为没到生效时间、被宣布失效而不发生效力,也可能因为超越制定者的职权或者抵触上位法的规定而失去效力。

法律条文与论证主题的相关性,在某些情况下也可能构成法律论证的陷阱。一个含义清楚、确定有效的法律条文,却可能因为超出它的适用范围,在法律论证中显得不着边际。例如,制定于 2003 年的《工伤保险条例》规定,职工"在上下班途中,受到机动车事故伤害的",属于工伤。在一个案件中,机动车是否包括火车发生了争议。如果依据《道路交通安全法》第 119 条关于"机动车"的定义,火车不属于机动车。但恰恰在这个工伤事故认定中,《道路交通安全法》的定义并不适用,因为它不符合工伤保险立法的意图。[1]《道路交通安全法》的规定被排除适用,不是因为无效而是因为不相关。

2. 成文法源的类型

在成文法源中,法律、法规和规章是最常用的,宪法、国际条

---

[1] 张萍诉南京市劳动和社会保障局工伤认定案,南京市中级人民法院行政判决书,(2007)宁行终字第 121 号。2010 年修订后的《工伤保险条例》把措词改为:"在上下班途中,受到非本人主要责任的交通事故或者城市轨道交通、客运轮渡、火车事故伤害的"。

约和协定、法律解释文件的司法适用问题比较特殊,下面分别予以讨论。我主要关注它们作为法律论据的实效性。

(1) 宪法

中国宪法在法律论证中的地位相当尴尬。一方面,法律人信奉宪法在法律体系中至高无上的地位,用宪法条文来论证应当具有极强的说服力。另一方,由于宪法解释和宪法监督的缺位,宪法在中国的实效性很低,甚至法院判决援引宪法都成禁区。所以,我们看到在更多时候,宪法条文是法学探讨的主题,却不是法律论证的依据。

(2) 国际条约和协定

各种教科书都把国际条约(包括国际公约,下同)和政府间协定列为我国法律的渊源,但国际条约和协定的效力至今尚无统一而明确的规则。在涉外法律领域,从《民法通则》、多部行政立法到三大诉讼法都规定,中国缔结或参加的条约(声明保留条款除外)可以直接适用,且条约的规定优先于国内相关法律的规定。[1]至于国际条约(特别是中国已经加入的多个联合国公约)在国内法上的效力,目前还没有定论。有的主张直接适用;有的

---

[1] 然而,在中国加入 WTO 后,最高人民法院一个关于国际贸易行政案件法律适用的司法解释暗示,中国对 WTO 规则不采取直接适用,仅仅在解释法律、行政法规的具体条文时作为参考。该解释在指出法院审理的国内法依据的同时,规定"人民法院审理国际贸易行政案件所适用的法律、行政法规的具体条文存在两种以上的合理解释,其中有一种解释与中华人民共和国缔结或者参加的国际条约的有关规定相一致的,应当选择与国际条约的有关规定相一致的解释,但中华人民共和国声明保留的条款除外"。《最高人民法院关于审理国际贸易行政案件若干问题的规定》,法释[2002]27号。

倾向于间接适用,即应通过立法程序转化为国内法;也有学者建议,视国际条约和协定的内容分别对待。在目前司法实践中,国际条约作为论据的说服力似乎是相当有限的。

(3) 法律、法规和规章

无论从执法还是司法的角度来说,法律、法规和规章都是最主要的行政法律渊源。这三者的形式和权限,《立法法》有专门规定,法律人应当非常清楚。但很不幸,我常常在论文中看到学生还不完全搞得清。

由于历史的原因,全国人大常委会一度无权制定法律,但被授权制定"法令"。法令通常以"条例"命名,例如《治安管理处罚条例》(现已废止)和《学位条例》。全国人大常委会制定的"法令",在位阶上与法律相同。全国人大常委会有关法律问题的决定,例如《全国人民代表大会常务委员会关于加强网络信息保护的决定》,虽未遵循一般的立法程序,但在实践中多视同为法律。[1]

依照宪法规定,全国人民代表大会制定和修改刑事、民事、国家机构的和其他的基本法律。但全国人大制定的"基本法律"在效力等级上是否高于——以及在什么范围内高于——其常委会制定的法律,目前尚无一致意见。[2] 但考虑到基本法律和非基本法律的界限并不清晰,考虑到全国人大常委会对基本法律有部分修改权,考虑到中国法院不具有对法律的审查权,全国

---

[1] 关于两者的区别,参见江辉《有关法律问题的决定与法律的区别》,《人大研究》2012 年第 1 期。

[2] 相关讨论参见林彦《再论全国人大常委会的基本法律修改权》,《法学家》2011 年第 1 期。

人大制定的法律与全国人大常委会制定或者修改的法律条款，在效力上是等同的。

国务院的行政法规有特定的制定程序和名称。除了国务院制定并公布的行政法规，在《立法法》施行以前，按照当时的行政法规制定程序，经国务院批准、由国务院部门公布的规范性文件，也视为行政法规；但在《立法法》施行以后，经国务院批准、由国务院部门公布的规范性文件，不再属于行政法规。[1]

根据现行规定，有权制定地方性法规的权力机关有：省、自治区、直辖市人大及其常委会，较大的市的人大及其常委会。就立法权限来说，"较大的市"指省、自治区人民政府所在地的市，经济特区所在的市和经国务院批准的较大的市。[2]

规章包括国务院部门制定的规章和地方政府制定的规章。有权制定规章的国务院部门包括：国务院各部、委员会、中国人民银行、审计署等国务院组成部门，以及具有行政管理职能的国务院直属机构。有权制定规章的地方政府包括省、自治区、直辖市政府和"较大的市"的政府。

（4）法律解释文件

在中国，法律解释具有特定含义，即特定国家机关针对特定

---

[1] 《最高人民法院关于审理行政案件适用法律规范问题的座谈会纪要》，法〔2004〕96号。
[2] 国务院先后批准的"较大的市"共19个：唐山、大同、包头、大连、鞍山、抚顺、吉林、齐齐哈尔、青岛、无锡、淮南、洛阳、宁波、淄博、邯郸、本溪、苏州、徐州，其中的重庆已经升格为直辖市。对该问题的讨论，参见李兵《国务院批准具有立法权的"较大的市"行为研究》，《行政法学研究》2006年第2期。

法律文本制定的、具有释疑或者补充性质的法律规范性文件,学理上称"抽象解释"。法律解释包括最高人民法院行使的司法解释、最高人民检察院行使的检察解释,以及国务院部委等行政机关所行使的行政解释。行政机关由于具有制定法规和规章的权力,行政解释很大程度上为行政立法所吸附。实践中主要的是司法解释。依据《最高人民法院关于司法解释工作的规定》(法发〔2007〕12号)规定,最高人民法院发布的司法解释具有法律效力。所以,虽然学界对最高人民法院大规模"造法"的现象和一些具体的司法解释内容多有批评,地方法院仍奉之为判案的依据。

(5) 其他规范性文件

"其他规范性文件"是指除了法律、法规、规章以外,地方权力机关或各级行政机关制定的种类庞杂、数量浩瀚的法律规范性文件。依照宪法和地方组织法规定,权力机关或行政机关在法规和规章之外,还可以通过、制定和发布决定、命令、指示。为表述方便,有时直接用"其他规范性文件"指代,并有约定俗成的趋势。其中行政机关制定的其他规范性文件,一些学者用"行政规定"来指代。

其他规范性文件的效力在《行政诉讼法》、《行政复议法》和《立法法》中都没有明确规定,但它们在实际生活中的作用是毋庸置疑的。《最高人民法院关于执行〈中华人民共和国行政诉讼法〉若干问题的解释》(法释〔2000〕8号)第62条第2款规定,法院审理行政案件,可以在裁判文书中引用合法有效的其他规范性文件。这表示了对规范性文件有限的承认。法治并不一概排除这些规范性文件的效力,但要求它们的制定符合正当的程序,不得超越制定机关的权限,并不得抵触上位法的规定。

3. 法律条文的解释方法

关于法律条文的解释方法,法律解释学的著作多有介绍,只是不同著作对解释方法的归纳并不完全一致。[1]在一个立法主宰的时代里,立法机关的意图具有强大的权威,各种解释方法都不妨归结为对立法意图的探究。据此,我们可以按照立法意图的不同表达方式,归纳出不同的法律解释方法:大体而言,有文意解释、体系解释、立法史解释、合法性解释。

(1) 文意解释

文意解释,即按照通常使用的文字意思来解释法律条文。这是最基本的解释方法。法条文字是立法者意图的表达,用尽可能精准的文字来表达其意图也是立法者的追求。一个严格的规则主义者甚至会主张"法条之外无法律"。

举个例子,我国1986年《治安管理处罚条例》第19条规定:"有下列扰乱公共秩序行为之一,尚不够刑事处罚的,处15日以下拘留、200元以下罚款或者警告:……(五)造谣惑众,煽动闹事的;……"按照法条平义解释,该项应当理解为用造谣惑众的方法煽动闹事,即一种行为;而不是"造谣惑众"或者"煽动闹事"两种行为。某村长意气用事,鼓动村民,结果造成两村群殴,但只要他没有编造谣言煽动群众闹事的故意,就不应当援引该

---

[1] 张志铭《法律解释操作分析》,中国政法大学出版社1999年;梁慧星《民法解释学》,法律出版社2009年第3版;张明楷《罪刑法定与刑法解释》,北京大学出版社2009年。

项予以处罚。[1]

(2) 体系解释

体系解释,指根据相关条款在法律文本章、节、款、项中的位置来解释该条款的含义。这是文意解释的延伸,但仍然是在法律文本内部寻求论证的资源。

举个例子,《行政处罚法》为减少处罚手续,专节设立了行政处罚简易程序;该节没有规定行政机关的告知义务。那么,适用简易程序作出处罚前,是否还要告知当事人作出行政处罚决定的事实、理由及依据,以及当事人依法享有的权利?查《行政处罚法》第31条规定:"行政机关在作出行政处罚决定之前,应当告知当事人作出行政处罚决定的事实、理由及依据,并告知当事人依法享有的权利。"该条位于"第五章 行政处罚的决定"之下、"第一节 简易程序"之前,具有统率全章的地位。由此,可以推断行政处罚简易程序不能免除行政机关的告知义务。

法律文本总则中的立法目的条款和法律原则条款,具有统率全法的地位,常常被用来解释具体条款的含义或者弥补具体条款的漏洞。这其实也是体系解释的一种。

(3) 立法史解释

立法史解释,指使用立法过程中有关的背景材料来解释立法机关的意图。我国法律解释中可资使用的立法背景材料有两方面:一是,法律起草和审议中形成的材料;二是,先前立法的相

---

[1] 尹昌平《全国首例行政抗诉案件所涉及的法律问题:兼述人民法院审理行政案件的法律依据》,《法学》1992年第7期。

关条款。此外，法律制定前后社会各方面的意见，参与立法人员撰写的文章、著作，也是法律解释中值得注意的资料。

法律起草和审议中形成的材料包括：关于法律草案的说明，审议结果的报告和审议意见的汇报，人大代表、常委会委员、有关专门委员会的审议意见。由于立法程序（尤其是法规和规章制定程序）不够透明和规范，立法中的各种意见可能缺乏完整档案，或者即使有记录、记载，外人也很难得知。因此，立法背景材料发挥作用的机会比较有限。但我们仍然能够从法律实践中找到若干事例。早在1990年，全国人大法工委答复地方人大关于"在制定实施统计法的地方性法规中能否规定罚款"等问题的请示时，就曾经援引立法资料作为法律解答依据。[1]又如，为了理解《行政处罚法》第42条关于听证范围的规定——"责令停产停业、吊销许可证和执照、较大数额罚款等行政处罚决定"——是否包括没收较大数额财产、责令拆除违法建设的行政处罚，全国人大法律委员会关于《行政处罚法》草案的审议报告也提供了很

---

[1]《全国人大常委会法制工作委员会关于如何理解和执行法律若干问题的解答》(三)。内称，关于对违反统计法的行为是否给予罚款处罚的问题，全国人大法律委员会在审议统计法(草案)时作了专门研究。全国人大法律委员会1983年关于统计法(草案)的审查报告中提出："草案原第29条规定，对虚报、瞒报统计资料的，伪造、篡改统计资料的，拒报或屡次迟报统计资料的，可以由国家统计机构处以罚款。考虑到统计工作属于行政工作，工作问题，对领导人员和直接责任人员可以给予行政处分，情节严重构成犯罪的，可以依法追究刑事责任，不好采用罚款的办法。因此，删去了有关罚款的规定。"据此，如果地方性法规作出罚款的规定，与统计法的规定是不一致的。

好的说明。[1]

一部立法往往经历了变动，或者由较低位阶的立法升级而来，或是从同一位阶的立法修改而来。在这种情况下，先前立法的相关条款可以作为解释现行条款的参考。例如，国务院2003年的《工伤保险条例》第15条规定，职工有下列情形之一的，视同工伤："在抢险救灾等维护国家利益、公共利益活动中受到伤害的"。在一个案件中，当事人为阻止犯罪而被害，是否可以适用上述条款？查《工伤保险条例》的前身，劳动部1996年的《企业职工工伤保险试行办法》第8条有这样的规定："职工由于下列情形之一负伤、致残、死亡的，应当认定为工伤：……（六）从事抢险、救灾、救人等维护国家、社会和公众利益的活动的。"比较前后两部立法，《工伤保险条例》的意图是：为阻止犯罪而被害本身不是工伤，只是按工伤处理（工伤保险承担了部分行政褒奖和社会救助职能）；具体适用时，范围适当从严掌握。这虽不能保证得出唯一正确的结论，却指明了一个大致的方向。

（4）合法性解释

合法性解释，即一个法律、法规、规章条文具有两种以上的合理解释时，应当选取与更高位阶法律渊源的内容相符合的含

---

[1] 报告提到，原草案规定对行政机关作出的"责令停产停业、吊销营业执照、较大数额罚款"三种行政处罚，当事人可以要求举行听证。有些代表提出，这项制度仅适用于这三种行政处罚，范围较窄，建议扩大允许听证的范围，更充分地保证当事人权益。因此，建议将这一规定修改为："行政机关作出责令停产停业、吊销许可证和执照、较大数额罚款等行政处罚决定之前，应当告知当事人有要求举行听证的权利……"薛驹《全国人大法律委员会关于〈中华人民共和国行政处罚法（草案）〉审议结果的报告》，1996年3月16日。

义。在建立了违宪审查制度的国家中,审查机构往往倾向于对法律做符合宪法的解释,通常又称"合宪性解释"。《最高人民法院关于审理国际贸易行政案件若干问题的规定》(法释〔2002〕27号)要求,人民法院审理国际贸易行政案件所适用的法律、行政法规的具体条文存在两种以上的合理解释,其中有一种解释与中华人民共和国缔结或者参加的国际条约的有关规定相一致的,应当选择与国际条约的有关规定相一致的解释(中华人民共和国声明保留的条款除外)。合法性解释假定,法律、法规的制定机关会努力保持法律规范的内在一致,自觉遵循宪法、法律、国际条约的规定,不会采取与之相悖的立法。这种解释方法也有助于最大限度地尊重立法,避免动辄宣告其违宪、违法或者违反国际条约。

(二) 不成文法源的论证

不成文法源不是由特定国家机关制定,通常也不具有法律约束力。下面讲法律学说、先例(包括立法例、行政惯例和司法判例)和法律比较三种。

1. 法律学说

法律学说广泛地存在于教科书、学术刊物、法律条文释义、法律百科全书乃至法律辞典中。在一定意义上,学说与法理、法律原则等价。但依照约定俗成的理解,原则具有抽象的规范性,并往往得到法律共同体相当程度的认同。而学说可以是任何专家学者对某一法律概念的定义、对一个法律原理的阐述、对一个法律条文的解释,或者对一个法律问题的建议。例如,某学者对

"行政程序"一词所作的解释可以成为一家之说,但通常不称原则,而学界有关"正当程序"的主张则构成一个原则;学者对犯罪构成要件的阐述只是学说,而"罪刑法定"则是一个原则。

中外历史上都有把某些学者著述奉为法律,或者参照学说判案的故事。东罗马帝国曾把帕比尼安等五位著名法学家的著作奉为解释法律的权威文献。在19世纪的欧陆国家,根据学说解释法律、通过学说发展法律的主张蔚然成风。在英国,法官在判决书中援引权威学者的著作有久远的传统;在20世纪70年代,原先不引用在世学者著作的禁忌也被打破。中国古代没有规定律学著作为法律渊源,甚至禁止学理入法。但在司法机关实际运作过程中,律学著作可能成为判案的重要参考,有时私家注释还被直接引用。[1]在当代中国,我们可能看到这样的情景:当事人拿出权威的教科书作为争辩的依据,或者邀请法学专家为其专门论证,并将论证意见提交法庭;法官有时就一些疑难案件主动征询专家意见,甚至把教科书的观点写进《审结报告》,作为支持判决理由的不公开的依据。这些情景都暗示了学说的力量。

在法学论文的写作中,学说更是被大量援引作为论证根据或者辩驳对象。有一些论文甚至主要以法律学说为论据,主要篇幅用于梳理和总结学说。学说之所以能够作为法律解释根据,是因为学说帮助阐明了法律的精神和立法的意图。当然,学

---

[1] 苏亦工《明清律典与条例》,中国政法大学出版社2000年,61-62页;何敏《从清代私家注律看传统注释律学的实用价值》,《法学》1997年第5期;何勤华《清代法律渊源考》,《中国社会科学》2001年第2期。

说的说服力视情况而有别:占主导地位的观点相对于少数派观点往往具有更大的说服力;该领域的领头学者、曾经参与立法的人,比一般人可能更具有说服力;一篇思虑周详、说理透辟的文章比几句简单的断语更令人信服。

运用学说作为论证根据,要注意分析其内在理路,避免简单地"耍大牌"或者"数人头"。你搬出梁慧星,我抬出王泽鉴;支持你观点的只有两位学者,支持我观点的有五位学者……这都不是理性讨论的态度。在这个世界上,还没有哪位学者的观点被钦定为"权威",学术研究只向真理低头。

2. 先例

先例能够成为法律论证的根据,是出于法治的一个内在要求:虽然时候不同,同类情况同样处理。同类事例多次重复,屡试不爽,就成了惯例;积年累月,行之久远,化于内心,就成习惯。从先例、惯例到习惯,它们作为论据的分量不断加强。

由于社会情势的复杂性,严格遵守先例很难,因此个别先例往往不具有强烈的论辩效果。但出于法律秩序连贯性、可预测性和当事人获得公平对待的普遍价值,先例在法律论证中具有一定的说服力。在《行政行为对民事审判的拘束力》一文中,我举了多个立法或者司法案例,试图说明法院在民事审判中对待先前的、相关的行政行为的态度,一种解决"民行交叉"的中国路径已经隐隐显现。[1] 类似地,在《公民对行政违法行为的藐视》

---

[1] 何海波《行政行为对民事审判的拘束力》,《中国法学》2008年第2期。

一文中,我也梳理了现有的法律规定并举了几个案例,试图论证公民对行政违法行为的拒绝权已经在多个领域内得到立法的认可,一个更加普遍的规则已经呼之欲出。[1]

先例本身只是一个事实,它具有说服力是因为我们从内心认同它。我们认同先例,是因为我们认为那些先例值得尊重和追随。一些偶然出现的现象,如果没有人认为必须遵循,就难以产生规范的效应。例如,清华大学自恢复法律系、重建法学院以来,历任的主任、院长无一例外姓"王"——王叔文、王保树、王晨光、王振民。大家会觉得这是一个有趣的现象,但没有人认为姓"李"、姓"张"的今后就不能当院长。所以,即使作者广泛使用先例,也要意识到这些先例本身并不具有约束力。"一个先例仅仅只是一个起点,而只有在这一先例为后人所遵循且必须遵循时才成为制度。"[2]

(1) 立法例

制定法有它的适用范围,超过适用范围就没有约束力。但是这不等于说,超过适用范围,制定法对于法律论证就没有任何意义。由于制定法条款蕴含着法律的精神,预示着法律的趋势,它往往具有"溢出"的效应,能够帮助论证其他领域的法律。在原理上,一个法律体系内不同领域的同类事项应当适用相同的规则。

---

[1] 何海波《公民对行政违法行为的藐视》,《中国法学》2011年第6期。
[2] 苏力《制度是如何形成的?关于马伯里诉麦迪逊案的故事》,《比较法研究》1998年第1期,后收入作者文集《制度是如何形成的》,中山大学出版社1999年出版。原文中把"马伯里"误作"马歇尔",此处改过来,以免以讹传讹。

在中国的司法实践中，引用其他领域的类似法律进行论证不是没有的。在《行政处罚法》颁行后，该法关于行政处罚所应遵循的程序往往也被用来要求行政收费、行政处分等领域的行为。《行政许可法》的规定对于那些不属于行政许可性质的审批，也有一定的启示。类似地，在《海关法》及其实施细则对"没收违法所得"的计算方式没有明确规定的情况下，最高人民法院关于审理非法出版物刑事案件中"违法所得数额"的司法解释、国家工商行政管理局关于投机倒把违法违章案件非法所得的计算方法，也有一定的参考意义。[1]

(2) 行政惯例

由于行政事务的复杂性，个别的行政先例通常没有多大的说服力，更不能作为以后处理的依据。但是，先例在一定情况下能够帮助预测未来的行为，也对今后行为起到一定的指引作用。尤其是当行政先例已经形成惯例，行政机关没有理由的区别对待可能违反平等原则，构成行政专横。

在司法实践中，有的法院接受当事人提交的行政机关对同类事项的处理情况，作为判断行政处罚是否显失公正的参考。**在王忠生等诉云南省安宁市烟草专卖局行政处罚案中**，原告认为处罚显失公正，并提交了被告此前对9名案外人的处罚决定书。昆明市中级人民法院二审判决认为，被告在作出处罚决定

---

[1] 厦门博坦仓储有限公司诉厦门海关行政处罚决定案，《最高人民法院公报》2006年第6期。在该案中，原告提供了两份相关文件作为参照。福建省高级人民法院以"上述两个文件均与认定走私案件的违法所得无关"为由，拒绝接受原告的主张，略显武断。

时,应当考虑以前和近期对同种情况的违法行为给予处罚的程度,做到"同责同罚"。被告对 9 名案外人无证运输卷烟行为的处罚与本案情况相同,而被告未予考虑,以致处罚幅度相差较大,有悖处罚公正原则。[1]

(3) 司法判例

近年来,司法判决中的先例得到越来越多的重视。实务部门开始注重司法个案的指导作用。最高人民法院也探索建立和完善案例指导制度。2010 年 11 月,最高人民法院发布了《关于案例指导工作的规定》(法发[2010]51 号)。依据该《规定》,由最高人民法院审判委员会讨论决定并统一发布的指导性案例,各级法院审判类似案例时应当参照。最高人民法院发布的"指导性案例"自然更权威,但除此以外的其他案例并不就是零;事实上,任何案例或多或少地都具有作为争辩论据的潜在价值。**田永诉北京科技大学案**打开了"学生诉学校"的大门后不久,刘燕文拿着他写的起诉北京大学的诉状找上门来,海淀法院不受理也讲不过去吧。

司法先例的力量主要在于其判决要旨;那些判决书中附带的理由说明,说服力要弱一些。司法先例的说服力也只限于同类案件,即"同案同判"。如果论辩者能够说明两个案件在性质上不同,司法先例的说服力也就被瓦解了。

3. 法律比较

法律比较,有的称为"比较法",是法学研究中的一个常见主

---

[1] 云南省昆明市中级人民法院行政判决书,(2001)昆行终字第36号。

题,也是法律论证中的一种常用方法。有的法学文章以法律比较为题,整篇介绍和讨论外国法,或者做中外法律的比较研究;也有不少论文专门辟出一节或者若干节,讨论外国的相关规定。这里讲的,主要是法学论文中以法律比较作为一种论证方法。

虽然中国学者对法律比较很热衷,但比较研究做得半生不熟的,也不在少数。一是,作者所能获得的文献有限,尤其是一手文献少,对外国的情况只能说个一鳞半爪,有的还似是而非。二是,比较研究偏离主题,东拉西扯地说了一大堆不着边际的东西,凑字数尔。三是,不分国情、不做具体分析,把结论死搬硬套于中国。前两者容易处理,说不清、道不明的或者无关主题的,干脆不做比较;第三种情况最隐蔽,也最易犯。

下面着重讲讲比较法在法律论证中的力量和弱点。

一般而言,比较法对他国的影响是通过立法实现的,与司法似乎没有任何关系。在人们眼中,互不相属的各国,自然不能拿其他国家和地区的法律作为自己的法律。然而,在历史上,比较法曾被作为一种"有说服力的法律论据"在司法中广泛使用。今天,在现代化和全球化的背景下,不同国家可能面临相同的问题,或者先后遇到相同的问题。一些国家的法律大量移植自外国,或者各国法律在局部领域趋于融合。尤其是各国共同接受某些基本的价值观念,信守某些共同的伦理准则,互相参考和效仿具有更大空间。今天一国行政管理或者司法审理中遇到的难题,可能正是他国昨天处理过的案件或者已经明文制定的法律。他国的先例或者立法对该国而言就具有前瞻性。为此,法律研究者不仅应考虑本国的法律渊源,还应考虑其他国家法律的解决办法。

把比较法运用到法庭上,这种情况在私法(尤其是商法)领域特别明显。在当代公法领域,我们也可以看到不少比较法在法庭中运用的例子(这里所说的本身就是一种法律比较!)。在英联邦国家和地区,法院经常参考其他普通法国家的判例。我国《香港特别行政区基本法》允许法院参考其他普通法国家的判例[1],不是什么创新,而只是这个传统的延续。在美国,联邦最高法院也开始在一些案件中引入外国法的普遍做法,增强其论证的说服力。联邦最高法院2005年判决,对18岁以下的未成年人适用死刑的法律违宪。除了对宪法条款的解释以及对各州法律晚近发展的考察,法院还指出,美国是当时世界上唯一的允许对未成年人使用死刑的国家,它的做法与国际社会的普遍态度背道而驰。法院认为,虽然国际社会的态度不能主宰美国法院的判决,但为它的观点提供了一个重要的印证。[2]

在中国的行政法实践中,用比较法来作为争辩依据也不鲜见。一讨论起法院是否应当受理学生告学校的行政案件时,学者往往就引用德国、日本和我国台湾地区特别权力关系理论及其实践的变迁来论证。谈到司法判决中涉及的行政程序问题,我们可能会免不了说一阵英美的行政程序理念、原则和规则。

---

[1]《基本法》第84条规定:"香港特别行政区法院依照本法第18条所规定的适用于香港特别行政区的法律审判案件,其他普通法适用地区的司法判例可作参考。"此外,《基本法》第82条规定,香港特别行政区的终审法院"可根据需要邀请其他普通法适用地区的法官参加审判"。

[2] Roper *v.* Simmons, 543 U. S. 551 (2005). 肯尼迪大法官在代表多数派的判决意见中,还梳理了运用比较法的其他判例。

当问题涉及一个具体的行政管制时,大家也会自然地把目光投向国外。只要我们承认这种论说方式有一定的说服力量,而不是无稽之谈,就无法一概否认比较法作为法律议论根据的有效性。

当然,用比较法来论证通常不具压倒性的效果,它在明确、权威的制定法面前显得很孱弱。它往往也是不充分的,需要细细辨析国情的差异。外国怎么样,并不意味着中国必须如此。何况,"外国"的做法本身可能千差万别。所以,在关注外国经验时,最好把它当成一种开拓我们视野、启发我们思想的路子,而不是应当适用的结论。我本人在多篇论文中,如《行政行为对民事审判的拘束力》、《公民对行政违法行为的藐视》、《行政行为的合法要件:兼议行政行为司法审查根据的重构》,都花了专门篇幅来比较不同国家的做法。我基本上是把外国经验作为一种启迪思考的路子。

要使外国经验产生更大的说服力,还必须深入地考察外国经验的来龙去脉,不但了解纸面的规定,还要了解其实施的状况和背后的理念,了解支撑那种制度的经济、政治和文化条件。此外,必须证明在研究主题相关的问题上,参照国与本国具有某种同构性,至少中国的经济、政治和文化条件不排斥可能的移植。切忌"美国是这么做,英国是这么做,中国不是这么做的,所以中国以后应该这么做"的简单化论证方式。以这种方式,即使搬来"八国联军",论证了他们都是这么做的,也不能当然成为中国必须这么做的理由。

(三) 合理性解释

前面几种解释方法——无论是运用成文法源还是不成文法源——都借助了某种文献作为根据。下面讨论的解释方法,包括社会学解释、经济学解释和利益衡量,各有侧重,但都把目光转向法律渊源之外的社会,从社会事实中寻找法律解释的思路。总体而言,这类研究方法不是聚焦"以前的做法",而是考虑"以后的影响"。它鼓励法官像立法者一样去探析理想的政策。因此,这些方法除了用于法律解释,也被用来进行政策分析和立法评估。

1. 社会学的解释

社会学解释的一个经典案例是美国律师布兰代斯(Louis Brandeis,后来的大法官)在代理马勒诉俄勒冈案时所采用的论证方式。

1903年,俄勒冈州议会通过一项劳工保护立法,禁止妇女每天劳动超过10小时。马勒洗衣公司认为该法侵犯契约自由、违反第十四条宪法修正案,官司一直打到联邦最高法院。由于最高法院刚刚三年前在洛克纳诉纽约案中否定了纽约州禁止面包坊工人每天劳动超过10小时的立法,俄勒冈州的诉讼处境相当不利。

布兰代斯知道,光靠司法先例他几乎不可能打赢官司。于是,他另辟蹊径,决定用科学研究文献来说话。布兰代斯提交给法庭的辩护词,仅用两三页的篇幅梳理相关判例,却用了一百多页的篇幅援引了数以百计的医学报告、社科研究和政府文件,证明劳动时间过长损害妇女的健康、安全、道德水准和总体福利。在雄辩的论据面前,最高法院几位法官一致认为,妇女的生理结构和社会职能与男性有异,保持妇女良好的体格符合公共利益,俄勒冈最低工时法并不违宪。[1]

布兰代斯运用大量相关社会事实和统计数据来说明立法合理性的做法,开创了法律论辩的一种新方式,被人称为"布兰代斯辩护状"(Brandeis brief)。在半个世纪后的布朗诉教育委员会案中,反对种族隔离的律师们用同样的论辩方式,撕开了美国种族隔离制度的篱笆。

2. 经济学的解释

法律的经济分析兴起于20世纪60年代,人们经常提到的却是一个更早时候的案例——美利坚合众国诉卡罗尔拖轮公司案。在该案中,汉德法官(Learned Hand)用经济学的分析方法确定了侵权责任中的过错问题(虽然他自己没有用"经济分析"这个词)。该案的案情是,一艘驳船因拴系不牢,在脱锚后碰撞、损坏码头中其他船只。案件的核心问题是如何确定驳船船主有无过错。

汉德法官认为,任何船只都有可能脱锚并对附近的船只构成威胁。船主防止此类事件发生的义务应由三个变量来决定:(1)该船脱锚的可能性(probability,简称P);(2)该船脱锚后将给其他船只造成的损害(loss,简称L);(3)对此采取足够预防措施将给该船主带来的负担(burden,简称B)。如果$B < P \times L$,即如果船主预防脱锚措施的负担小于该船脱锚的概率乘以脱锚的损害后果,就可以认定船主有义务采取措施防止脱锚;船主未

---

[1] Muller *v.* Oregon, 208 U. S. 412 (1908).

采取足够措施给人造成损害的,就可以认为他有过错。上述公式被人引申为侵权法上的一条普遍原则,即只有在潜在致害者预防事故的成本 B 小于预期事故损失(事故发生的概率乘以一旦发生所造成的实际损失,即 $P \times L$)时,他才负过失侵权责任。后人称之为"汉德公式"。[1]

法律经济学兴起后,这种分析方法获得了更多的关注和运用。其中,美国联邦最高法院在马修斯诉埃尔德里奇案中提出了决定正当程序原则适用所应考虑的因素。原告埃尔德里奇因慢性焦虑和背部拉伤而领受残疾保险金。4 年后,联邦社保局根据州社保局的意见,认为埃尔德里奇不再符合条件,通知他将从下个月起终止他的残疾保险金,并告知他可以向州社保局要求复核。如果埃尔德里奇对复核结果仍然不服的,按照规定,他还可以向联邦社保局申请复议,后者将组织听证后作出复议决定。埃尔德里奇没有申请复核和复议,而是直接向法院提起诉讼,理由是联邦社保局在决定终止他的残疾保险金之前没有听证,违反了正当程序的要求。联邦地区法院支持了埃尔德里奇的主张,但最高法院推翻了地区法院的判决。

在判决中,最高法院提出了几个考虑因素:(1) 受行政决定损害的当事人利益有多大,或者说听证程序保护的利益有多大;(2) 现有行政程序错误剥夺当事人利益的风险有多大,以及事先听证程序的作用有多大;(3) 事先听证程序给政府所带来的成本和负担有多大。我们在这里套用一下汉德公式:如果不事

---

[1] United States *v.* Carroll Towing Co., 159 F. 2d 169 (1947).

先听证给当事人带来的预期损失(实际利益乘以错误概率)大于事先听证给政府带来的成本和负担,那就应当给当事人事先听证的机会;否则,就不必事先听证。

最高法院最后认为,事先听证不是必需的。理由之一是,残疾保险金不同于贫困救济金,是以当事人身体状况而不是以收入状况为根据,当事人的生活通常不是那么急切地依赖它。因此,听证程序所保护的利益不是很大。理由之二是,终止残疾保险金的决定主要是根据医学专家的报告作出的;而且,州社保局在决定作出之前会告知当事人其初步考虑和相关证据,当事人有机会提出异议。因此,在决定作出之前组织听证的作用不是很大。理由之三是,如果在决定终止残疾保险金之前都要听证,政府不但要支付组织听证的费用,还得给那些已经实际丧失资格的人继续发放残疾保险金。这也是一笔不小的开支。结论是,行政机关未给事先听证的机会就作出终止残疾保险金的决定,不违反正当程序。[1]

经济分析在前述两个案件中是非常有效的,甚至可以说是很精彩的。然而,一旦这个公式被推广,它的缺陷也更加明显。首先,它列举的考虑因素,很难精确量化。你如何知道实际的利益有多大、损害的概率是多少? 其次,它缺少边际分析,所考虑的各个因素没有变量。采取不同的预防措施或者替代方案,需要的成本也各不相同,这是需要比较权衡的。再次,它主要考虑经济因素,而相对忽视了自由、尊严、隐私等当代社会的重大价

---

[1] Mathews *v.* Eldridge, 424 U. S. 319 (1976).

值,忽视了人与人之间的平等这一基本伦理,忽视了公民与政府合作的需要。例如,不给事先听证的机会就中止残疾保险金,不仅仅是剥夺了当事人的收入,还可能损害人的尊严以及公民对政府的信任。最后,它还多少忽视了法律明晰性、稳定性等法治的基本训诫,以及具体法律运作所依赖的政治背景。法律经济学自诞生以来,一直遭受着批评,也在批评声中不断修正和完善。[1]

3. 利益衡量

利益衡量(或者说"价值衡量")与法律的经济分析颇有相通之处。它更强调研究者或者裁判者以"准立法者"的立场,全面考察和权衡各种相互冲突的法律价值,作出抉择。我偏爱用"价值衡量",是因为所要衡量的因素超越特定当事人的利益,而具有较为普遍的法律上的价值。中国学者近年对利益衡量做了比较多的讨论[2],我自己则运用同样的思路讨论过举证责任分配和正当程序原则适用的问题。

在《行政诉讼举证责任》一文中,我尝试以价值衡量的方法,探讨两个具体行政案件中举证责任的分配。其中一个案件是:汤某在接受派出所传讯期间不明不白地死亡,尸体被派出所强行火化,家属要求国家赔偿。另一个案件是:一名交警在单独执勤的情况下,认定当事人"闯红灯",对其罚款5元,被处罚人对

---

[1] 相关评论,参见冯珏《汉德公式的解读与反思》,《中外法学》2008年第4期。

[2] 梁慧星《民法解释学》,法律出版社2009年第3版,第15章"利益衡量论";梁上上《利益衡量论》,法律出版社2013年。

交警认定的事实有异议。在这两个案件中,法律关于事实认定的规则是含混的,关于证明责任规则的传统理论是无力的,要追寻已经逝去的"事实真相"更是不可能的。而桑本谦运用经济学分析方法给出的举证责任分配公式,即"预期错判损失(错判概率×实际错判损失)+证明成本"之和较小的一方应当承担证明责任,没有考虑法律秩序所蕴含的其他价值,与现实司法的复杂图景相比已经不可避免地严重失真,因而不具有实践意义。

我的文章主要根据生活经验来讨论:在这两类案件中,把举证责任配置给哪一方更加公平,更有利于合理塑造法律行动者未来的行为规范?在第一个案例中,我认为,公安机关应当承担国家赔偿责任。其理由不光是"人很可能是派出所打死的",而是人死在派出所,公安机关却"毁尸灭迹"导致事实无法查清,必须为此承担证明上的不利后果。在第二个案例中,我认为单个交警对"闯红灯"的认定应当予以采信,除非有相反事实足以推翻。不如此,交警执法就会遇到很大困难,交通秩序都可能受到妨害。[1]

在《正当程序原则的正当性》一文中,我以模拟法庭辩论的方式,讨论在法律条文没有明确规定的情况下法官适用正当程序原则判案的正当性。文章从三个层次讨论了几种相互冲突的法律价值:一是,正当程序原则所保护的公民权利与所付出的行政成本;二是,法官适用正当程序原则所牵涉的实质正义(权利保护)与形式正义(法律的可预测性);三是,"法官造法"所体现

---

[1] 何海波《举证责任分配:一个价值衡量的方法》,《中外法学》2003年第2期。

的司法能动与所蕴藏的危机。[1]文章展示了法律价值的复杂性和多层次性;其中法律的可预测性和司法的能动性,接近于一些学者所称的"制度利益"。

价值衡量的好处在于灵活性。它不刻板、不拘泥,尽可能充分地考虑各种法律上的价值,也尽可能开放地接受各种关于价值判断的意见。它把问题放在具体情境中进行类型化的讨论,它反对不考虑社会后果,完全就案论案,但又避免过度抽象,任意泛化适用范围。

价值衡量的危险则在于其主观性。在前述几个案件中,读者也许能够接受我的思路,但涉及价值判断时,完全可能得出不同的结论。例如,在交警对闯红灯者罚款的案例中,有些读者可能坚持公民的利益更应当受保护,因此交警的处罚决定法院不该维持。又如,在正当程序原则的适用中,有人会认为法律的确定性价值更重要,因此在这类疑难案中,法官不应当违背行政当局对法律的一般理解和惯常的行政实践,适用尚未确立的正当程序原则。从根本上,这类分歧是不可避免的,因为价值判断的主观性永远无法消除;在一定范围内,双方意见也可能都是合理的,因为价值偏好没有对错之分。

价值衡量的主观性意味着裁判者决断的责任。他必须对特定社会的价值冲突作出回应,而不能骑墙判决,不能"和稀泥",不能堕入相对主义的泥潭。这需要两难中抉择的勇气,也需要洞悉社会的智慧。法官如此,学者何尝不是?

---

[1] 何海波《正当程序原则的正当性:一场模拟法庭辩论》,《政法论坛》2009 年第 5 期。

(四) 解释方法的综合运用

前面分别介绍了法律解释的各种方法。在实践中,多种解释方法常常是综合运用的。下面举一个例子。

《行政处罚法》第 42 条规定:"行政机关作出责令停产停业、吊销许可证或者执照、较大数额罚款等行政处罚决定之前,应当告知当事人有要求举行听证的权利;当事人要求听证的,行政机关应当组织听证。"实践中,当事人对于行政机关没收较大数额财产的行政处罚是否有权要求听证,出现了争议。争议的焦点是听证的范围是否限于该法列举的三种情形。对此,可以分别从不同角度来论证。

首先,从法律用语来看。尽管在日常语言中,"等"既可以用来表示业已穷尽的列举,也可以表示未穷尽的概括,但在立法语言中,前一种情形即使不是没有也是极其罕见的。法官们总结:"法律规范在列举其适用的典型事项后,又以'等'、'其他'等词语进行表述的,属于不完全列举的例示性规定。"[1]把没收较大数额财产视为听证范围,不违反法律用语的平常含义。

其次,从立法意图来看。全国人大法律委员会向全国人大所做的关于《行政处罚法(草案)》的报告中提到:有些代表提出,草案规定的听证制度仅适用于"责令停产停业、吊销营业执照、较大数额罚款"三种行政处罚,范围较窄,建议扩大允许听证

---

[1] 《最高人民法院关于审理行政案件适用法律规范问题的座谈会纪要》,法〔2004〕96 号。

的范围,更充分地保护当事人权益。因此,建议将这一规定修改为:"行政机关作出责令停产停业、吊销许可证或者执照、较大数额罚款等行政处罚决定之前,应当……"[1]虽然该报告没有明确提到没收较大数额财产,但听证范围不限于列举的三种情形,这一立法意图是非常明确的。

再次,从法律精神来说,行政机关作出对当事人不利的重大决定前,给当事人听证的机会,是正当程序原则的要求。没收较大数额财产与较大数额罚款性质上都是对财产的剥夺,而且同样可能对当事人造成重大损害,两者足以类比。

又次,最高人民法院行政庭针对该问题答复称:"行政机关作出没收较大数额财产的行政处罚决定前,未告知当事人有权要求举行听证或者未按规定举行听证的,应当根据《行政处罚法》的有关规定,确认该行政处罚决定违反法定程序。"[2]虽然最高人民法院行政庭的答复不是正式的司法解释,不具有法律约束力,但代表了最高人民法院的态度。

最后也最权威的,是最高人民法院发布的指导性案例。在2012年发布的黄泽富等诉成都市金堂工商行政管理局行政处罚案(指导案例第6号)中,最高人民法院确认:行政机关作出没收较大数额涉案财产的行政处罚决定时,未告知当事人有要求举行听证的权利或者未依法举行听证的,法院应当依法认定该行政处罚

---

[1] 薛驹《全国人大法律委员会关于〈中华人民共和国行政处罚法(草案)〉和〈中华人民共和国刑事诉讼法修正案(草案)〉审议结果的报告》,1996年3月16日。
[2]《最高人民法院关于没收财产是否应进行听证及没收经营药品行为等有关法律问题的答复》,[2004]行他字第1号。

违反法定程序。由于最高人民法院发布的指导性案例各级法院审判类似案例时均应参照,最高人民法院此举足以终结相关的争论。

综上,我们可以确信无疑地认为,我国行政处罚听证的范围不限于《行政处罚法》明文列举的三种情形。即使没有最高人民法院行政庭的答复和最高人民法院的指导性案例,根据前面三种解释方法,也足以得出相同的结论。

六 政策建议

泛泛地说,对策论证也是一种规范论证。它是面对具体困境,在给定条件下寻求一种必要、可行、最优的解决方案。它可能是一项政策措施,可能是一项立法方案,也可能是行动理念。例如,中国应不应废止死刑?修改中的《行政诉讼法》应不应允许公益诉讼?中国要不要设行政法院来审理行政案件?是否应当允许适龄儿童"在家读书"?为简单明了起见,我把它们统称为"政策建议"。

与前面讨论的规范论证相比,对策论证经常是超实定法的。也就是说,决策者可以考虑修改现行的法律(甚至宪法),而不完全拘泥于现行制度的约束。当然,决策者选择的余地取决于谁来决策,以及试图解决什么问题。在学术讨论层面,我们不妨以法律甚至宪法为修改对象,但在解决日常问题时,动辄建议修改法律甚至宪法,就显得不够务实了。有意义的对策论证,必须认清给定的条件。

一个好的对策,应当是必要性、可行性和最优性三者兼备。

以中国设立行政法院的主张为例,予以说明。为了解决行政审判的公正性问题,一些学者强烈主张在中国设立一套独立于地方政府并与现行法院体系分离的行政法院。这一主张看上去很好,但似乎并不现实。理由在于,如果决策者认识到独立公正审判的重要性,完全可以让整个法院体系独立于地方政府;这样一来,设立独立行政法院的必要性大大减弱。相反,如果决策者不认为独立公正审判那么急迫,就不会对现有体制大动干戈;这样一来,设立独立行政法院的设想就不具有可接受性。

下面,从必要性、可行性和最优性三个方面来讨论政策建议的写作。实际的论文写作,当然不一定都按这三个方面来组织架构(否则就写成八股文了),但作者必须考虑这三个方面的问题。

(一) 必要性

必要性总是以困境的存在为前提的。常见的写作套路"问题—原因—对策",老套是老套,但出发点是没错的。不然,人家好端端的,你不是没事找事吗?例如,公共设施致害赔偿目前适用《民法通则》和《侵权责任法》的规定走民事赔偿,有人则认为应当纳入国家赔偿。那得先说明:两者区别在哪里?走民事赔偿有什么问题?再如,有人主张修改后的《行政诉讼法》应当允许行政诉讼适用调解,那必须说明:目前不允许调解有什么问题?实践中以和解撤诉代替调解为什么不行?

我写《行政行为的合法要件:兼议行政行为司法审查根据的重构》,首先需要指出现行司法审查根据在实践中存在什么问题,其次指出这些问题是法律规定造成的,不修法难以解决。如

此这般,才谈得上"重构"。[1]以下是这部分文字的压缩版(原有注释省略):

> 现有的行政行为合法性审查根据,问题有两方面:第一,不同审查根据之间的关系缺乏逻辑上的统一性,导致学理解释上的尴尬和司法实践中的混乱。第二,各个审查根据所包含的标准不清晰,给司法实践带来很大困难,也影响了对公民、法人和其他组织权利的保护。
>
> 就前者来说,现有审查根据的第一个问题是《行政诉讼法》第54条的规定与行政法学上行政行为合法要件的理论脱节。第二个问题是学理解释上的分歧,其中最典型的莫过于"滥用职权"。第三个问题是司法实践中的乱象。例如,同样是公安机关以刑事侦查为名干预经济纠纷,权威的司法判例有不同的说法。
>
> 学理解释上的分歧和司法实践中的混乱,根本原因在于《行政诉讼法》第54条规定的五个审查根据之间缺乏内在逻辑上的连贯性,相互之间存在交叉、重复。例如法律适用的问题,如果以事实、程序与法律适用的三分法为标准,那么,除了事实根据和行政程序,其余都是法律适用问题。依此,适用法律、法规错误可以涵盖"超越职权"、"滥用职权",而不是像《行政诉讼法》一样将其并列齐观。又如"滥用职权"的问题,在缺少良好界定的情况下,它也容易与"超

---

[1] 何海波《行政行为的合法要件:兼议行政行为司法审查根据的重构》,《中国法学》2009年第4期。

越职权"、"违反法定程序"交叉重合。

对一部法典来说,它的生命很大程度上在于逻辑。如果法典内在体系混乱、逻辑不清,不但法典的好处没有,反而贻害无穷。从《行政诉讼法》制定至今,行政法官和行政法学者对该条款的含义做了大量讨论,努力"熨平法律织物的褶皱"(丹宁法官语)。但是,由于该织物本身实在褶皱太多,要熨平它谈何容易?一些致力于《行政诉讼法》修改的学者也对第 54 条提出了修改建议,例如把超越职权改成"超越法定的管辖权"、把滥用职权界定为"滥用裁量权",或者增加兜底条款"其他违法的"。但这些建议基本上是在原有框架内的修补,缺乏对整个框架的审视,善者至多拾遗补缺,不善者反而添增困惑。整个审查根据犹如古希腊传说中的"戈尔迪之结",无法解开,只有斩断而重构。

当然,重构行政行为的合法要件和司法审查标准不仅仅是为了理论上的融贯和精致,也为了司法实践的明确和规范。由于对各个具体标准理解上的差异,司法审查实际强度深浅不一,既影响了法律统一、公平的适用,也可能影响到对公民、组织权利的保护。例如,"违反法定程序"是否包括虽不违反制定法规定但不符合正当程序原则的要求,"滥用职权"是否包含对行政实体裁量违反比例原则,等等。这些问题如果在立法上能够有一个肯定而清晰的回应,必将规范和促进司法审查功能的发挥。

(二) 可行性

可行性,包括理论或者制度上的可接受性和实践上的可操作性。

1. 制度框架的限制

对策方案可以在一定程度上突破现有的理论或者制度,但对策方案又必须是在一个更大的理论框架或者制度框架之内施展。所以,任何对策方案都受制于这个理论框架或者制度框架,必须为这个理论框架或者制度框架所接受。即使你是一位权威的学者,法学理论的体系也不是你能够随意撼动的;即使你是最高立法机关的官员,法律也绝不是你大笔一挥,就可以随意修改的。

例如,学者们在当今中国的情境中讨论建立违宪审查制度时,受制于两个基本的制度:一是中国共产党领导这一基本的政治原则,二是人民代表大会制的政治体制。任何建立违宪审查的设想,都必须与这两个制度相容,否则在当今中国是不可能被接受的。又如,学者们讨论民事诉讼与行政诉讼的交叉冲突问题,必须注意到中国公、私法分立,民、行诉讼分立的法律制度。任何解决方案都不可能假定这些法律制度不存在。再如,《行政诉讼法》的修改给了学界一次讨论理想的行政诉讼制度的机会。学者提建议,当然可以大胆些、超越些、理想化些,但又不能沦为完全脱离现实的畅想。我们可以飞行,但只能在现实的低空上飞行。

2. 实践上的可操作性

一种对策的可操作性,必须经过实践检验或者模拟试验,充分认识这种对策所带来的成本或者弊端。据说,意大利一个城市鼠患严重,为了鼓励市民灭鼠,政府对灭鼠的市民给予奖励。

奖励的办法是,市民拿一条老鼠尾巴,政府给多少钱。施行以后,市民踊跃交送老鼠尾巴,但鼠患未见好转。调查之后发现,原来一些市民专门在家里养老鼠,剪下尾巴兑奖励。这就是政策制定者事先没有想到的弊端。类似地,一些学者为鼓励NGO的发展,主张给予那些向NGO捐款的企业以纳税减免。这一想法的初衷是好的,但善花未必结出善果:如果没有明确合理的操作规则,它将导致巨大的避税黑洞。仅此一条,就使决策者望而却步。

一个政策的实施,在解决一些问题的同时往往也带来一些新的问题。为此,需要摆明效益和成本,权衡利弊。为了消除烟花爆竹的危害,北京市一度立法禁止燃放烟花爆竹。该法施行后的首个春节(1993—1994年),北京市出动80万人上街执法,直接的开支估计达1000万元。当晚北京城鸦雀无声,完全达到禁放目的。但如此高昂成本的执法难以维系,北京最后以有限制的"开放"代替"禁放"。〔1〕而"开放"后的2012年春节期间,北京市因燃放烟花爆竹引发火情192起,受伤272人,死亡1人;2013年春节,则没有人员因燃放烟花爆竹死亡。这些属于"开放"所带来的弊端,但在可承受的范围之内。

(三) 最优性

一个问题往往有多种解决方案,决策者只是从多种方案中

---

〔1〕 王锡锌《中国行政执法困境的个案解读》,《法学研究》2005年第3期;艾佳慧《"禁"还是"不禁",这是个问题:关于"禁放令"的法律经济学分析》,《中外法学》2007年第5期。

选择相对优越的方案。研究者所要做的是,摆出每种方案的利弊,比较各种方案的优劣。没有利弊分析和优劣比较的对策,都是不靠谱的对策。有些文章在"问题"、"原因"之后,就是"对策",没有进一步的分析比较,显得非常武断。

现在,假设我们要讨论中国行政审判体制的改革。我们要指出现行体制的问题(法院缺乏独立性和公正性,案件量较少),提出自己的解决方案,譬如说建立一套独立于地方政府并与现行法院体系分离的行政法院。这样的方案确实可以在很大程度上解决行政审判的独立性和公正性问题。但光这样说是不够的。因为还有其他可能的方案。例如,在不大动体制的情况下,把一些地方探索的"异地交叉管辖"常态化;或者上提一级,原则上由中级法院管辖一审行政案件。行政法院的主张者必须比较行政法院方案与其他几种方案的优劣,证明它具有竞争优势。这些比较至少应当考虑法院审判的公正性、审判资源的合理配置、当事人的诉讼成本等几个因素。

讨论:

第一组 碰到下述问题,你将如何解释?

1. 中国民众为什么不信任法院?
2. 行政机关为什么不愿意公开政府信息?
3. 为什么行人闯红灯,警察几乎不予处罚?

4. 税务行政诉讼案件为什么那么少?

第二组　碰到下述问题,你将如何分析?

1. 死刑能够阻吓犯罪吗?
2. 信访制度的功能是什么?
3. 有效的司法审查对良好行政能够起到多大作用?
4. 法律在多大程度上能够帮助改善医患关系?

第三组　碰到下述问题,你将如何论证?

1. 土地征收中的"公共利益",该如何界定?
2. 足球俱乐部对中国足球协会依照章程作出的处罚,能够起诉吗?
3. 一家长认为自己有足够能力让孩子在家接受教育,拒绝送孩子到学校接受义务教育。这是否被允许?
4. 司法判决应当考虑公众意见吗?

第四组　下面几种政策主张,你赞成哪一种?

1. 《行政诉讼法》修改时,是否应当引入公益诉讼?
2. 看守所的职能归公安机关好,还是归司法行政机关好?
3. 对卖淫嫖娼行为的行政和刑事制裁,应当取消还是维持?
4. 以"一对夫妻只生一个孩子"为核心的计划生育政策,是否应当废止?

第五讲

部 分

常见问题

1. 标题啰啰唆唆
2. 导论没有文献综述
3. 摘要看不出文章观点

论文一般由标题、主文和附随信息构成。主文在形式上可分为正文和引注，正文通常包括导论、本论和结论。附随信息包括内容摘要、关键词、作者信息和参考文献，有的还加上个题注、附录。学位论文中，内容摘要、关键词、作者信息和参考文献是必备的。多数学术刊物也要求文章附有内容摘要、关键词和作者信息。

下面依次讲讲一篇论文的各个部分，包括标题、导论、结论、引注、摘要等。"凤头、豹尾、猪肚皮"，篇幅最大并且千变万化的"猪肚皮"——也就是文章主体部分——在前一章讨论过了，后面也还会涉及。

一 标题

如果说文章是作者的孩子，那么，给文章取标题就像给孩子起名字。好的标题，明白、好记、让人兴趣盎然而印象深刻。事实上，多数读者是只看标题的，会不会继续阅读就得看标题能否"抓住眼球"。在电子数据库成为论文主要检索方式的今天，起标题也要考虑方便人们日后检索。

在我三十来篇论文中，最失败的标题大概是那篇《多数主义的法院：美国联邦最高法院司法审查的性质》，费解、冗长，而且稍微偏离文章结论。写了三四万字的文章，却取了一个让多数人莫名其妙的标题，回想起来令我郁闷。如果还有机会，我想把它改成"民主过程中的司法审查"。我在某处发表的文章《美国行政法上的实质性证据标准：一个关于司法审查权力关系的考察》,主次颠倒;如果再起的话,我想改成"认定事实的权力:以美国行政法上的实质性证据标准为例"。

(一) 确定标题的一般规则

在随笔、散文中,标题不拘一格。好的随笔、散文标题可以出人意料而又很妥帖。例如,"复转军人进法院"(贺卫方),"冥河对岸怨恨的目光"(何兵),"哈哈哈及其他"(萧瀚)、"你和我都深深地嵌在这个世界上"(苏力),简直是神来之笔,令人叫绝。我也曾用过几个标题:"法律,你就那么无辜吗?","我们有权知道","期待违宪审查的第一声宣告"。但是,这些标题用在学术论文上,就不一定合适。

文章取标题有三点要求:第一,名实相符,内容合身、明了;第二,新颖、给力;第三,文字简洁、顺畅。下面分述之。

1. 合身、明了

标题所标示的研究对象应当与正文讨论范围相当,大小合身;同时,尽可能充分地反映正文的信息。这是一个基本要求,也是给文章取标题与给孩子取名字不同的地方。有篇文章讨论晚清至北洋政府时期诉讼收费制度的变迁,试图以此透视中国法律移植中的问题。作者起初给文章取了一个大大的标题:"近代中国法制的移植、实效与成因";虽然作者加了副标题"以讼费法规为切入点",但整个标题还是过于宽大。

标题的功能有两种:一是表明论题(subject),二是表明命题(thesis)。梁慧星教授曾提出,标题"必须是动宾结构的短语,不能是句子;只确定研究对象,不表达作者观点"。[1]这一观点似乎过于僵硬。梁先生很欣赏的一篇文章——耶林的《为权利而斗争》,就是一个反例。梁先生本人的两篇论文《谁是"神奇长江源探险录像"的作者?》、《松散式、汇编式的民法典不适合中国国情》,也没有遵循这一教条。可见,梁先生的观点至多反映了论文标题的常态,却不是金科玉律。

2. 新颖、给力

取标题要防止陈词滥套,大而无当。典型的是,"法治视野下的××××",例如"法治视野下的涉法信访工作"、"法治视野下的我国行政机关权力之争"。查中国期刊网"法治视野下的"文章多达两百来篇。刚才讲的题目如果改成"涉法信访与法治"一类,可能要好些。但是,这样的标题不能揭示文章的核心命题,也不够突出主题,仍然不很理想。

在实践中还出现了一些比较常见的格式,比如"认真对待××"、"没有××的××"、"通过××的××"。这些格式,用好了是很好的,就怕用滥了。"认真对待××",暗指问题很重要却被普遍忽视,如《认真对待软法》(罗豪才、宋功德)、《认真对待"赔礼道歉"》(黄忠)。今天再说"认真对待行政法",人家就会觉得奇怪:行政法不是好好的吗?"没有××的××",至少包含了一种乖谬悖理的表象。张翔有篇文章对卢梭的公意理论与传

---

[1] 梁慧星《法学学位论文写作方法》,法律出版社 2012 年第 2 版,33 页。梁先生所说的"动宾结构的短语",大概是指"论××××"吧。

统民意观做了批判性考察,主标题取作"没有社会的社会契约"[1],非常精到。我的一篇文章《没有宪法的违宪审查》,讲的是英国的故事,题目也看似自相矛盾,但没有张龑的恰当。"通过××的××",突出了一种不同寻常的手段或者路径。赵晓力《通过合同的治理》,分析了20世纪80年代以来中国基层法院对农村承包合同的处理,揭示了承包合同的治理化现象,饶有趣味。至于说"通过法律的权利保障",自然没错,但平平淡淡,无甚新意。

在符合前面所说的合身、明了要求的前提下,可以把标题取得新颖活泼一些,有吸引力一些。李松锋的博士论文讨论美国宪法第一修正案中的政教关系,他加了一个主标题:"游走在上帝与凯撒之间"。[2]这比单纯的、四平八稳的"美国宪法第一修正案中的政教关系研究"更能吸引我。有一篇讨论体育纠纷司法审查的文章,题目叫 Pitch, Pool, Rink……Court? Judicial Review in the Sporting World[3],翻成中文就是"田径场、游泳池、溜冰馆……全上法院?体育世界中的司法审查"。不但活泼,简直俏皮了。而且,英文原文也不失简洁明了。对比"几种特殊体育行为的可诉性问题探讨"或者"论体育活动纠纷在司法审查中的可诉性",不知要强多少倍了。

---

[1] 张龑《没有社会的社会契约:从商讨理论对卢梭公意学说的批判性重建》,《清华法学》2012年第6期。

[2] 李松锋《游走在上帝与凯撒之间:美国宪法第一修正案中的政教关系研究》,中国政法大学博士学位论文,2013年。

[3] Michael J. Beloff, "Pitch, Pool, Rink……Court? Judicial Review in the Sporting World", (1989) *Public Law* 95.

我的一篇论文《晨光初现的正当程序原则》，描述和分析在法律、法规和规章对行政机关应当遵循的程序没有明确规定的情况下，中国法院在行政诉讼中如何探索用正当程序原则判决。发表时，编辑把标题改成"司法判决中的正当程序原则"——合身倒是合身，但太平淡，少了那种令人欢欣的跃动的画面感。那篇文章有个英文版，题目是 The Dawn of the Due Process Principle in China。在一次会议上，有人把文章标题从英文转译中文，结果成了"正当程序原则在司法中的应用研究分析"。呜呼！

3. 简洁、顺畅

在能够传达同样信息的情况下，能省一字就省一字。我看到过的最简省的标题，是一篇研究强奸的社会学文章，只有一个字："Rape"。有一篇学生毕业论文，初稿标题叫"中国行政调查中的行政强制措施制度研究"，18个字；删繁就简，可以叫"行政调查中的强制措施"，10个字。为什么呢？中国学者面对中国读者讨论法律问题，没有另外标明的话均指中国问题，无需特别说明。既然已经交代"行政调查中"，省略后面"行政强制措施"中的"行政"也不会引起误解。"制度研究"云云，不说的话人家也知道。

有些标题结构包含三重结构，在我看来就过于繁复。例如，"法治：社会转型时期的制度建构——对中国法律现代化运动的一个内在观察"、"物权行为：传说中的不死鸟——物权法上的物权变动模式研究"、"法律论证：一个关于司法过程的理论神话——以王斌余案检验阿列克西法律论证理论"，层层叠叠的，又是冒号又是破折号，失去标题简洁畅快的好处。凡标题三重结构的，还是应当尽量改成二重结构。前述"物权行为：传说中的不死鸟——物权法上的物权变动模式研究",似乎可以去掉主标题中的"物权行为",改成"传说中的不死鸟:评物权行为理论和物权变动模式研究"。

除了简洁,标题还要通顺,意思顺畅、音节顺口。有一篇论文题目叫"独立行政法院否定化思考",别别扭扭的,不如叫"中国有必要建立行政法院吗?"直截了当。有些标题连续出现"与"、"和"、"之"、"的",读起来也别别扭扭。有篇文章"政党与司法:关联与距离——对美国司法独立的另一种解读",我曾建议把主标题改为"政党与司法的关联和距离",但马上发现接二连三的介词把标题搞得支离破碎、磕磕巴巴,也不理想。

(二) 标题的语式

目前所见到的文章标题,很多是"论××"或者"×××研究"。但也有一些不用"论"、"研究"的缀词,还有一些标题用疑问句或者判断句来标明问题或者观点。下面分别讨论。

1. 表明论题的标题

表明论题的文章标题,常常有一些缀词。除了常见的"论"和"研究",还有"考(考察)"、"辨析"、"批判"、"论纲"、"思考"、"浅议(浅析、刍议、初探)"等。作者对同一个问题有新的观点或者材料,再次发表文章的,可以写"再论"、"再考"、"再研究"等。

下面是几个例子:

"论"(前缀):论股权(江平、孔祥俊),论根本违约(韩世远),论税收法定主义(张守文),论宽严相济刑事政策的定位(马克昌)

"论"(后缀):程序正义论(陈瑞华),民事再审程序改造论(李浩)

"论纲":法律责任论纲(张文显),依法行政论纲(应松年),刑罚改革论纲(陈兴良)

"研究":惩罚性赔偿研究(王利明),小额诉讼程序研究(范愉),公务法人问题研究(马怀德)

"考":民事诉讼收费考(方流芳),清代法律渊源考(何勤华),行政诉讼撤诉考(何海波)

"辨析":行政刑法辨析(张明楷),"再审之诉"的再辨析(王亚新),正当性与合法性概念辨析(刘杨)

"批判":中国司法民主化及其批判(陈端洪),知识产权法官造法批判(崔国斌),形式法治批判(何海波)

缀词的用法有些讲究。"考",多用于事实问题的考证。"批判",则火药味较浓,宜慎用。"论纲",多指问题很大,现在只能说个纲要;本就浅尝辄止的,就不必号称"论纲"了。"浅议(浅析、刍议、初探)",虽有自谦成分,毕竟内容粗浅,不合学术研究的精神;除非确有新见而研究尚属初步,还是应当慎用。"思考",貌似内容散漫,不太适合学术论文,也应慎用。

实际上,大多数论文标题是不加缀词的。一般来说,标题字数较多的,"论"、"研究"之类的缀词就省略了。例如,法律漏洞及其补充方法(梁慧星),股份有限公司机关构造中的董事和董事会(王保树),海峡两岸民事立法的互动与趋同(谢怀栻)。一些情况下,标题字数不多,但足以清楚无疑地表明论文主题或者命题的,也可以省略缀词。例如,契约的死亡(吉尔莫),国办发(何海波)。

2. 表明命题的断语

题名一般不应是陈述句,因为题名主要起标示作用。但也有一些文章标题,就力图用简洁的句子表明作者的观点。例如:

软法亦法(罗豪才、宋功德)

违法性认识不是故意的要素(周光权)

松散式、汇编式的民法典不适合中国国情(梁慧星)

为权利而斗争(耶林著,胡海宝译)

人民必得出场:卢梭官民矛盾论的哲学图式与人民制宪权理论(陈端洪)

无所谓合不合宪法:论民主集中制与违宪审查制的矛盾及解决(洪世宏)

3. 设问式的标题

在评述性、探讨性和驳论性文章中,可以用设问方式表明论题。疑问句容易激发读者兴趣。例如:

烟草是药吗?作为普通法法院的行政机关(凯斯·森斯坦著,宋华琳译)

动物不是物,是什么?(高利红)

原始回归,真的可能吗?读《权利相对论》一文的思考(梁慧星)

严格责任?过错责任?中国合同法归责原则的立法论(崔建远)

"主编"和"编著"孰是孰非?关于合作作品作者署名

的思考(赵永昌)

《中日联合声明》"放弃战争赔偿要求"放弃了什么?基于条约解释理论的批判再考(张新军)

4. 对仗式的标题

最后讲一种特殊情况,即句式对仗、步步推进的标题。例如,"严格依法行政　建设法治政府","站在历史新起点开拓××新局面"。这种语气豪迈的动员式、口号式的标题,是政府官员讲话标题的常用格式,通常不适合学术文章。

个别情况下,这种对仗乃至排比的格式也可以使用,但仍应谨慎。我曾经为北京大学的一个专题研讨会写过一个综述性的背景材料,"一起纠纷　两种诉讼　五年折腾　八次裁判:此案何时一锤定音?"后来,这个标题被一家媒体用作报道的标题[1],我觉得不错;《中外法学》登载的研讨会纪要则用了"一个案件,八份判决——从一个案例看行政诉讼与民事诉讼的交叉与协调"的标题。我个人认为,这种格式用作论文标题,先概述一种异常现象然后指出要讨论的问题,也不是不可以。河南省高级人民法院的高树德法官在《法制日报》上对同一个问题写了一篇文章,题目是"并案审理　通盘运作——兼谈建立行政附带民事诉讼制度的必要性"。文章的主标题表明了作者解决该案的基本

---

[1] 王宁江《一起纠纷　两种诉讼　五年折腾　八次裁判:此案何时一锤定音?法学专家呼吁建立行政附带民事诉讼制度》,《人民政协报》1998年8月8日。

思路,观点鲜明,应当是可行的。[1]

(三) 主标题与副标题

一些文章的标题采用双层结构,除了主标题还有副标题。至于三层结构的标题,如前所述,因为过于繁复,不提倡。

1. 副题的作用

副题的作用有两种:

一是限定主标题的讨论对象、视角、方法、目的、材料。常见的格式有"以……为例(为中心、为视角)"、"从……切入"。也有不用这些词而直书其意的,例如通过司法实现社会正义:对中国法官现状的一个透视(贺卫方)、制度是如何形成的?关于马伯里诉麦迪逊案的故事(苏力)。

二是扩充主标题的谈论范围,多用"兼议"、"兼论"、"兼评"引领。例如,行政行为的合法要件:兼议行政行为司法审查根据的重构(何海波)、法学的理想与现实:兼评龚祥瑞主编《法治的理想与现实》(冯象)。

2. 副题的利弊

副题在法学文章中被广泛地使用。在14家主流法学刊物

---

[1] 只不过"兼谈"的内容与主标题揭示的观点在逻辑上似乎有些颠倒(我们一般是先谈必要性后谈可行性),不如改成"并案审理 通盘运作——建立行政附带民事诉讼制度的运作思路"。

2011年所发的文章中,接近一半(48%)使用了副题。[1]

就具体文章来说,副题的使用应当以确实需要为限。副题可以让整个标题信息量更大,但也让标题变得繁复,不易记诵。论文标题本来就是能省一字省一字,能够用一句话说清楚的不用两句话。所以,这里边也有一个权衡的问题。

苏力教授有篇文章,初稿标题是"一个不公正的司法解释"。单看文章标题,不知道作者评论的是哪一个司法解释。后来发表时,主标题做了改动,并加上一个副标题"从最高法院有关'奸淫幼女'的司法解释切入"。[2]这就明白了!

我的一篇文章《中国行政法学的外国法渊源》,曾经有一个副题,"兼议中国比较行政法学研究的未来"什么的。定稿时,我把它删掉了。一则,主标题多少也暗示了这个问题;二则,这个问题在文章中也没有着重论述。《晨光初现的正当程序原则》一文,也曾考虑过加个副题,因为文章标题无法显示"正当程序原则在中国行政判决中的适用"这样一个场景。但加上副题,又很啰唆,结果还是去掉了。

我的另一篇文章《行政行为的合法要件:兼议行政行为司法审查根据的重构》,包含两个角度略有不同但性质基本相同的问

---

[1] 14种刊物为:中国法学、法学研究、中外法学、清华法学、法学家、政法论坛、法商研究、法律科学、法学、现代法学、法制与社会发展、法学评论、比较法研究、环球法律评论。

[2] 苏力《司法解释、公共政策和最高法院:从最高法院有关"奸淫幼女"的司法解释切入》,《法学》2003年第8期。文章所批评的司法解释,即《关于行为人不明知是不满十四周岁的幼女,双方自愿发生性关系是否构成强奸罪问题的批复》,法释[2003]4号。

题:一是行政行为的合法要件,二是行政行为司法审查的根据。我一直很犹豫要不要副标题:不要副题更简洁,要了信息更全面。这个问题到现在也说不好。

3. 副题符号

常用的副题符号有两种:冒号和破折号。这两种符号的用法似乎还没有确定的规则:有些人主张"兼议"、"兼论"的用破折号,其他用冒号;有些人觉得原则上都可以,没有什么区别。我个人更倾向于都用冒号,因为冒号所占字符少,版面更洁净。在标题中,能省一个字符就省一个字符。

当主标题用问句的时候,副题符号用冒号就不合适了,用破折号更好一些。例如,我本人的一篇文章,《"越权无效"是行政法的基本原则吗?——英国学界一场未息的争论》。在引用这类文章时,似乎也可以不要破折号。例如,何海波《"越权无效"是行政法的基本原则吗?英国学界一场未息的争论》,《中外法学》2005年第4期。这样也是通的,而且更简洁。

二 导论

万事开头难,文章开篇难。几千几万字的文章,从何说起呢?进入正题前,先说点什么呢?或者如一些人所比喻的,给它戴个什么帽子呢?

学术论文追求明白,开头通常要交代几样东西:确定主题,综述文献,介绍文章的观点、方法和结构。这就是通常说的"导论"。如果阅读文章是一次旅游,那么,出发前导游最好介绍一下今天要去看什么、为什么选这几个地方等。具体地说,导论通常界定题目(我将讨论什么问题),并指出选题背景(为什么这个问题重要);综述已有的文献(人家都研究过什么),并指出它们的不足(我的研究还有什么意义);交待你的基本立场、观点、角度或者方法(视情况而定),以及文章结构(旅游路线)。

导论的篇幅根据情况而定,不必冗长,以讲清问题为要。通常而言,一篇五千字的论文,一两段引言可能就行了;对于一篇三五万字的硕士论文,一到三千字都是合理的;一篇十几万字的长文,导论可能就几千上万字。除了全文长度,导论的长度还取决于讨论的主题是老问题还是新问题。老问题,你一开口别人就知道你要说什么,不必弯弯绕绕;新问题的话,你有时得花点篇幅让人家明白你要说什么。如果导论部分篇幅较长,可以把导论单列一章,即"第一章 导论";也可以用其他描述性的标题,如"第一章 问题的提出"。如果只有一个较短的引言,可以放在开头,不列为一章。

中国古人论作文,有"凤头豹尾"之说,讲的是文章开头要吸引眼球、引人入胜。论文导论最好开门见山、直奔主题;必要时,可以先声夺人、亮明观点。有时候,不妨先讲个案例,甚至采取比兴手法,引出问题。导论,还有结论都不必客套,讲什么"才疏学浅"、"恳请指正"之类。

下面把导论分解为主题、文献、观点等几个要素,分别讨论。需要注意的是,在实际写作中,主题、文献和观点之间不存在绝对的先后顺序,可以根据需要机动。尤其重要的是,各部分之间应当意思连贯、一气呵成。

(一) 论文主题

导论的一个重要任务是告诉读者：你要写什么？这个问题有什么意义？你所讨论问题的范围在哪里？

1. 宣明主题

如果文章主题大家比较熟悉，三言两语就可以点明的，开头就可以文字简省、直截了当一些。我的文章《具体行政行为的合法要件》，开头第一句话就宣示主题："行政行为具备哪些要件，才是合法的？或者说，在哪些情形下是违法的？"紧接着，就阐述这个问题的意义和综述现有文献（"这是行政法学一个重要的理论范畴，学界常有提及却缺少深入讨论"）。我的另一篇文章《公民对行政违法行为的藐视》，几经修改后，采用了这样一个比较直截的开头：

> 在法治日渐昌明的今天，公民、法人和其他组织（以下统称"公民"）对行政执法活动不服的，一般应依循"法律渠道"解决纠纷、寻求救济。问题是，公民面对行政机关及其工作人员违法行使职权，除了诉诸行政复议、行政诉讼，他可以拒绝遵从乃至直接抗拒吗？

如果文章讨论的问题放在当时的学术背景下，大家不那么好理解，那么，就有必要多费些文字，介绍一些背景、烘托一下氛围。必要时，可以用一个众所周知的案件、一个所历所闻的轶事或者一些令人瞪眼的统计数据，作为引子。陈端洪教授一篇题为"中国立法批评"的文章是这样开头的[1]：

> 也许和从前相比较,中国一个最显著的特征就是立法。过去的二十年里,我们目睹立法如洪如潮,但是人们却并没有相应地增长对法律的信心和期望。
>
> 我有这样的经历,在北京乘出租车时经常被司机问到一个同样的问题:"中国有法吗?"而且他们还会愤慨地讲述种种"无法无天"的事例,要么是他们亲身经历的,要么是道听途说的。我发现他们不是不知晓国家有《宪法》、《刑法》等法律,但他们却深深地怀疑"法"的存在。
>
> 他们的问题强烈地刺激了我,促使我思考为什么法律实施不下去,为什么法律不能赢得人们的信任。

文章如何开头,还得考虑读者的阅读心理。读者几乎总是看了标题以后再看正文的。如果读者看了标题,眼睛一亮或者眉头一皱,那让他一亮或者一皱的地方就是你接下来要说的。如果你恰好说到了他的亮处或者皱处,那你就抓住读者的心了。我的文章《没有宪法的违宪审查:英国故事》,改过几遍,最后决定顺着这个标题说下来(此处删除引证信息):

> 题目有些玄虚,而且似乎自相矛盾:但这正是英国现实的写照。
>
> 英国人长久以来相信自己有一套足以自豪的"不成文宪法",它建立在议会主权和法治两块基石上。可是,一旦

---

[1] 陈端洪《立法的民主合法性与立法至上:中国立法批评》,《中外法学》1998年第6期。

问题涉及国家权力的分工或者公民权利的保障,英国人常常为自己是否真的有宪法而颇费口舌。如果违宪审查仅仅指法院(或者其他机构)审查议会制定的法律,并撤销它认为违反宪法的法律或者宣布它无效,那么英国显然没有违宪审查。而且,至今为止,除了谈及外国法律,违宪审查这个词对英国人仍然相当陌生。但是,如果不拘泥于前述的概念,某种形式的违宪审查已经在英国出现,宪法性审查的概念也开始在法律学术界萌芽。本文探讨的正是,在奉行议会主权的英国,在缺乏成文宪法的保障之下,违宪审查如何可能,如何生长,以及它未来的发展方向。

2. 揭示意义

讲了论文要讨论什么问题之后(有时候也会"之前"),需要讲讲这个问题有多么重要,以及为什么重要。如何着墨,也得看具体情况。如果问题的意义一般读者都很明白,那就不需说了;如果一般读者不清楚问题的意义所在,那得费几句话交待一下。

我的文章《行政诉讼撤诉考》试图用一句话揭示问题的意义:"制定于1989年的《行政诉讼法》承载了异常厚重的法治理想,其实施状况是一个备受关注的问题。"我的文章《晨光初现的正当程序原则》,全文3万字,开头则用5个段落、2000字交代了问题的背景。归纳起来,讲了这么几层意思:一些国家的经验启示,正当程序是法律发展的一部分,也是法律发展的一面镜子。中国行政程序制度的发展正在催生出一种有关正当程序的总体概念;但是,正当程序原则作为一个能够独立生存、直接适用的法律原则还没有确立。在此情况下,中国法院却在零星案件中引入正当程序原则,作为审查行政行为合法性的标准和撤销被诉行政行为的依据。文章的描述和分析就是以此为背景的。

揭示问题的意义,有时需要交代问题的背景。把问题背景描画出来,问题的意义往往也就出来了。例如,一篇讨论"医患纠纷中的法律与信任"的文章认为,法律对于解决医患纠纷的作用有限,加强有效沟通、实现医患信任才是出路。文章就以当下成为热点的"医闹"现象开篇:

> 近年来,"医闹"事件在中国各地层出不穷,围堵医院与诊室,暴打、砍伤医务人员,诸如此类的群体性事件或者暴力事件时常见诸报端,而在医院违规停尸、私设灵堂、摆放花圈等荒唐举动也屡见不鲜。医患纠纷已经成为中国社会一个不容忽视的不稳定因素,但由于医患关系有着特殊的复杂性,法律在处理医患关系上遭遇到了其本身难以克服的固有局限性。法律既难以事先有效地预防医疗纠纷,也难以事后有效地解决医患纠纷。[1]

讨论外国法的,一般需要指出这个问题与中国法的相关性在哪里。例如,讨论美国历史上意图杜绝任何食品安全风险的"德莱尼条款",可以从中国食品安全管制中一些近乎偏执的主张或者措施说起;讨论英国法院对体育组织的司法审查,可以从中国法院对此类行政诉讼受理问题的犹豫态度说起。我的文章《"越权无效"是行政法的基本原则吗?英国学界一场未息的争论》,在写作时就为这样一个"意义"问题所缠扰,因而,导论部分

---

[1] 伍德志《论医患纠纷中的法律与信任》,《法学家》2013年第5期。

充满了对"意义"的描述(此处删除引证信息):

> 对中国学生来说,"越权无效"是英国行政法的基本原则,可以说是一条公理。研究生考试如果不这么答的话,大概要算错的。可是,在英国,这一著名的论断正在经受挑战。围绕"越权无效"的问题,在法律界引出一场不小的争论。剑桥大学公法研究中心为此开了一次专题研讨会,出版了一本论文集《司法审查与宪法》、一篇博士论文《司法审查的宪法基础》。争论没有平息,反而引发更多的问题。
>
> 现在我们叙述这个故事,不仅仅是要纠正关于英国行政法理论上的一个说法。越权原则的产生和变迁,从一个侧面反映了英国行政法的整个历程。透过这场争论,我们可以窥见英国行政法的发展及其在当代面对的挑战。相对来说,中国学者对英国行政法的了解——与对别国行政法的了解一样——更注重当前的规则,而缺少历史的纵深;因为我们总想要人家最先进的东西,而忽略了历史中隐藏的智慧。但很不幸,即使在现状层面,我们的知识与这些国家的实践也存在一个明显的时间差。如果以王名扬和韦德的著作为代表,我们对英国行政法的了解大约滞后了20年。本文希望在这两方面能够弥补一点欠缺。
>
> 这篇文章也不只是叙述遥远国度里一个阳春白雪的故事。中英司法审查的宪法背景、具体制度和现实境况差异很大,但如果与其他宪政国家相比,我们倒有一些相似之处。中国的司法审查由于欠缺实际的宪政保障,不得不在夹缝中艰难成长,试图捍卫立场的法官们可能感觉处处危

险。英国司法传统深厚,当非同日而语,但由于缺乏成文宪法的保障,更没有违宪审查的权力,司法审查(特别是司法创造)仍然面临合法性的质问。在此背景下,法院如何为自己的审查权力谋取合法性,构成一个相同的话题。尽管越权理论在英国已经渐趋衰微,但英国法院和学界一以贯之的实践立场和曾经使用的话语技巧,对我国的司法审查也许仍然会有所启示。

3. 界定论题

文章讨论什么、不讨论什么,有时候读者一看就明白,自然不需要多费笔墨。但有时,文章讨论的关键概念或者问题范畴读者不太明白或者可能产生歧义的,就要做专门的界定。

需要作出界定的,往往有两种情况:一是,关键概念的使用容易混淆的。例如,我写《公民对行政违法行为的藐视》,就碰到了问题:在现有的讨论中,用于描述藐视方式的关键概念不统一,"拒绝"、"抵抗"、"抵制"、"抗拒"、"防卫"等用语不一而足,还有的文章把它与"公民不服从"、"国民抵抗权"与"公民拒绝权"混为一谈,这都需要澄清。二是,研究的视角容易引起误解的。特别是,一些读者尚不理解规范研究与实证研究的区别。一个实证研究的主题,读者看完以后还要问:"那么,法律的边界究竟在哪里?"所以,我写行政诉讼受案范围的扩张、正当程序原则的发展,都要声明一下,这不是一个"法教义学"的阐释,而是一个法律实践经验的考察。相信这类误解以后会减少,这类声明也不再必要。

一个关键概念是否需要界定,得看文章主题。虽然频繁使用,但与文章主题没有密切关系的,也可以放过。例如,我写《行政行为的合法要件》,问题重心在行政行为的合法要件而不在行政行为的概念,所以,我无需给"行政行为"下定义,更无需考证诸种学说后再给出我的定义。这不是说"行政行为"的概念在实践中没有歧义,而是这种歧义相对较小,不会影响对眼下所关切问题的进一步讨论,因而可以暂时搁置起来。读者看到"行政行为"这个概念,大体上知道我说的是什么、意思不致领会错了,那就行了。把意思说清楚、消除歧义,需要作者的极大努力;但善意地理解,似乎也是读者的义务。不然,每个概念都要辨析一番,文章就枝枝蔓蔓,没法读了。

在一些情况下,论题本身非常复杂,对论题的界定需要相当的篇幅。为了不因导论过于冗长而使文章头重脚轻,可以把论题的界定放在导论之后、列为专门一章。我写《公民对行政违法行为的藐视》,单是几个关键概念的辨析就写了近两千字,占了全文的十分之一。为此,不得不把它挪到后面,单列一章。我写《行政行为对民事审判的拘束力》碰到了同样的问题,也是这么处理的。

(二) 文献综述

如本书第一讲所言,研究综述(或者述评)可以是学术文章的一种体裁。这里讲的文献综述,则是学术论文导论中对相关主题研究状况(包括观点、材料、方法以及文献分布情况)进行爬梳整理、归纳总结的工作。

1. 为什么需要文献综述?

很多人写论文没有文献综述,交代主题后就开始论述,洋洋洒洒,直至结尾。现在,越来越多的人认识到,一篇规范的法学论文应当有文献综述。有的期刊编辑甚至认为,没有文献综述的论文不能发表。为什么呢?

首先,学术论文的生命在于创新,创新必须在传承中体现。你研究的问题,前人已经做了什么研究、大家都有些什么意见,需要梳理和总结。学术圈已经形成了共识乃至定论,你也没有异议的,就不用再说了;学术圈尚未形成共识、甚至各方争论不休,但你要说的人家都已经说过了,也没什么好说的。相反,已经形成共识的意见,你认为有问题的,或者虽然各方讨论不少,而你能够利用新的方法或者材料参与讨论的,或者你要讨论的问题前人几乎没有什么关注的,这才是可能的创新之所在。这些情况是需要梳理和总结的。

其次,学术论文不但要有创新,而且要让人看得见你的创新。没有文献综述的论文倒不见得没有创新,但一般读者很难看出创新在哪里。论文没有引注,每句话好像都是开天辟地、前无古人,那当然不行。即使正文加了些引注,读者往往还是难以辨别你的论文从整体上有什么创新。在论文导论里做个文献综述,你有什么创新、论文可能的价值在哪里,就一目了然。对论文来说,这其实也是个广告。

最后,文献综述有助于促使作者更系统地阅读相关文献,更仔细地梳理相关文献,更认真地对待学术创新。有位博士生说,他写完一篇论文之后才发现,这个问题已经有很多人研究过了。前人的研究状况其实在选题时就应当调查考虑;即使选题时没有考虑,如果他做了文献综述,也不至于论文"写完之后"才发现。

2. 需要综述哪些文献?

如果用一句话来概括,应当是:与你的研究主题相关的重要的学术文献。

首先,文献综述是指对学术文献的综述。也就是说,前人对这个问题有哪些研究,而不是国家对这个问题有哪些规定。有个同学写户籍制度改革,在导论里详详细细地介绍了当代中国户籍制度的变迁(他以为这就是文献综述),令我哭笑不得。他该综述的,是学术界对户籍制度改革问题的研究状况。户籍制度的变迁,也许可以作为问题背景简单交代一下。

其次,文献综述基本上是对学术圈关于相关主题讨论情况的综述。对一些法律问题,社会上可能有很多意见。但多数是随意发挥、零碎散乱的,不值得作为论证的凭据或者批评的对象。只有学术文章(通常也是出现在学术刊物或者学术专著里),而且通常是重要的学术文章,才属于综述的对象。

最后,法学论文文献综述的对象主要是国内学术圈的相关文献。与自然科学不同,法学基本上是本土的知识,学术圈大体上也是以国为界。人家讨论的问题,跟我们没有直接的利害,我们也不会参与其中的论争;我们讨论的问题,外国同行可能既无切题的研究,也没有真正的兴趣。所以,文献综述主要是综述国内同行的研究。尤其是介绍外国法的文章,主要是写给国内读者看的,文章有无意义主要看国内学界现有的知识水平。

但这一条也有些例外。一是,由于法律移植或者学说借鉴的历史渊源,域外学者对相关问题的讨论可能构成一国或地区学术不可分离的知识传统,譬如德国法之于台湾、英国法之于香港。在法律方法上,各国共享更多的知识,譬如法律经济学的应用。二是,在特定问题上,域外学者可能作过近距离的观察和热切的评论,他们与中国同行构成了一个共通的学术圈,譬如日本学者对中国法律史的研究、美国学者关于中国行政诉讼法的讨论。这时,把海外学者的研究纳入文献综述有益于丰富视界,促进国际交流。三是,当一名中国学者在英文学术刊物上发文章时,他实际上进入了一个国际学术圈,主要是跟外国同行对话。这时,把海外学者的研究纳入文献综述是完全必要的。

3. 如何综述?

文献综述看似简单,其实挺有技术含量的。综述者经常面对的困扰是,如何简洁、清晰而不失精当地概括浩繁的文献。下面先说文献综述写法的一般要求,再举我自己的几个实例。

一个最基本的要求是,用自己的语言把相关文献做一个概括叙述。要叙述,而不是罗列。偶尔见到有同学说"这方面的研究有:……"之后,一条接一条地列举文章名及其作者,密密麻麻列了半页纸。这种简单罗列让人发晕,不是让人读的。

其次,对相关文献的叙述应当有详有略。相对研究主题来说至关重要的文献,宜于在正文中直陈其作者、文献名乃至出处,简短概括其观点或者方法。一般重要的文献,可以总而言之,作者、文献名和出处放在脚注中即可。不太重要的文献,不必一一提及。这种详略安排不但为了突出至关重要的文献,也是为了阅读的流畅。

最后,文献综述应当有明确指向。相关文献往往涉及多个方面,先说什么、后说什么,不是漫无目的、随意编排的,而应当指向自己所研究的问题、观点或者方法。一般来说,文献综述需要交代前人已经研究了什么、还有什么悬而未决或者基本忽视的。你的研究是针对那些悬而未决或者基本忽视的,文献综述也应当指向这些问题。归纳现有研究的不足之处,也就暗示了你所做研究的意义所在(niche)。这是文献综述必不可少的一部分。

> **文献综述实例1:何海波《多数主义的法院:美国联邦最高法院司法审查的性质》**

文章开头指出美国最高法院所行使的司法审查在美国社会所面临的合法性困扰,暗示这个问题的意义。接着,我这样综述相关文献:

中国学术界对美国司法审查合法性的讨论是相当有限的。与美国最高法院所确立的宪法原则和宪法解释方法相比,它宪法解释权的边界很少有人注意。强世功教授曾经讨论过美国司法审查的历程,及其在理论上遭遇的挑战。[1]任东来教授等多位学者介绍了"反多数难题"的起源,以及几种试图消解该难题的回应。[2]其中,任东来的文章指出立法不能代表多数,因此,司法审查未必

---

[1] 强世功《司法审查的迷雾:马伯里诉麦迪逊案的政治哲学意涵》,《环球法律评论》2004年冬季刊。
[2] 除了后面提到的文章,还有钱锦宇《也说美国宪政的"反多数难题"》,《博览群书》2006年第8期;田雷《当司法审查遭遇"反多数难题"》,《博览群书》2007年第2期;田雷《认真对待反多数"难题"》,《博览群书》2007年第4期;任东来《试论美国最高法院与司法审查》,《美国研究》2007年第2期。

是反多数的[1];范进学教授借鉴萨托利关于"少数的权利是民主过程本身的必要条件"的观点,试图以此消解"反多数难题"[2];周永坤教授通过考察西方晚近的各种民主理论,指出司法审查具有民主正当性。[3]但是,这些讨论没有描绘出司法审查的现实图景,特别是它与公众意见的关系,因而不能揭示司法审查合法性的真正基础及其在民主体制中的功能。

> **文献综述实例2:何海波《公民对行政违法行为的藐视》**

文章开头提出了公民面对行政违法行为能否直接抵抗的问题。这是一个相当有争议的问题,而作者对争论双方的观点或者立场都有所保留。文章接着写道:

对于上述问题,中国法学界在"行政行为公定力"[4]、"无效

---

[1] 任东来《"反多数难题"不是一个难题》,《博览群书》2007年第4期。
[2] 范进学《美国宪法解释:"麦迪逊两难"之消解》,《法律科学》2006年第6期。
[3] 周永坤《违宪审查的民主正当性问题》,《法制与社会发展》2007年第4期。
[4] 罗豪才主编《行政法学》,中国政法大学出版社1989年,136—137页(没有明确提及"公定力",但其对确定力、拘束力和执行力的论述足以涵盖公定力的实质内容);姜明安主编《行政法与行政诉讼法》,北京大学出版社、高等教育出版社2005年第2版,239—243页;应松年主编《当代中国行政法》,中国方正出版社2005年,533—538页;王天华《行政行为公定力概念的源流:兼议我国公定力理论的发展进路》,《当代法学》2010年第3期。

行政行为"[1]、"公民抵抗权(拒绝权、防卫权)"[2]等标题下,已经作了不少讨论。相关的观点大体上分为两个阵营:一方以行政行为公定力为根据、以维护行政秩序为目标,反对赋予公民拒绝权(抵抗权);另一方则以行政行为无效理论为依托、以制定法的完善为归宿,主张承认公民的拒绝权(抵抗权)。虽然多数学者似乎乐于接受行政行为无效和公民拒绝权的主张,但质疑和反对的声音始终不绝。有学者认为行政行为无效和一般违法最后都应诉诸法院裁判,在后果上没有区别,因此行政行为无效概念没有意义,拒绝权也没有必要。[3]也有学者认为拒绝权在事实上不可行,因为相对人既无法辨认也难以抗拒无效行政行为,或者认为根本不可取,因为承认拒绝权可能激化矛盾,甚至可能

---

[1] 姜明安《行政法与行政诉讼法》,中国卓越出版公司1990年,253—254页;罗豪才主编《行政法学》(高等教育法学教材),北京大学出版社1996年,132—134页;王锡锌《行政行为无效理论与相对人抵抗权问题探讨》,《法学》2001年第10期;沈岿《法治和良知自由:行政行为无效理论及其实践之探索》,《中外法学》2001年第4期;章志远《行政行为无效问题研究》,《法学》2001年第7期;金伟峰《我国无效行政行为制度的现状、问题与建构》,《中国法学》2005年第1期。

[2] 方世荣《试析行政相对人对实现依法行政的积极作用》,《法学》1999年第3期;戚建刚、关保英《公民的拒绝权若干问题探析》,《法商研究》2000年第4期;上注引王锡锌、沈岿文;柳砚涛、刘宏渭《论无效行政行为防卫及其矫正机制》,《行政法学研究》2003年第2期;谭宗泽《反思与超越:中国语境下行政抵抗权研究》,《行政法学研究》2010年第2期;章志远《行政法上的公民拒绝权研究:以人权三种存在形态理论为分析视角》,《苏州大学学报(哲学社会科学版)》2010年第3期。

[3] 余凌云《行政行为无效与可撤销二元结构质疑》,《法治论丛》2005年第4期。

造成社会动乱。[1]关于拒绝权的分歧也反映到立法过程。……

除了立场上的尖锐分歧,现有的学术讨论还存在比较普遍的局限。首先,讨论主题(包括行政行为、拒绝权等概念)往往缺乏清晰的界定。其次,论证思路基本沿袭大陆法的传统而对英美法几乎没有任何注意,并不加辨析地把行政行为无效理论与公民拒绝权进行对接。再次,抽象的理念多于具体的分析,对中国的立法和实践缺乏梳理,对现实中的复杂情况更缺少关注。最后,争论双方对相关观点还缺少正面的回应,有些各说各话。

文献综述实例3:何海波《内部行政程序的法律规制》

文章涉及的是一个较少争议却被严重忽视的问题。导论比较了学界对内部程序研究和对外部程序研究的巨大落差,这种落差也暗示着研究内部行政程序的意义。它是这样综述文献的:

中国学者把行政程序分为内部程序和外部程序,学界对内、外程序的研究明显冷热不均。在过去二十多年中,外部行政程序得到了大量的讨论,几乎占据了行政程序研究的全部。其中,

---

[1] 叶必丰《论行政行为的公定力》,《法学研究》1997年第5期;叶必丰《行政行为的效力研究》,中国人民大学出版社2002年,第3章"行政行为的公定力";夏金莱《质疑无效行政行为及相对人的抵抗权》,《政府法制》2004年第22期;黄全《无效行政行为理论之批判》,《法学杂志》2010年第6期;张旭勇《权利保护的法治限度:无效行政行为理论与制度的反思》,《法学》2010年第9期。

以"听证"为题的论文超过1000篇,光是核心期刊上的就有100余篇;以"参与"为题的论文超过450篇,光是核心期刊上的就有70余篇。而研究内部程序的,专著付之阙如,文章寥寥可数;哪怕是研究行政程序法的专著,论及内部程序的篇幅也只寥寥数行。[1]

……

对内部行政程序认识的局限也影响到对《行政程序法》的立法构思。虽然学者们普遍同意,未来的《行政程序法》在主要调整外部程序的同时也应当调整部分内部程序[2],但所提及的"内部程序"往往只有管辖、协助、委托等几点[3]。基于对内部程序的这种狭隘理解,在《行政程序法》的专家试拟稿中内部程

---

[1] 张淑芳的《论行政执法中内部程序的地位》(《吉林大学社会科学学报》2008年第1期)是能够检索到的唯一一篇专门讨论内部行政程序的文章。该文的讨论主要限于上下级行政机关的内部运作。

[2] 王万华《行政程序法的内容分析及中国立法的选择》,《行政法学研究》2002年第2期;邢鸿飞《行政程序立法中的三组关系》,《法学》2002年第9期;杨海坤《中国行政程序法典化构想》,《法学评论》2003年第1期;姜明安《制定行政程序法应正确处理的几对关系》,《政法论坛》2004年第5期;应松年《中国行政程序法立法展望》,《中国法学》2010年第2期。罕见的反对声音,参见郑六一《行政程序法的价值和内容选择》,《中国行政管理》2002年第12期。

[3] 杨海坤《中国行政程序法典化构想》,《法学评论》2003年第1期(授权、委托、行政协助、管辖、内部会议制度、报告制度、公文处理制度);姜明安《制定行政程序法应正确处理的几对关系》,《政法论坛》2004年第5期(授权、委托、代理、公务协助等内部行政程序,以及期限等内外交织的程序);应松年《中国行政程序法立法展望》,《中国法学》2010年第2期(管辖、行政协助、行政委托等制度)。

序被置于"行政机关"的章节之下,草草对付。[1]按照目前构想制定的《行政程序法》,在行政程序的内容上必定是"跛腿"的。它更像是外国立法的一个摹本,而不是对中国现实的回应。

(三) 文章观点、方法和结构

一般来说,文献综述之后就可以进入正题了。但有的时候,作者还要声明文章的基本观点或者澄清一下基本立场,交代一下所运用的方法或者材料,或者文章结构。

1. 声明观点或者澄清立场

通常,文章的观点到结论部分才予总结。一些作者并不喜欢一开始就交代观点,宁愿曲径通幽或者图穷匕见。但学术论文追求直白,一开始交代也有好处。特别是,当文章的观点不容易被人理解或者容易遭人误解时,一开始就做些说明或者澄清似乎更好些。

我在《晨光初现的正当程序原则》的导论中,这样概括文章的主旨:

> 本文将通过阅读有关行政程序的判例,结合对法官所做的访谈,勾勒一幅正当程序原则在司法实践中的发展图景。我希望这些案例能够展示,在中国的司法实践中正当

---

[1] 行政立法研究组《中华人民共和国行政程序法(试拟稿)》,2003年。相关说明,参见王锡锌《中国行政程序立法:现状与展望》,http://www.publiclaw.cn/article/Details.asp?NewsId=216&Classid=&ClassName=,2003年5月26日;王万华《中国行政程序法立法研究》,中国法制出版社2005年,145页。

程序原则已经晨光初现,正在冉冉上升。在此过程中,中国法院显示了它在局促空间里维护正义、发展法律的积极姿态和能动立场。这种司法能动主义的冲动暗示了中国法律发展的特殊路径,它也可能给司法判决的合法性带来新的紧张。

又如,我写《内部行政程序的法律规制》,就这样解释我的立场和初衷:

> 本文作者丝毫不贬低外部行政程序的意义[1],只是提醒学界同仁注意被热闹的讨论所遮蔽的内部程序制度,并希望行政诉讼实践和未来的《行政程序法》对它给予更多的重视。

2. 交代文章的方法或者材料

有些学生写毕业论文,生搬硬套范文,专辟一节,称自己的论文运用了"规范研究的方法"、"实证研究的方法"、"历史研究的方法"、"比较法研究的方法"等等,恨不得把所有的方法都写上。其实,多数时候,论文并不需要特别交代运用了什么方法,因为读者一看文章题目就能够预期作者讨论的方法。而声称运用各种"方法"的作者,却可能什么方法也不懂,什么方法也谈不上。

---

[1] 实际上,本文作者所写的讨论行政程序的论文基本上也局限于外部程序,特别是其中的听证程序。参见何海波《英国行政法上的听证》,《中国法学》2006年第4期;《司法判决中的正当程序原则》,《法学研究》2009年第1期;《正当程序原则的正当性:一场模拟法庭辩论》,《政法论坛》2009年第5期。

但当文章所运用的方法、材料或者概念比较新鲜,或者可能招致误解和质疑时,事先说明一下就有必要了。

在《多数主义的法院:美国联邦最高法院司法审查的性质》一文中,我对文章所使用的材料做了这样的说明和解释:

> 对政治科学研究成果的借鉴是本文的一个特色。即使在美国,法学界与政治学界的壁垒依然分明,法律评论上此类主题的文章也很少引用政治学的文献。[1]虽然一些政治学文献的研究方法和研究结论还有待检验,但这些研究工作有助于弥合法律与政治的鸿沟,为我们理解司法审查的性质提供了新的视角。大量的例举是本文的另一个特点。对于沉浸在该社会中的美国学者来说,密密匝匝的事例必是多余的;而对于多数中国读者来说,具体的事例比抽象的论述更能描画美国司法审查的现实图景。

在《晨光初现的正当程序原则》的导论中,我这样说明我所运用的方法、材料和主要概念:

> 我所运用的案例主要来自《最高人民法院公报》和《人民法院案例选》,以及我本人曾经参与、在网上所寻找和法官所推介的案件。这些案例不一定能够代表中国行政诉讼的一般水平,但有助于说明行政诉讼实践的进展。……
>
> 在本文中,正当程序概念粗略地指行政行为应当遵循

---

[1] Mark Graber, Constitutional Politics and Constitutional Theory: A Misunderstood and Neglected Relationship, 27 *Law and Social Inquiry* 309 (2002).

的程序要求,它包含但不限于制定法明文规定的程序。本文着重关注的是,在制定法没有明文规定的情况下,法院如何适用这一行政法上的一般原则。至于正当程序应当具有的内涵、在司法适用中的边界以及在特定案件中是否妥当,是一个规范层面的问题,不是本文讨论的目的。

3. 交代文章的基本结构

文章的结构主要通过不同层级的标题来显示。多数时候,作者无需交代文章结构。但如果文章的结构比较繁复,读者光看小标题不容易抓住文章脉络的,事先说明一下也有好处。

交代文章结构的目的是为读者提供一个"导游图",使读者有个心理准备,下面阅读起来轻松些。这部分应当用尽量简洁的语言,交代文章的几个主要部分,并揭示文章各部分之间的逻辑关系。通常的写法是,"本文包括×个部分",然后一、二、三。至于有的文章写"第一部分是导论,确定选题,介绍研究方法和文章结构",这是纯粹的废话了。

在《没有宪法的违宪审查:英国故事》中,我是这样介绍文章结构的:

> 本文首先交代英国关于违宪审查的一个传统观点:议会主权原则下,违宪审查不容存在。之后,通过总结英国晚近的法律实践,指出法院分别根据普通法、制定法和不成文宪法审查议会立法,从而抵消"恶法"的实施效果。它们代表了英国违宪审查的三种方式。

我的《多数主义的法院:美国联邦最高法院司法审查的性

质》,篇幅较长,结构繁复(正文有6个部分,并且包含不同层次)。为便利读者理解,导论加上了一段对文章所涉及的基本问题的说明:

> 本文试图回答三个问题:第一,美国联邦最高法院的司法审查在多大程度上符合公众意见?第二,是什么保障了司法审查与主流公众意见的大体一致?第三,在什么意义上,司法审查与美国的民主体制相容?我将首先从司法审查"反多数难题"入手,简单交代它的起源以及美国学界对这一问题的几种回应。接着,我将借鉴政治学研究的成果,指出司法审查在很大程度上与美国主流社会的共识相吻合,"反多数难题"的命题误导了人们对司法审查性质的理解。之后,我将描述司法审查的实际运作和政治框架,包括法院对公众意见的关注和回应、各种外在因素对司法审查的制衡。最后,我将重新阐释司法审查与民主过程的关系,揭示司法审查所具有的民主合法性。

三 结论

说完了导论,下面稍微简单地说一下结论。

结论是对论文主题经过论证所得观点的总结。对许多读者来说,结论代表着论文的主要贡献。论文有没有价值,要看你研究得出了什么样的结论。有的作者不喜欢(或者不懂)写结论:"该说的都说了,说完就完了,干嘛还要再啰唆几句?"其实,一篇几千几万字的论文包含的信息很多,往往也很繁杂,读者有时不得要领,读完以后思绪散乱,不知所归。如果有一个恰如其分的结论,就可以提醒文章主旨,收束读者思绪,加深读后印象。如果说阅读论文是一次穿行思想密林的旅途,那么,结论就是旅途行将结束时的庆祝和告别。

结论是一篇论文的收束部分,只总结研究成果,不能提出新的观点或者论据。有的学生写到结论,又摆开架势,引经据典,讨论起新问题来了。不是说结论不能有引注,但到了结论还有接二连三的引注,是有些奇怪的。如果在文章主题之外确实还要说些东西,可以把"结论"改为"余论"。

结论部分要起到收束全文的作用,语言必须简洁有力,不能拖拖沓沓,没完没了,或者画蛇添足,当止不止。一篇组织得当的论文,会自然而然,合乎逻辑和语势地告终。一位写作教师提出检验结束段是否恰当的一个简单标准:"假如一个结束段恰好就在一页纸的底部,读者是不是还打算翻过一页,继续往下找什么。若读者无此打算,那么,这个结尾就是强有力的,因为它给读者一种结束感。"〔1〕一个精彩的结尾,妥当结束而余韵悠长。古人说,"结句当如撞钟,清音有余",就是这个道理。

结论部分的具体内容因文而异。根据以往经验,结论部分大体包括三方面内容:一是概括文章主题和观点,二是阐明研究成果的意义,三是交代研究成果的局限。具体到一篇文章,不一定三个方面都要写,也不一定非得按某个顺序写。下面结合实例,对这三个方面分别加以说明;之后,再提供两个完整的实例。

---

〔1〕 〔美〕H. 泰特尔鲍姆《英语论文写作向导》,刘健等译,科学出版社1987年,97页。

（一）概括文章主题和观点

在这一部分中，作者应对全篇文章所论证的内容作一个归纳，提示读者自己对问题的总体观点。

在《内部行政程序的法律规制》中，我这样概括文章的主要内容：

> 本文描述了中国内部行政程序制度的主要内容，揭示了内部行政程序对于行政行为理性化和正当化的意义，强调内部行政程序应当成为法治政府建设的重要内容。未来的《行政程序法》应当走内外程序并举的道路，对中国的实践作出更加全面的总结和更有针对性的回应。行政机关制定规范内部程序的规范性文件应当鼓励。法院应当依法对内部行政程序的合法性进行审查，但要把握尺度，防止过分地限制行政活动的灵活性。一般来说，内部程序不直接涉及公民权利，不存在普适的正当程序要求，至少到现在为止还没有形成这样的要求。因此，除非法律、法规、规章有明确要求，法院一般不应以"正当程序原则"去审查内部程序。即使法律、法规、规章有规定，法院对于内部程序的瑕疵也应区别情况，衡量法律价值作出判断，不搞一刀切。

在《正当程序原则的正当性：一场模拟法庭辩论》中，我这样概括文章的观点：

> 法庭辩论总有终结，法律辩论却可以无限展开。实际上，本文就是前述真实案件法庭内外辩论的延伸。抗议者

可以不断提出新的论据,辩护者必须随时回应挑战。法律就在这不断延伸的辩论中获得发展。就正当程序原则本身而言,我们看到它在最近的10年中得到更广泛的传播、更普遍的接受、更直白的应用。然而,对正当程序原则司法适用正当性的争论可能才刚刚开始。

  本文讨论的是正当程序原则的正当性,其更深的用意则在于展示法律论辩的方法。我们看到,像大多数法律辩论一样,双方都首先把目光投向制定法的规定。当我们发现制定法暧昧不明时,争论双方都需要寻找新的论据。在第二个回合的辩论中,双方抛开制定法的规定,试图探索和权衡正当程序适用的利弊得失。虽然双方几乎在每一个问题上都有分歧,但双方考虑的问题都超越了具体的案件、具体的当事人,而把案件和当事人做了类型化的处理,在制度设定的层面讨论问题。当抗议者提出了法律的可预测性问题时,争论转入了第三个回合。法官面对的不仅是实体的公正,还有形式的正义。法律的公开性、确定性、稳定性所维系的可预测性,是利益衡量的倡导者所普遍忽视的,在这里被鲜明地提出来了,成为价值衡量天平上一个不可缺少的砝码。到最后,争论涉及中国国情下"法官造法"的正当性时,我们发现"法官造法"并不是法官简单地"像立法者一样行事";相反,司法自身的权威、法官的普遍素质,都可能成为维系司法判决合法性的重要因素。这一在司法殿堂中从未露面的角色、这个法律推理中公开的秘密,也现身于法律议论的阳光广场。

(二) 阐明研究成果的意义

作者指出本研究的创新之处以及它对理论和实践的意义所在。必要的话,在结尾部分还可以将论文的结果和他人最新的研究结果进行比较,以突出论文的创新、独到之处,告诉读者"什么是你的贡献"。

在前述《内部行政程序的法律规制》中,我这样阐述文章的意义:

> 美国学者戴维斯在其《裁量正义》一书的前言中感慨,学术研究中常常出现有的主题过剩、有的主题匮乏的不均衡。[1]对中国来说,这种不均衡又往往体现在本土和移植的差异上。在过去的二十多年中,中国学者汲取了英美的程序正义理念,把当事人的参与作为行政程序制度建设的重点,很大程度上克服了"重实体、轻程序"的积弊。然而,当学界把视线聚集在当事人的参与制度,当无数的学者一窝蜂般地赶写"听证"的文章,我们忽略了中国法律实践中正在生发的制度,忽略了内部行政程序这一保障行政公正的重要机制,忽略了中国行政管理中值得珍重的本土资源。
>
> ……
>
> 本文的讨论作为一个制度建设的个案,也例示行政法学研究中的中国问题意识和研究中国问题时的规范描述方

---

[1]〔美〕肯尼斯·戴维斯《裁量正义》,毕洪海译,商务印书馆 2009 年。有趣的是,他在 40 年前讨论的行政裁量问题,今天在美国和中国似乎都有些过剩了。

法。中国的法学研究始终受到外国法的强烈影响,这种状况相信在未来还将延续。但在借鉴外国法的过程中,中国产生了自己的问题和解决问题的路径,并逐渐形成了自己的法律体系。中国学界在眺望外国的同时,更要注视自己身边正在生发的事情。这些事情不是不可能从外国经验中获得解决的启示,但我们不应任凭一些"洋概念"主宰我们的研究,而迷失自己的问题。

在前述《正当程序原则的正当性:一场模拟法庭辩论》中,概括文章主要观点后,我接着讨论了文章所运用的价值衡量方法的价值:

> 就如法庭辩论所暗示的,价值衡量提供了一个思考的路径,它本身不能提供一个确定的答案。它启示我们去探寻构成理想秩序的各种价值,它引导我们去面对法律决定背后的生活世界。在这一点上,它比简单武断地给个判决结论要有说服力,也比生拉硬扯地搬用法律条文要坦诚得多。然而,价值衡量的最终力量只能存在于人们对基本价值的共识之中。在一个价值多元的社会里,这似乎是一个悖论。至少,如何塑造和发现人们对价值的共识,不仅仅是那些社会学者和伦理学者的事情。

在《没有宪法的违宪审查:英国故事》中,我特别提示了英国经验对于中国的启示。这也是外国法研究中经常需要面对的问题:

> 英国违宪审查实践中表现出形式多样性,其中包括通

过法律解释限定乃至修改议会立法的含义,"不适用"议会立法,或者宣告其抵触《人权公约》。这些经验不但丰富了我们对违宪审查方式的理解,也许还能够为中国未来建立违宪审查制度或者实施某些国际公约提供借鉴。特别是英国法院宣告议会立法抵触《人权公约》,既维护了议会的至上性,又为《人权公约》的实施和法律的完善提供了一个有效的启动机制。这种做法为中国法院在人民代表大会制度下审查最高权力机关立法的合宪性提供了理论上的可能。

英国违宪审查的实践扎根在深厚的法治传统之中,并在法律共同体共识的浇灌中不断成长……这一事实提醒我们,一个国家要建立违宪审查,不是在纸面上确立一套制度就行了,而必须在更大范围内取得人们对其意义的认识。

在没有成文宪法的保障、奉行议会主权的英国,法院在事实上发展出了违宪审查。从根本上,这靠的是对法治、分权、保护人权等基本价值的广泛共识的支撑。在围绕排除司法审查法案的两起斗争中,这种共识充分展示了它的力量。相反,在一个缺乏这种基本共识的社会里,即使用白纸黑字写下公民的基本权利,宪法文本仍然只是一个摆设。在这个意义上,不管是成文宪法还是不成文宪法,都适用这样一句格言:"宪法不存在于条文中,而存在于人民的心中。"

(三) 交代研究成果的局限

在结论部分,作者不仅概括自己的研究成果、阐明研究结论的意义,常常还指出研究方法或者材料的不足、研究结论适用范围的局限。这样做,既可以避免读者对研究结论的误解或者误用,也可以作为一个"过来人"为他人继续研究指明方向、提供线索。当然,指出研究结论的局限也要恰如其分,"水平有限"、"抛砖引玉"一类的话不说也罢,与研究结论无关的"感谢"更不是应该在这里说的。

在前述《内部行政程序的法律规制》中,我这样阐述文章的局限:

> 本文对内部行政程序的讨论仍是相当初步的,作者期待着更多、更深入的研究。特别是,每一种具体的内部行政程序制度的实际运作尚需要更加精细的观察,它的合理性也有待深入的审视。

在《多数主义的法院:美国联邦最高法院司法审查的性质》一文中,为了避免读者忽视中美情境差异而简单地批评或者套用我的研究结论,我在概述文章观点以后,专门写了一段:

> 论证司法审查的民主合法性,不是否定法治、人权与民主之间的张力,更不丝毫意味着美国民主体制完美无缺。然而,谈及司法审查的多数主义性质是否会导致它丧失捍卫法治、保护人权的功能,有几点是值得注意的。第一,联邦最高法院审理的案件具有很强的政策性,影响法院判决的公众意见主要也是针对普遍的政策问题提出。例如,他们会主张,对某类群体是否可以适用死刑,而不是某某人该不该杀。在此情况下,法院考虑民意并不违反法治。第二,美国联邦法院的独立性和权威性是自不待言的。虽然司法

审查具有多数主义倾向,但法院不是只会追随公众意见,随波逐流,相反,它在很多案件中逆流而动,在公众意见面前顽强地保持了独立性。法院是主流政治的联盟,但不是主流的代理人,更不是民意的计算器。第三,即使考虑民意,司法审查也不是民意的简单复写,而更多、更主要的是借助独立判断和理性论证。下级法院没有最高法院那么强的政治性,而主要是遵循先例判决。

对司法审查的讨论始终不离规范层面的设问,例如,法院裁判个案应当以什么为依据?司法审查的边界应当伸展到哪里?规范层面的探讨无疑是有益的,也是不可替代的,却不是本文的目的。本文的目的在于阐明司法审查运作的政治框架,以及它在现实中扮演的角色。但本文的研究也从经验层面揭示司法审查合法性的来源,并且暗示了司法权的边界。多数公众对最高法院司法判决本身以及对最高法院这一机构的认同,维系了司法审查的合法性。过分背离公众意见将会激起强烈的反弹,干涉意见高度分化的事务同样会危及自身的合法性。从根本上讲,政治社会的共识起到支持和限定司法审查的作用。透过这一视角,我们可以理解美国司法审查深厚的力量源泉,以及它所面临的困境。

本文不是讨论中国问题。文章的观察结论能够在多大程度为中国所借鉴,需要读者辨别。在此我只想提醒一点:对于正在进行政治改革的国家来说,司法审查可能没有一些人想象的那样美好,也没有另一些人想象的那样危险。

归根到底,它只是我们设计人统治人的社会时,一个值得珍重的经验、一个可能选择的方案。

下面是两个结论写作的完整实例,供参考和批评。

结论写作实例1:何海波《晨光初现的正当程序原则》

这篇论文全长3万字,前面有个3000字的导论,结论就要简短得多了:

在中国推进行政法治的过程中,程序合法性的要求被不断强化。但是,法院在法律、法规和规章明文规定之外,能否根据一般性的正当程序原则审查行政行为的合法性,仍然是一个没有完全解决的问题。对法院在行政诉讼中运用正当程序实践的考察,正好为理解中国法院的立场和功能提供了一个窗口。

从《行政诉讼法》实施之初的陈迎春案件、经过田永案件和刘燕文案件到张成银案件,这一连串令人欣慰的案件显示了正当程序原则在中国司法实践中晨光初现。通过个案判决的"涟漪效应",这一在知识上移植自外国的制度开始成为中国法律的一部分。正当程序原则的发展也说明,中国法院在局促的空间里展示了它能动主义的立场,透露了法律发展的一种特殊路径。

本文的讨论无意夸大中国法院在行政程序法制化过程中现有和潜在的作用。正当程序原则在司法实践中的进一步发展,有待于更多的正当程序诉讼涌现,以及更多对正当程序原则的探讨和辩论。由于司法自身的局限性,各地法院个案的判决很难从整体上决定性地推进行政程序法律制度的建设。正当程序原则全面和最终确立，仍然仰仗制定法的完备以及司法权威的确立。

> **结论写作实例2：何海波《行政行为对民事审判的拘束力》**

法律生活的复杂性似乎永远超出人们的想象，并不断地向现行的法律制度和我们的智识提出挑战。法院在民事诉讼中应当如何对待相关的行政行为，就是一个例子。两大法系由于制度背景的不同，在解决此类问题上存在不同的原则，但面对着相同的价值冲突，实际处理方法并非水火不容。它们对司法的公正性、纠纷解决的效率和司法与行政的统一性的追求，值得我们借鉴。在中国的法律实践中，出现了多样化的解决方案，开始形成自己的路径，更值得我们重视。本文的基本思路是：认识中国自身的独特制度背景，综合权衡多种法律价值，并在总结现有实践的基础上，试图提炼出合理的解决办法。

本文主张，原则上，法院在民事诉讼程序中对当事人争议的问题有权独立进行审查。民事诉讼涉及相关行政行为的效力，法院可以把行政行为作为初步证据，予以不同强度的审查。除非法律另有规定，民事判决的效力不改变行政行为的存续。为了避免法律判断的冲突，法院可以中止民事诉讼程序，等待行政争议终结再恢复诉讼。前述行政复议或者行政诉讼已经开始的，法院应当中止民事案件的审理，除非中止民事案件的审理对一方当事人明显不公。行政附带民事诉讼原则上只适用于对行政裁决不服提起诉讼的案件。这些主张尚有待实践的检验和修正,同时也呼吁相关法律规则的完善。例如,哪些情况下法院应当中止民事诉讼,需要在更多、更深入的个案研究基础上做进一步的总结。是否建立移送审查制度、如何协调民事判决与行政行为,也是两个值得考虑的课题。

司法审判的自主性是本文倡导的一个基本观念。这一观念在原理上适用于法院的各类审判。在本文的语境中,它要求法院在民事审判中按照自己的审查,对案件涉及的事实和法律问题(包括相关行政行为所认定的问题)直接作出认定,而不必求助于其他机关;法院中止民事案件的审理,等待行政争议最终解决,应当是例外情形。强调司法审判的自主性,在当前中国的特殊背景中,有助于抵制行政国家的无限扩张,维护市民社会的私法自治。当然,法院在获得民事审判自主性的同时,也应当切实承担起审判义务。不管是一味听从行政决定还是任意把争议转移到行政诉讼程序,我们反对法院为推脱责任而放弃审查。

行政行为效力理论提供了一种讨论问题的视角,但它本身并不能提供解决问题的办法。法院在民事审判中不能无视行政行为的存在,不能完全否定行政行为的拘束力,不能总是抛开行政行为而直接对相关的争议作出裁判。但这种拘束力不是绝对的、单一的、"自我确认"的,而是相对的、多样的、情境性的。我们不应把某个行政行为效力理论作为讨论此类问题的前提,更不应以一种未经检验、甚至似是而非的理论来阉割丰富多彩的法律实践。当既有的理论与实践不符的时候,我们宁可怀疑理论需要修正而不是固执地认为实践需要纠正。

四 引注

文章中的"注"有两种:一种是标注文献出处的,即"注引";另一种是解释相关概念、观点的,即"注释"。这里讨论前一种,注释的问题在第六讲"行文"中另有涉及。

早期的法学论文几乎没有什么引注,要引也只引马克思、恩格斯、列宁等少量被奉为权威的人物的典籍。大约从20世纪90年代中期开始,法学界强调学术规范,引注的问题才得到重视。目前,引注作为学术规范的一种形式要求,已经获得了广泛的共识。[1]可以说,无引注不成论文。尽管如此,许多作者其实不懂得如何引注,大量论文在引注上还存在诸多问题。要使论文真正符合规范,引注值得认真对待。

概而言之,引注有三个基本问题,这里先简单作答如下:(1)什么情况应当引注?引证重要观点和资料来源,读者可能需要查核和延伸阅读,而又不便在正文中叙明的,应当以引注的方式标明。(2)引用谁的文献?应当引用相关的、重要的、原始的文献,并保证引用的全面性和准确性。(3)如何引用?保证提供引证文献的必要信息,力求文字简省、意思连贯。这三点也

---

[1] 贺卫方《学术引用的伦理规则》,北大法律信息网 http://www.china-lawinfo.com/ad/20050907/xsyydllgz.doc;罗伟主编《法律文献引证注释规范(建议稿)》,北京大学出版社2007年。

可以说是引注的三条基本原则。

下面,我将逐一讨论引注的基本问题,阐述引注的具体要求。我的讨论以学术文献的引注为主,兼及法条、案例、数据的引注。

(一) 什么情况应当引注?

1. 引注的目的和意义

写论文总要援引文献。它可能是一个观点,一个法条或者案例,一些统计数据等。读者对这些文献可能有兴趣,想做延伸阅读,也可能心生疑窦,想去查核一番。这时,作者就有义务交代一下文献的出处。

文献出处本来可以在正文里写。但现在法学论文援引文献的地方往往很多,多到几十上百处;如果把所引文献及其出处都放在正文,正文就显得冗杂,读起来疙疙瘩瘩。为此采取了一个办法:把一般的文献连同其出处统一放到页脚或者篇末,不是极其重要的文献不在正文中标明。这样,正文部分就干净利索了。

就整个学术产业来说,规范的引注也有诸多好处。

首先,读者可以根据引注信息追寻学术发展的脉络。找到一篇引注充分的论文,就知道了前人研究的状况;再根据所援引学术文献中的引注,就可以了解更早时期的研究状况。依此追溯,与研究主题相关的整个知识谱系就逐渐浮现,知识积累的阶梯也清晰可辨,观点思路的分歧也容易澄清。

其次,规范的引注有利于建立有效的学术评价机制。一篇论文有多少价值、有多大影响,在一定程度上可以根据这篇论文的被引频次来衡量。[1]在这个基础上,一份刊物的学术水准、一名学者的学术成就、一个教师群体的学术创新能力,也可以根据其所发论文的被引频次来衡量。[2]虽然被引频次作为衡量指标也有一些缺点(例如,不同学科的情况差异就很大),但它相对客观,因为被引频次是学术市场自由选择的结果。

最后,论文的引注也为分析一个学科、一个时期的学术研究状况提供了依据。苏力、成凡等学者通过对法学引证的统计,对中国当代法学研究的状况做过很有意思的分析。[3]我曾经统计过1993—2005年《行政法学研究》所发文章中引用域外文献(外国和我国台湾地区)的情况,发现引用域外文献的比例高达40%,这些文献在不同国家和地区之间的分布差异很大;而所引用的外国文献基本上为二手资料,援引原始文献(不包括专门介绍外国法的文章)的只占引用外国文献总数的4.5%。[4]引用文

---

[1] 例如,根据对中国期刊网的检索(2012年12月19日),王利明教授2000年发表在《中国社会科学》上的《惩罚性赔偿研究》一文,被引达到836次;陈兴良教授2006年发表在《法学杂志》上的《宽严相济刑事政策研究》,被引达到501次;季卫东教授1993年发表在《中国社会科学》上的《法律程序的意义:对中国法制建设的另一种思考》,被引达到446次。就单篇论文而言,这几篇大概算得上当代中国法学各分支学科中的"引证之王"了。

[2] 苏力教授的全部文章中,被引超过100次的,就有16篇;被引在10次以上的,达69篇(检索范围和日期同上注)。苏力的学术影响力,可见一斑。

[3] 苏力《从法学著述引证看中国法学:中国法学研究现状考察之二》,《中国法学》2003年第2期;成凡《从竞争看引证:对当代中国法学论文引证外部学科知识的调查分析》,《中国社会科学》2005年第2期。

[4] 何海波《中国行政法学的外国法渊源》,《比较法研究》2007年第6期。

献的情况反映了中国行政法学研究的特点和缺点。

2. 什么是必要的引注?

"引注以必要为限",这是一条规诫。但什么是必要的引注呢?大体而言,援引重要观点和资料来源,读者可能需要查核和延伸阅读,而又不便在正文中叙明的,就应在注释中标明。但注释也不必过于繁琐,搞成一句一注。在一些时候,是否引注是需要斟酌拿捏的,里边自然有作者的"自由裁量"。

(1) 要看文章主题和读者

根据我的体会,有无必要引注应当考虑文章的主题和预设的读者。也就是说,你的文章是讨论什么的?写给谁看的?

首先,文章的论证应当围绕主题进行,引注也要与主题相结合。每篇文章都使用大量概念,都涉及很多论断。如果都要考证和引注,那一篇文章就得写成一本书、一本书就得写成一个图书馆了。为了保持学术交流的有效性,引注应当着重于与论文主题相关的关键概念、关键论断。我写《行政行为的合法要件》,这里的关键不在于"行政行为",而在于"合法要件"。所以,我的文章没有给"行政行为"下个定义,并标明出处;但涉及"合法要件"的构成,则援引了多个文献,并标明出处。

其次,注与不注也要看读者是谁。一般来说,学术论文的读者基本上是同行,是受过良好教育并在论文相关主题上有一定背景知识的人群。你不能指望一个高中生来读你的论文,但可以设想你的同学或者同事来读你的论文。要不要引注,就看这些信息在你所属的圈子里是否属于公知的知识。公知的知识不必引注,就如在法庭上,周知的事实不必举证。在这一点上,美国法学论文的引注似乎走向了形式主义的极端。一位美国学者讨论司法审查,文章开头提到了马伯里诉麦迪逊案,下面来了一个注释。这个注释很有意思:"这还需要引注吗?但为了学术规范起见,还是注一下吧……"[1]

具体到一篇法学论文,潜在的读者可能是学术界的,也可能是实务界的;可能是国内的读者,也可能是外国的读者。这要看你的论文是写给谁看、在哪里发表的。我自己的论文,有学术界的同行赞扬"引注做得很踏实",实务界却有朋友质问"要那么多注释干什么"?两者差异正好反映了不同读者群体的不同需求。我写《晨光初现的正当程序原则》,注释上百,《法学研究》的编辑觉得多了些,建议删掉几个。当这篇文章的英文版在 *Columbia Journal of Asian Law* 发表时,编辑则帮我加了十几个注释;每提到一部法律,都注明哪个机关制定、什么时间颁布、从什么时间开始施行。其间的差异就在于国内外读者不同的知识背景。

(2) 防止过度引注

有些学生以为"引注越多越学术",这当然是错的。引注所提供的信息应当是值得认真的读者去查阅的。虽然引注放在页下或者文后,读者可以不去阅读,但既然有个引注,读者视线时不时地还要上下往返或者前后翻检。无关紧要的解释说明或者对人所周知知识的引注,都是不必要的引注。

下面是一个过度引注的事例:

---

[1] 这里本来是要注的,但我实在找不到那篇文章了,抱歉。我只记得当时看到这句话时忍不住哈哈大笑。

学界关于侵权法与政府规制究竟哪个更能够有效治理公共事务与风险应对的讨论持续已久[1],实践中多是两者并用。以食品为例,法律规范涵盖了食品生产、加工、包装、运输、储藏与销售等诸多环节,各个阶段均有侵权责任与行政规制的结合使用。一般认为,通过私人诉讼与政府对市场的干预两种方式可以较为全面、有效地实现控制公共风险、增进公共福祉的任务。[2]因此,侵权责任与行政规制可以互相补充、结合使用。[3]前者系私法规范,而后者则属于公法规范。[4]

  这段话几乎一句一注,明显过度引注。其中有几个注释可以合并,最后一个注释纯属多余:谁不知道侵权责任是私法问题,行政管制是公法问题?

---

[1] 有关规制与侵权责任之间的关系,中文文献可参见解亘《论管制规范在侵权行为法上的意义》,《中国法学》2009 年第 2 期;宋华琳《论政府规制与侵权法的交错:以药品规制为例证》,《比较法研究》2008 年第 2 期。

[2] See Richard J. Pierce, Jr., Encouraging Safety: The Limits of Tort Law and Government Regulation, 33 *Vand. L. Rev.* 1281 (1980); Peter Cane, Tort Law as Regulation, 31 *Com. L. World Rev.* 305 (2002); Richard B. Stewart, Crisis in Tort Law? The Institutional Perspective, 54 *U. Chi. L. Rev.* 184 (1987); N. William Hines, Nor Any Drop to Drink. Public Regulation of Water Quality, 52 *Iowa L. Rev.* 186 (1966).

[3] See Patrick W. Schmitz, On the Joint Use of Liability and Safety Regulation, http://papers.ssrn.com/sol3/papers.cfm? abstract_id = 259814, last visited June 10, 2012.

[4] See Steven Shavell, Liability for Harm versus Regulation of Safety, 13 *J. Legal Stud.* 357, 358 (1984).

(3) 引用与不引用的拿捏

引用与不引用也有一个拿捏的问题,有时还真的不容易把握。这里讲一个我自己的经历。[1]

在《公民对行政违法行为的藐视》一文中,我提出一个观点,即"渊源于大陆法学理的无效行政行为理论,没有为公民拒绝权提供一个完全对应的分析框架,不应把两者简单对接"。也就是说,公民行使拒绝权的条件,并不限于大陆法学理上所谓的"行政行为无效"的情形。

文章发表后,有人告诉我,戚建刚教授十年前就在一篇文章中明确地提出这样的观点,并且做了详细论证。我顿时脊背发凉。虽然我的文章在文献综述中提到他们在"行政行为无效"、"公民拒绝权(抵制权)"等标题下对相关问题做过研究,但没有在阐述我的这个观点时专门引用这篇文章。如果这一观点他十年前就已明确地提出来了,并且做了详细论证,那我的文章在论述这一观点时就应当特别注明。于是,我回头重读了他们的文章。

戚建刚文章的内容,从"摘要"中可以看出大概:

> 公民对行政主体非法作出的侵害其合法权益的某些行政行为,享有直接抵制的权利。拒绝权具有派生性、严格限制性等法律属性;拒绝权来源于人民主权原则、人的主体性

---

[1] 详见何海波《重读戚建刚的〈公民的拒绝权若干问题探析〉》,http://blog.sina.com.cn/s/blog_4da3e8f80100w41i.html。文中提到的文章,即戚建刚、关保英《公民的拒绝权若干问题探析》,《法商研究》2000年第4期。

价值以及公共利益与个体利益的相对性原则。拒绝权行使范围应当考虑的要素是：行政行为的侵害性程度、公民受害性程度及其权利的基本性、重大性。

确实，戚建刚的文章并没有把公民拒绝权与行政行为无效问题联系在一起。他似乎不认为，只有在行政行为无效的情况下，公民才可以行使拒绝权。这一立场与我文章观点基本一致。然而，他的文章并没有明确地说，公民拒绝权的行使条件与行政行为无效的问题无关。而且，从他文章的内容和写作背景来看，也难以推断出这样的结论。戚建刚的文章提到了行政行为效力的问题，但通篇没有使用"（行政行为）无效"的用语。事实上，在戚建刚文章发表之时，还没有专题论文讨论行政行为无效理论。而把行政行为无效与公民拒绝权对接，更是戚建刚文章发表之后的事。

看来，戚建刚他们十年前就已明确提出关于公民拒绝权与行政行为无效不能对应的说法，有些言过其实了。我的文章在论述这个观点时没有专门援引他的文章，应当不违反引注规范。

我又想，我要不要在文章中针对戚建刚文章的主要观点及其论证方式，包括他对拒绝权正当性和界限问题颇有创意却未必完美的论证，一一点明并进行评论呢？这确实值得考虑。对相关文章的主要观点进行综述和评论，不但是对前人研究的尊重，也能促使自己思路更加缜密。但问题是，我需要评论的文章并不止这一篇；对于拒绝权这样一个老问题来说，相关的重要文献数以十计。一一述评的话，文章的写法将会是另外一个样子。弄不好，文章将陷入文献综述的密林里，令读者不胜其烦、望而生畏。不评论,也没错。

3. 应当引注的情形

下面根据一般经验,讨论应当引注的几种情形:

(1) 援引学术观点

论证中所涉及的关键环节,包括涉及的重要观点和关键概念,应当援引相关文献并标明出处。

不管是据以作为证成自己观点的论据还是作为商榷、批驳的对象,都应当引注。有的作者愿意引用一些"权威观点"来论证自己,对于与自己不同的意见往往视而不见。这些作者可能害怕引用这些文献会削弱自己观点的说服力,而正面批驳他人观点又容易得罪人。这都不是真诚的学术态度。学术就是不断的辩驳,只有直率的辩驳才能保证学术的发展。

所援引的学术观点,可能是整篇文章、整本论著的核心观点,也可能只是其中的一个重要观点。

引用原文的,原则上都应当注明出处。当然,引用人尽皆知的名言警句不需要特别标明出处,除非它构成论证的核心问题,并需要详细考证。

(2) 案例

论证中提到的案例或者事例,应当标明出处。

司法案例,通常应当在案例名称之后标明审判法院、文书性质和文号。例如,"田永诉北京科技大学拒绝颁发毕业证书、学位证书案,北京市海淀区人民法院行政判决书,[1998]海行初字第142号"。在互联网和电子数据库日益发达的今天,这些信息一般足以帮助读者查找到相关文书。一些较为冷僻的案件,读者不容易找到裁判文书的,可见进一步标明载有这一案件的出版物。例如,"许军营诉昌吉回族自治州劳动教养管理委员会案件,最高人民法院中国应用法学研究所编《人民法院案例选》第2辑,人民法院出版社1993年"。《最高人民法院公报》上的案例,可以只援引《公报》,不再引用裁判文书;最高人民法院发布的指导性案例,一般只援引指导性案例的案号。

引用媒体报道的案例或者事例,应当标明报道该事件的媒体和记者。例如,"杨彦《申报博士点失利 西北政法大学提出行政复议申请》,《人民日报》2009年4月27日"。

(3) 法律

援引最高立法机关的法律条文,一般只需提及该法的名称和条文序数。例如,"《行政处罚法》第32条"。法律文本名称应加书名号,第一次一般用全称,如"《中华人民共和国治安管理处罚法》";以后可以简称,仍加书名号,如"《治安管理处罚法》",但通常不用"处罚法"、"征管法"之类的缩略语。必要时,为方便读者了解该法的背景,可以标明法律文本的制定、修正年份。例如,"《国家赔偿法》(2010年修正)第35条"。对中国读者来说,通常不必详细标明哪年哪月哪日由几届全国人大常委会几次会议通过、中华人民共和国主席令第几号发布、哪年哪月哪日起施行等信息,更不必标明载于哪个出版社的哪本书上;否则,就太"老外"了。

援引法规、规章的条文,参照法律。必要时,可以进一步标明该法的制定机关。例如,"国务院《食盐专营办法》(1996年)"、"公安部2006年制定的《公安机关办理行政案件程序规定》"。

引用规范性文件,由于不那么容易识别和查找,一般需要标明该文件的制定机关和文件号;必要时,进一步标明发布或者施行日期。例如,"《国务院关于在全国建立农村最低生活保障制度的通知》(国发[2007]19号)"、"《最高人民法院关于审理行政许可案件若干问题的规定》,法释[2009]20号"。

一些较早时期发布的规范性文件,很难查找,最好能够进一步标明可供查阅的载体。例如,《司法部关于人民法院在审理案件中如发现某单位在工作中存在缺点时不要用"个别裁定"应用"建议书"的批复》([56]司普字第853号),在互联网和电子数据库中都查找不到。这时,最好标明收录该文件的纸质载体:"司法部编《中华人民共和国司法行政规章汇编(1949—1985)》,法律出版社1998年,646页。"

(4) 统计数据

统计数据应当标明出处。

(二) 引用谁的文献?

实践中,存在一些不恰当引用的现象:一是就便引用,即对相关文献不做系统检索,就便引用自己手头的一两本著作。二是"名家引用",即专门引用名家的著作,而忽略了那些不太有名(包括尚未成名)的年轻学者、学生的文献。三是不当自引或者"友情引用",即专门引用自己的著作或者学术亲朋的著作。作者熟悉自己作品也珍爱自己的作品,对学术亲朋的著作比较了解也比较认同,论及某个主题时立马会想到它们、引用它们,这是很自然的。但如果大量引用自己和亲朋不相关、不重要的著作,却不再去查找其他相关、重要的文献,就过于狭隘了。

应当引用谁的文献是有讲究的。概而言之,应当引用相关的、重要的、原始的文献,并保证引用的全面性和准确性。

1. 相关文献

相关性有大有小。什么样的文献才是值得你引用的?一般来说,应当是它的主题与你讨论的主题一致,才算有足够相关性。你要引用的也是它的核心观点,至少是它着力论证的一个观点,而不是一些无关紧要的片言只语。有的学生喜欢引用人家著作中提到的印象深刻的事例或者貌似精妙的话语,却不注意该著作的核心观点。这样的学生大概还没有学会引用。

我的《行政诉讼撤诉考》主要是以撤诉问题为切口,展示和分析行政诉讼制度面临的困境。文章强调,司法权威的缺失是问题的关键原因,没有一个独立的法院,行政诉讼走不出困境。这篇文章被人多次引用。然而,有的只是引用其中一两句闲话,如"法院在行政诉讼中既要防止被告规避法律,也要防止原告规避法律";有的只是引用论证过程中的一个小观点,例如"法院不仅容忍原告撤诉,甚至动员原告撤诉";还有的甚至仅仅转述文章提到的一个数据,"个别地区的撤诉率竟然一度高达81.7%"!这种引用就不太合适,让人感觉"翻到哪页引哪页"。

2. 重要文献

援引前人观点,不遗漏重要的观点。所援引的文献,不是仅仅对自己有启发的观点,而是学术讨论中所有重要的文献。这一点要求查找资料时穷尽相关文献(参见第二讲"文献")。同一观点有多人表述的,应引注最早的著作,或者同时引注其他有代表性的著作。"普遍认为"、"主流观点",原则上应当援引至少三种权威文献。

有相反观点或者材料,如果在正文中没有专门交代,也应在引注中交代。例如,在一篇文章中,我提到:"对行政诉讼受案范围讨论的总体倾向是扩大行政诉讼受案范围。"在引注中,我列举了三篇主张扩大受案范围的文章,接着写道:"但也有人认为,当前对司法审查理论研究不到位、法院对扩大受案范围不适应、我们国家的监督体制是以代表机关为主而不是以司法机关为主,我国行政诉讼受案范围目前不宜扩大。"同时援引了一篇相关文献。

3. 原始文献

相同内容的资料来源,原则上应当引注原始文献。

目前,人大《复印报刊资料》、《中国社会科学文摘》、《新华文摘》等出版物转载或者摘登已经在法学刊物上发表的论文。这些工作为读者了解学术动态、查阅论文提供了一些方便,在一定程度上也起到学术评价的作用;但它们都是二手文献,不宜直接引用。

互联网上也有大量已经发表的学术论文,同样不能直接引用。有的学者提出,在引用互联网文献时,"如知道文献原文的发表或出版事项,应将有关的信息加上"。[1]这是不够的!作为一条原则,作者有义务查检文献是否发表;已经发表的,就应当标注发表的信息。贺卫方教授《二十年法制建设的美与不足》,

---

[1] 罗伟主编《法律文献引证注释规范(建议稿)》,北京大学出版社2007年,32页。

明明发表在《中外法学》1998年第5期,还引用什么"北大法律信息网"?而且,还把写作年份搞成了2002年![1]

同一篇文章在学术期刊上发表后再收入文集的,一般只引注学术期刊信息,不引文集。这也是对学术期刊首发权的尊重。在一些情况下(例如,为了便利读者查找),可以在引注期刊信息后同时援引文集。例如,"苏力《制度是如何形成的?关于马伯里诉麦迪逊案的故事》,《比较法研究》1998年第1期,后收入作者文集《制度是如何形成的》,中山大学出版社1999年"。

在少数情况下,原始文献确实不易查找,需要转引第二手文献的,也应当转引比较权威的来源。但作者不去努力查找原始文献,大量转引二手文献,会降低论文的可信度。

(三) 如何引用?

这里讲的是引注体例,包括引注信息的内容选择、引注符号和引注信息的排版格式。

法学论文的引注通常采用页下脚注。有的刊物采取篇末尾注,经济学、社会学、政治学论文多见。尾注的好处是正文页面比较干净。但当读者需要查阅注释时,前翻后检,很麻烦;而且,一些解释性的注释还得采取页下脚注,实际上两套注释方法并用,也很啰唆。所以,法学论文采取篇末尾注很少见,采用页下脚注才是"国际惯例"。

引注符号一般全文连续编码;脚注较多的,可以采取各章连

---

[1] 罗伟主编《法律文献引证注释规范(建议稿)》,北京大学出版社2007年,32页。

续编码。有的采取各页连续编码,好处是简单明了,缺点是前后不能照应,不提倡。

引注符号用阿拉伯数字,有的还加圆圈或方括号。对整句话的引注,引注符号置于句后标点符号外;其余情形,引注符号一般放在句中标点符号前。引注整句话的,可以在引注符号之后空一个字符,以使版面疏朗美观些。例如:

> 在行政诉讼法起草过程中,关于受案范围问题曾有热烈的讨论。[1]立法最终以列举的方式规定了应当受理的案件范围,以及4种不能受理的案件类型。比起此前各个单行法,《行政诉讼法》对受案范围"有所扩大"[2],但与概括式规定的主张还相距很远。

引注信息的基本要求是,保证提供引证文献的必要信息。何为"必要信息",视引证对象而定。一般来说,引用专著应当标明:作者,书名,出版社及出版年份、版次(第1版的可以省略),

---

[1] 立法过程中的相关讨论和争鸣,参见金俊银、邱星美《试论我国行政诉讼的范围》,《西北政法学院学报》1988年第3期;姜明安、刘凤鸣《行政诉讼立法的若干问题研究》,《法律学习与研究》1988年第3期;肖峋《行政诉讼受案范围的比较研究》,《法律学习与研究》1988年第6期;张尚鹫《试论我国的行政诉讼制度和行政诉讼法》,《中国法学》1989年第1期;王名扬《评行政诉讼法草案》,《政法论坛》1989年第1期;俞梅荪、孙林《行政诉讼法草案修改意见综述》,《法制日报》1989年3月15日;张树义《行政诉讼法(草案)若干争论问题再思考》,《法学》1989年第3期。其中最后两篇文章,针对公布的法律草案,明确主张采用概括式规定。

[2] 王汉斌副委员长在第七届全国人大第二次会议上所作的《关于〈中华人民共和国行政诉讼法(草案)〉的说明》。

页码或章节。引用文章,除了作者和文章名以外,如果该文发表在刊物上,还应当标示刊物名及卷次;如果刊载在编辑作品中,则应标示编者、书名、出版社及出版年份、版次(第1版的一般省略)、页码或章节;如果刊载在报纸上,则应当标示报纸名及日期,有的要求标明版次;如果上传到互联网上,则应当标示网站名和网址。引注翻译作品,还应标明译者。遗漏上述信息之一的,都属于不完整的引用。

在引注信息的内容确定后,还有一个如何排列这些信息的问题。目前,中文法学论文的引注还没有统一的体例,遵循一种通行的格式就可以。比较通行的有这样几种:一是《中外法学》、《中国法学》、《法学研究》等多家刊物所使用的体例(其中略有不同),姑且称为"法刊体"。二是高校文科学报上统一使用的体例,姑且称为"学报体"。[1]此外,还有《北大法律评论》开创的搬用《哈佛法律评论》的体例,姑且称为"哈佛体"。这种体例有些"食洋不化",现在很少人用了,连《北大法律评论》自己也改了。

下面以引用报纸文章、期刊文章、专著为例,简单说说前两种体例的区别。

"法刊体":

[1] 宋华琳:"行政基本法要在审慎中前行",载《法制晚报》2012年4月16日,第5版。

[2] 林来梵、刘义:"新中国宪法变迁的见证——读《中

---

[1] 见教育部办公厅发布的《中国高等学校社会科学学报编排规范(修订版)》,教社政厅〔2000〕1号。

华人民共和国宪法史》",《政法论坛》2005 年第 5 期。

　　[3]瞿同祖:《中国法律与中国社会》,中华书局 1947 年版,第 140 页。

"学报体":

　　[4]宋华琳.行政基本法要在审慎中前行[N].法制晚报,2012-4-16(5).

　　[5]林来梵,刘义.新中国宪法变迁的见证——读《中华人民共和国宪法史》[J].政法论坛,2005,(5):188—191.

　　[6]瞿同祖.中国法律与中国社会[M].北京:中华书局,1947.140.

这两种体例各有优缺点。在法学圈中,"法刊体"使用更广泛,似乎也更为大家所接受。从作者角度而言,投稿时应当尽可能使用目标刊物要求的体例,这样可以节省刊物编辑的工作量。但从学术刊物和出版社的角度而言,仍然可以继续探索一个更优的体例。这需要通过不同刊物之间互相参照获得相对的统一,而不宜由政府部门贸然做整齐划一的规定。

下面以"法刊体"为基础,讨论我个人比较偏好的体例。我的基本观点是:在保证提供必要信息的前提下,引证文献应力求文字简省、意思连贯,符合阅读习惯。有的格式满篇"著"、"版"、"载",又是逗号又是冒号,还有出版地址,在我看来有些冗余,可以省略。例如,"参见[德]哈特穆特·毛雷尔著,《行政法总论》,高家伟译,北京:法律出版社,2000 年版,第 55 页",读起来磕磕绊绊,不如"[德]哈特穆特·毛雷尔《行政法总论》,高家伟译,法律出版社 2000 年,55 页"来得痛快。

以下是我个人通常使用的学术文献的引注体例:

1. 引注已经发表的著述文献

下面先提供3个范例,然后对相关问题进行说明和例示。

　　[7] 张春生《对全国人大专属立法权的理论思考》,《行政法学研究》2000年第3期;

　　[8] 参见[德]哈特穆特·毛雷尔《行政法总论》,高家伟译,法律出版社2000年,第四章"行政法的法律渊源",尤其是55、64—68页;

　　[9] 俞梅荪、孙林《行政诉讼法草案修改意见综述》,《法制日报》1989年3月15日。

(1) 信息顺序与间隔

引用专著的信息顺序为:作者,书名,出版社及出版年份、版次,页码或章节。

引用刊物、文集、报刊上文章的信息顺序为:作者,文章名,刊物名及卷次;作者,文章名,编者及书名,出版社及出版年份、版次,页码或章节;作者,文章名,报纸名及日期。

引注翻译作品,还应在原作者和书名(文章名)之后,加上译者。

"法刊体"的常例是,作者与书名、文章名之间加一个冒号。我个人更倾向于作者与书名、文章名之间不加逗号、冒号等标点,因为书名号足以标志隔断,不另加标点看上去更加干净、连贯。同样道理,出版社与出版年份、版次之间不用标点隔断;刊物名与卷次、报纸名与年月日之间,也不用标点隔断。

(2) 引领词

直接引用文献的,省略引领词"见"。间接引用的,一般要求加引领词"参见";但也可以不加,因为从引文上是能够看出直接引用还是间接引用。如显示其他支持性文献,可用"另参见";其他不同见解或者否定性文献,则加说明性字句,例如"不同的观点,参见……"。

(3) 作者(及编者、译者)信息

编辑、整理作品的编者(主编)、整理者与书名间,应用括号表明"编"、"主编"或者"整理";个人创作的作品,作者后省略"著"。翻译作品的译者后加"译",置于原作者和书名(文章名)之后。

作者姓名后不加"教授"之类的头衔。但如果文章有显示作者身份的特殊需要,可以用括号注明作者身份,例如"李国光(上海市高级法院副院长)《在上海法院第三次行政审判工作会议上的报告》,1994年3月10日"。

作者、编者、译者两人以上的,应显示全部作者、编者、译者名字。

(4) 文章名与书名

文章名和书名,均用书名号标明。有的要求文章名用引号,这是从英文的引注体例搬用过来的,有些"食洋不化",因为英文没有书名号,只好用引号。

文章名和书名应当完整。名称冗长,而又将反复出现的,可以使用缩略名,但应在第一次出现时说明。

(5) 出版机构和时间

正式出版的著作,应当标明出版机构和出版时间。但人所共知的经典文献,通常可以省略出版机构和出版时间(需要考订版本的除外)。例如,"《礼记·儒行》"、"《圣经·出埃及记》"、"《马克思恩格斯选集》第1卷"、"中共十三大报告"。

书的出版时间只写年份不写月份,除非文章有特殊需要。

出版年份后可以不写"出版"或"版";修订版或者再版的,应予标明,如"翁岳生编《行政法》,2000年第2版"。

出版社地点以及报刊的出版地点,一律省略。"学报体"要求写"北京:法律出版社,2012年",我很厌烦。这年头,谁不知道法律出版社在北京?

(6) 刊载信息

引注定期出版刊物和报纸上的文章,省略刊物的主编、出版社等信息;文章名与刊物名、报纸名之间,省略"载"或者"载于"字样。

引注学界周知的其他连续出版物(包括各种以书代刊的"论丛")上的文章,也可省略上述信息。例如,"高家伟《论行政诉讼举证责任》,《行政法论丛》第1卷(1998年)",而不写"高家伟《论行政诉讼举证责任》,载罗豪才主编《行政法论丛》第1卷,法律出版社1998年"。

引注其他文集(包括多位作者文章的合集和单个作者的文集)上的文章,除了文章作者和文章名,还应提供文集的编辑和出版信息,可用"载"或者"载于"标明,例如"叶必丰《公务论研究》,载刘革、马怀德、杨惠基主编《中国行政法学新理念》,中国方正出版社1997年"。

(7) 页码等具体引注信息

书的页码,用"第×页",超过第10页的,可以省略"第"字;

连续 2 页以上的,用连字号标注起始页和结束页,如"90—103
页";涉及两处以上的,页码间用顿号标明,例如"8、15、60—88
页"。有的模仿英文中的"p.103"写"页 103",不符合中文习惯,
读起来怪怪的。还有的写"××页以下",有开始页没结束页,也
不太好。

如果标注章节或者其他顺序标记能够更清晰地显示引文在
原文中的位置,可以不写页码,只写章节等其他顺序号。例如,
"最高人民法院中国应用法学研究所编《人民法院案例选(1992
-1999 年合订本)·行政卷》,中国法制出版社 2000 年,案例
17、18、37、38"。

引用刊物上的文章,一般不再标明页码。如果文章篇幅特
别长,为查找方便,也可进一步标明引注内容在刊物中的页码,
例如"参见高家伟《论行政诉讼举证责任》,载《行政法论丛》第 1
卷(1998 年),440 页"。

引用报纸上的文章,注明报纸名称及年月日后,可以进一步
标明版次,例如"《法制日报》2002 年 8 月 16 日第 8 版"。

2. 引用互联网上的文献

如果文章已在传统媒体和出版物上发表,原则上应引用传
统媒体和出版物上发表的文章;传统媒体和出版物未刊载的,可
以引用互联网上的文献;传统媒体和出版物曾经刊载但不易查
阅的,可以转引互联网上的文献,但应注明转引。

如果多个网站都有该文献,原则上应当引用最初发表的文
献;最初发表情况难以确认的,可以引用比较权威并且性能稳定
的网站上的文献。

引用互联网上的文献,引领词、作者、文章名参照前述做法。在作者和文章名之后,标明网站名称和网页地址。例如,"任重远《镇坪强制引产事件终结 当事人获七万余元补助》,财新网 http://china.caixin.com/2012-07-11/100409832.html"。

有的刊物要求引用互联网信息必须标明最后访问日期,如"××××年×月×日最后访问"。我觉得这没有什么意义。倒是该信息上传到网站的时间,如果能够确认,最好予以标明。例如,"贺卫方《'三个至上'谁至上》,新浪博客 http://blog.sina.com.cn/s/blog_488663200100atga.html,2008 年 8 月 27 日"。有的网站在其网页地址中已经标明了上传日期,则不必重复标明。例如,"《国务院同意部分城市进行对个人住房征收房产税改革试点》,新华网 http://news.xinhuanet.com/2011-01/27/c_121032896.htm"。这里的"2011-01/27"就是它的上传日期。

3. 引用未发表的文献或者口头讲话

引用未发表的文献或者口头讲话,应征得作者同意(不涉及秘密的官方报告除外),并适当注明文献产生、保管或者公开之时间、地点和方式。例如,"何海波《行政诉讼受案范围:一页司法权的实践史(1990—2000)》,中国行政法学会 2001 年会论文";"上海市浦东新区法院行政庭《2001 年行政庭工作总结》"。

要注意的是,如果相关文献已经发表的,应当引用发表后的文献。是否已经发表,需要做一番检索;如果能够联系并询问被引文献的作者,则是最安全的。

4. 引注外文文献

引注外文文献，直接使用该外文。外文文献的引注体例，适用各自语种的引注惯例。

有的作者把外文文献相关信息译成中文，以为这样可以更好帮助读者了解。其实，现在的读者多能看一点外文（尤其是英文），不翻译也能看懂或者猜出一二；译成中文后，有时反而不易理解，也不方便读者查找，实在是吃力不讨好。确有需要的，可以在相关外文后用括号标注中文。

5. 转引

转引文献，先注明原始作品的相关信息，再用"转引自"引领转引所依据的文献。例如，"*See* Abhor *v.* Northeastern Railway Company, 11 Q. B. 440（1883），转引自高家伟《论行政诉讼举证责任》，载《行政法论丛》第 1 卷(1998 年)"。又如，"王晓旭《对有关村委会选举的一百封上访信的分析》，《中国农村观察》2001 年第 1 期，转引自村民自治网 http://www.chinarural.org/llyt/cmzz/2000/6/4.htm"。

6. 重复引用

在同一文章中多次引用同一文献，第一次应全面显示上述信息，以后可以省略出版社及出版时间、刊物名称及卷次等信息，只写作者（编者）和书名（文章名），前面标注"前引"，例如"前引应松年主编《行政行为法》，58 页"；翻译作品的，还可以省略译者名字，只写原作者和书名（文章名），例如"参见前引毛雷尔《行政法总论》，155 页"；有多位作者（编者或译者）的，可以只写第一作者（编者或译者），后加"等"，例如"前引刘莘等主编《中国行政法学新理念》"。

省略信息、交叉引用也有个麻烦：读者需要上下翻检、找来找去；而一旦文章修改，许多信息更是容易颠三倒四。我现在写文章做引注，一般不省略信息。只有连续两个引注内容相同的，才在后一引注中写明"同上"，然后省略信息；如果需要，可再注明页码。为保险起见，建议还是把信息写全。

7. 一个引注、多篇文献

在一个引注下同时出现多篇文献的，原则上按文献发表的先后顺序排列。有其他补充或者反对意见的，把补充或者反对文献放在后面，并加以说明。例如，我在讲到"学者们普遍同意，未来的《行政程序法》在主要调整外部程序的同时也应当调整部分内部程序"时，注引文献如下：

> 王万华《行政程序法的内容分析及中国立法的选择》，《行政法学研究》2002年第2期；邢鸿飞《行政程序立法中的三组关系》，《法学》2002年第9期；杨海坤《中国行政程序法典化构想》，《法学评论》2003年第1期；姜明安《制定行政程序法应正确处理的几对关系》，《政法论坛》2004年第5期；应松年《中国行政程序法立法展望》，《中国法学》2010年第2期。罕见的反对声音，参见郑六一《行政程序法的价值和内容选择》，《中国行政管理》2002年第12期。

五 作者信息、题注、附录和参考文献

作者信息、题注、附录和参考文献，都是文章的附属部分。

(一) 作者信息

学位论文对作者信息有专门要求,从其格式;发表的文章,各个期刊也有自己的格式,从其格式。

多数期刊在标题之下、作者名字之后,插入一个特别的脚注符号"*",然后把作者信息写在脚注中。也有的期刊在文章摘要之后,另起一行写作者信息。

一般来说,发表的文章只标明作者的学习、工作单位和学术头衔(职称、学历)。例如,"刘信一,清华大学法学院硕士研究生";"林来梵,法学博士,清华大学法学院教授"。

有的刊物标注作者的电子邮箱、通讯地址等联系方式。写明电子邮箱值得提倡。

一些刊物要求标明作者年龄、性别、民族、籍贯等个人信息,例如,"×××(1971—) 女,蒙古族,内蒙古达拉特旗人,内蒙古大学法律系副教授,博士"。虽然这有助于读者了解作者的情况,但有些过度披露,似乎并不可取。

还有的刊物标上作者的行政职务和社会身份,例如"××学会副会长"、"××院长(处长)"等等。这与学术刊物的风格不太和谐,在学术刊物上不合适。标注"硕士生导师"、"博士生导师"之类的信息,好像也没有什么意义。

(二) 题注

题注一般用来说明论文写作的起因,相关论文的发表情况,对于他人的资助、帮助、指导、评议表示感谢。在学位论文中,许多同学在文章之后写个"后记"。论文发表的,这些内容习惯上写在文章开头的脚注中,在作者信息之后另起一段。

题注不是论文必要的部分。题注内容尽量简要,实事求是。特别是谢辞,要感情诚恳,言语得体,不要过多的溢美之词。对他人提供的帮助应当写得尽可能具体而简略。"错误之处概由本人负责",一般情况下不必说明。因为,本来就是文责自负的。

下面是我的两个事例:

> 题注实例1:何海波《通过村民自治的国家治理》

本文曾以"国家治理视角中的村民委员会"为题,发表于罗豪才主编《行政法论丛》第5卷。此次修改,主要增加了"通过村规民约的治理"这部分,附录"相关法律文件摘要"也做了相应增修。初稿完成后,李洪雷、章永乐、石红心、宋华琳以及课题组成员曾经给我提出若干修改意见,谨表感谢。

> 题注实例2:何海波《晨光初现的正当程序原则》

本文的写作开始于1999年,主要部分是在耶鲁大学法学院中国法中心访问研究期间完成。写作过程中先后与十多位法官进行了访谈和讨论,清华大学法学院研究生管君协助我统计了《人民法院案例选》上的全部行政案例。文章初稿曾经在哈佛、哥伦比亚和耶鲁等大学法学院做过讨论,文章的修改稿还曾经在中国法学会行政法学研究会2008年年会和中央财经大学法学院做过报告,多位学者和法官给予评论和指正。作者特别感谢行政法官给予的帮助,以及 William Alford、Benjamin Liebman、Paul Gewirtz、Thomas Kellogg、Jeffrey Prescott、程金华、江必新、朱芒、章剑生、余凌云、高秦伟、李洪雷、杨利敏、宋华琳、毕洪海、王贵松、骆梅英等前辈同仁的批评意见。当然,所有错误由作者本人负责。

(三) 附录

特别冗长的说明或者图表,可以放在附录中。

在《中国行政法学的外国法渊源》中,我做了 5 个表格,分别为早期的行政法著作、行政法学者、行政法学概念体系的继受、外国行政法译介著作统计和《行政法学研究》文献引用统计。这几个表格,少则半页,多则 3 页,加在一起占了接近一半的版面。如果插在正文中,将大大影响思路的连贯,只好作为附录放在文后。

(四) 参考文献

多数法学论文把参考文献在引注中标明,不在文后另列。学位论文通常要求在文后单独列出完整的参考文献目录。我国早在 1987 年就制定了《文后参考文献著录规则》(GB7714—1987),作为国家标准施行。目前施行的是 2005 年修订的版本(GB/T7714—2005)。

一般来说,参考文献中所列的论文或著作应当是作者在论文中提及过的文献。否则,有"假引"之嫌。

参考文献的排序有多种方法。有采顺序编码制,即按照文献在正文中出现的先后,按照作者、题名、出版事项的顺序逐项著录;也有采用"作者—出版年制",即首先根据文种归类,然后按照文献作者的字母(拼音)顺序排序,同一作者有多篇文献的按照其出版先后排列。按作者姓名顺序排列,方便读者查找,也是较通行的办法。[1]

按作者姓名顺序排列,作者是中国人的,姓在前、名在后,比较自然;作者是西方人的,名在前、姓在后,就需要做些调整:把作者(合作作品的,则为第一作者)的姓放在前面,逗号之后再写名和中间名。例如,Stanley B. Lubman 的《笼中之鸟:毛泽东之后的中国法律变革》,就写成:Lubman, Stanley B., *Bird in a Cage: Legal Reform in China after Mao*, Stanford University Press, 1999。

六 目录、摘要和关键词

严格地说,论文目录、摘要和关键词都不是文章本身的内容,而是为了便利人家理解或者查找而做的"导读"。下面分述之。

(一) 论文目录

论文篇幅较长的,需要一个目录。建目录有两方面的好处:

---

[1]《文后参考文献著录规则》GB7714—2005 规定:"正文中引用文献可以采用顺序编码制,也可以采用'著者—出版年'制。"

就作者而言，有助于更好地检视和调整论证思路，使论文结构更加严谨、匀称；就读者而言，有助于最快地理解论文的框架结构，抓住作者的论证思路。

学位论文要求建目录，一般采用三级目录。国外和我国台湾地区的法学刊物，多在论文篇首刊载细目。中文法学刊物上的文章，传统上不加目录；但现在也有刊物，如晚近创刊的《清华法学》《交大法学》，开始给文章加上一级或者两级目录。

建论文目录，一要注意与正文标题对应，二要注意排版。

（二）论文摘要

论文摘要，有的称"内容提要"，是简要地概括论文所研究的问题、所运用的方法和所得出结论的短文。

1. 为什么要写摘要？

论文摘要的作用有两个方面：

一是让读者迅速了解论文的主要内容。读者接触到论文后，光看标题往往难以判断论文所研究的问题、作者的观点，摘要就担负着介绍文章主要内容的任务。读者看了摘要，大体能够判断这篇论文是否属于他感兴趣的，对他而言是否有价值，从而决定是否需要进一步阅读。理论上，读者无需阅读全文，光读摘要就应能够获得文章的主要信息。

二是便利报刊汇编和读者查找。随着电子数据库和互联网的发展，网上检索已成为文献检索的主要手段。在标题和关键词之外，论文摘要也成为读者检索文献的重要途径。作者自己撰写论文摘要，在论文发表后，文摘杂志或各种数据库可以直接利用。这也可以避免他人编写摘要可能产生的欠缺甚至错误。

2. 如何写摘要?

摘要是对论文核心内容的客观概括,而不是对论文的诠释和评价。这一点可以拿摘要与论文的导论、结论做比较。论文导论中提示文章观点或者写作框架,往往用第一人称、将来时态。摘要则用第三人称叙述,使用一般现在时态。例如,说"文章论证了"、"该文提出了",而不用"我们认为"、"本文将论证"等语。其次,摘要涉及研究的成果,与论文结论有重合之处,但摘要不是对论文结论的重复。不要对论文内容作诠释和评论,尤其是自我评价。

摘要是一篇完整的短文,要做到意思连贯、语言简明、用词精到。摘要的字数通常在 100—300,不分段。长篇论文(如硕士、博士学位论文)的摘要篇幅可以稍长(但以不超过一页纸为宜),可以视情况分段。摘要虽然简短,先写什么、后写什么,也要有逻辑顺序、上下连贯。摘要的概括性较强,难免使用复合句和长句子,但还是要注意句型不能太复杂,慎用长句,力图使每句话的意思都清清楚楚。尽量使用通用的名词,慎重使用非公知公用的术语;尚无合适、周知中文译法的外来词,可以用括号注明原文。

在有限的篇幅中尽可能充分地传达信息。可以利用文章中的语言来阐述你的问题、方法和结论,尽量提供新鲜、具体的信息。不要陈述本学科领域已成为常识的内容,避免笼统空泛的论述和结论,切忌把写作背景、研究目的等应在导言中出现的内容写入摘要。

除非论文的主要贡献在于证实或否定了他人已出版著作中的重大观点,摘要不引用他人文献。在任何情况下,摘要都不得加引注。

3. 不恰当的论文摘要

这里举几个不恰当的论文摘要,再举几个可以参考的摘要。

一篇题为"允诺禁反言原则:价值功能与适用"的论文,摘要如下:

> 允诺禁反言原则是英美合同法中的重要制度。本文采用历史的、比较的方法对该制度进行了系统、深入的分析,以期对我国的合同法律制度的完善提供借鉴。

这样的摘要几乎不能提供关于文章内容的任何信息,自然也引不起读者的兴趣。

我自己写的《中国行政法学的外国法渊源》,摘要提及了所研究的问题和所运用的方法,却没有指出研究结论的具体内容,也是个很失败的摘要:

> 文章通过对译介外国行政法的中文书籍、行政法学者的留学背景、行政法学概念移植的整理,以及对当代译介外国行政法的文章和行政法论文引用外国文献情况的统计,分析了各个时期不同国家对中国行政法学的影响,并反思中国当代的比较行政法研究。

在学生论文的摘要中,一个常见毛病是大段地阐述写作背景、目的和研究方法等,而对文章的主要内容、特别是作者观点却很少交待。下面这篇题为"卖淫嫖娼案件中的调查取证研究"

的论文摘要,就是一例:

卖淫嫖娼作为一种社会丑恶现象,长久以来一直是我国公安机关在治安管理中重点打击的对象。近些年来,随着社会的不断发展,卖淫嫖娼行为也呈现出新的特点,使公安机关在查处该类案件的过程中遇见了许多理论和实务操作层面的问题。本文在充分解释卖淫嫖娼行为之法律界定的基础上,尝试以卖淫嫖娼案件的查处过程作为研究对象,结合笔者自己在公安法制部门和实际办案部门了解、收集到的资料和问题,运用实证分析和比较分析的研究方法,分别从卖淫嫖娼案件的证据、查处程序和公民权利的救济这三方面进行分析和讨论,以期使公安机关在今后的办案实践中能在比较完善的法定依据下更好地开展对该类案件的查处工作,在积极行使警察行政权能保障社会安定和谐的同时,更加关注对相关公民权利的尊重和保护问题。

全文主要分为三大部分。第一部分从分析目前卖淫嫖娼案件证据的特点出发,讨论了该类案件进入公安机关查处阶段在证明责任和证明标准上的认定问题,以及实践办案过程中在证明手段上所存在的一些问题。第二部分着重从该类案件的查处程序上进行分析,主要从听证程序、对涉案人员家属履行通知义务以及对涉案人员的公示处理这三方面所存在的问题进行讨论,提出自己对这些问题的看法和建议。第三部分围绕公民权利的救济这个话题,从该类案件中涉案人员如何寻求权利救济以及救济的现实情况出发,讨论警察行政权的行使如何能与公民合法权利的保护和救济之间达到平衡与协调。

下面附本人曾经做过的几个摘要(以及关键词),相对规范一些。当然,读者还可以评论它们的得失。

> **内容摘要实例1:何海波《没有宪法的违宪审查:英国故事》**(全文2.7万字,摘要166字)

通常认为,在议会主权之下,英国没有违宪审查。但是,如果把违宪审查看成规避议会"恶法"的实施效果,那么英国实际上已经形成独特的违宪审查。它们包括普通法外衣下法院对议会立法的变相抵制,议会立法自身授权法院的审查,以及通过重新解释不成文宪法而获得完全意义上的违宪审查。英国的经验对我国未来人民代表大会制度下建立违宪审查具有特别的启示。

关键词: 议会主权　违宪审查　英国

> **内容摘要实例2:何海波《具体行政行为的解释》**(全文1.4万字,摘要198字)

具体行政行为的解释是行政行为的一种相对独立的形态,也是法律行为解释的一种类型。行政机关在特定情形下负有解释的义务。对具体行政行为的解释应当遵循合法原则、诚实信用原则和信赖保护原则。行政决定文书的字面含义、行政决定过程中相对人的交涉以及行政惯例和社会习惯,都可以用来解释具体行政行为。对具体行政行为解释的审查,应当坚持表示主义与意思主义相结合的原则,尊重行政机关的裁量权力,同时防止其滥用解释权力。

关键词：法律行为的解释　具体行政行为　行政行为的型式化

> **内容摘要实例 3：何海波《公民对行政违法行为的藐视》（全文 2.67 万字，摘要 292 字）**

公民能否对行政违法行为直接采取抵制行动,是法治秩序建构中一个不能绕开而又不易解开的问题。渊源于大陆法学理的无效行政行为理论,没有为公民拒绝权提供一个完全对应的分析框架,不应把两者简单对接。英美法重在关注是否容许当事人在事后诉讼中对行政违法行为提出间接抗辩,更有实践意义。中国的立法和司法对公民拒绝权给予了相当广泛的承认,其设定的标准有别于"重大明显违法"这一通常所理解的无效行政行为构成要件。原则上,行政行为严重违法侵犯公民实体权利,公民在不能获得及时、充分救济的情况下,采取适当方式予以抵制,都应当允许。承认公民的拒绝权是对公民行政法主体地位的尊重,也是对良好行政和实质法治的追寻。

关键词：行政违法行为　公定力　行政行为无效　间接抗辩　公民拒绝权

(三) 关键词

一篇论文通常在摘要之后,列 3—5 个词或者词组作为关键词。列出关键词是为了方便文献检索机构编制索引和二次文献,也便于读者通过数据库检索到你的文章。关键词设定得好坏,影响到论文的被检索率和被引用率。

论文的关键词应当反映论文的主题,能折射论文的主要观点。关键词的设定既不能太宽泛,也不能太生僻。设得太宽泛,例如把"法律"、"规范"也列进去,你的论文将被很多不想要的检索者获取(你的论文对他们来说很可能是垃圾信息);设得太生僻,譬如列"法的内生结构"、"政策问题法律化"什么的,人家永远也想不到这个词或短语,你的文章也不容易被检索到。最好的关键词是,那些想要你论文的人很快能够找到,不想要的人不会文不对题地撞上。

关键词一般从论文标题或者小标题中选出;少数情况下,论文标题或者小标题没有合适的词,则从正文中选择。关键词的选取应当注意通用性。有的文章介绍,在选用关键词时可以参考《汉语主题词表》或者《中国分类主题词表》。[1]前者由于该书出版较早(1980 年),对于法学这样主要在最近三十多年发展起来的学科,已经完全过时;后者稍好,但也不一定合用。学术研究中会不断创造和使用新词,任何一本主题词表都会显得滞后。

---

[1]《汉语主题词表》,科学技术文献出版社 1980 年;《中国分类主题词表》,北京图书馆出版社 2005 年第 2 版。

由于很多作者对关键词标引的目的和要求不明白,论文关键词标引出现许多不规范现象,例如揭示主题不深、主题信息遗漏、标引信息冗余。[1]一篇讨论警察当场盘查的论文,在关键词一栏列举了"当场盘查"、"拦截搜身"等词,却遗漏了"警察权"、"行政检查"等关键概念。一篇讨论行政审判体制的文章,所列的关键词除了"行政诉讼"、"行政审判体制"、"行政法院",还有"一元制"、"二元制";后两者意思过于含混,不适合做关键词,写在这里也是多余的。

七 英文翻译

论文写好后,常常需要把部分或者全部内容翻译成英文。一些中文刊物在刊发论文的同时,也会发个标题或者摘要的英译。这本来是为了方便国际交流,扩大国际影响,但有些翻译实在惨不忍睹,只怕连老外也看不懂——如果还有人看的话。

下面简要说说翻译标题、作者信息、摘要和法律术语时,应当注意的一些事项。

(一) 标题的翻译

英文标题应当让英语学术圈的读者明白。同一篇论文,其英文标题与中文标题的意思原则上应当一致,这不等于说两者

---

[1] 张建蓉、陈燕《学术论文中关键词标引的常见问题剖析》,《编辑学报》2003年第2期;马利《社科学术论文中关键词的标引》,《中央民族大学学报(哲学社会科学版)》2007年第4期。

要一一对应。有些术语在英文语境下没有对应的词,必须变通;直译的话,很可能让人摸不着头脑。

标题要简洁。能准确反映论文主题的前提下,标题字数越少越好。但缩略词语应当慎重使用,除非它已得到整个学术圈的公认。

标题字母的大小写有以下两种格式:一是全部字母大写;二是每个词的首字母大写,但冠词、连词、介词全部小写。第二种格式使用最多,建议使用这种格式。

(二) 作者信息的翻译

中国人名按汉语拼音拼写。按照国家关于中国人名汉语拼音字母拼写规则,姓置于名之前。[1]例如,"何海波"就译"He Haibo",而不是过去常见的"Haibo He"。为了避免姓、名混淆,一些学术刊物采取姓氏全部大写、名字首字大写。这样,"何海波"就写成"HE Haibo"。这不失为一个好办法。

作者的单位名称尽可能采用本单位统一的译法。例如,"清华大学"就写"Tsinghua University",而不是"Qinghua University";"国家行政学院"就写"National School of Administration",而不是别的自创译法。

(三) 摘要的翻译

英文摘要时态的运用以简练为佳,常用一般现在时、一般过

---

[1]《中国人名汉语拼音字母拼写规则》,国家标准 GB/T 28039—2011,2012 年 2 月起实施。

去时,少用现在完成时、过去完成时,进行时态和其他复合时态基本不用。一般现在时用于说明研究目的、叙述研究内容、描述结果、得出结论、提出建议或讨论等。一般过去时用于叙述过去某一时刻(时段)的发现、某一研究过程(实验、观察、调查等过程);所描述的研究过程也明显带有过去时间的痕迹。

英文摘要采用何种语态,既要考虑摘要的特点,又要满足表达的需要;在一篇摘要中,尽量不要随便混用,更不要在一个句子里混用。在科技论文中,以前强调多用被动语态,理由是科技论文主要是说明事实经过,至于那件事是谁做的,无须——证明。但现在主张摘要中谓语动词采用主动语态的越来越多。主动语态有助于文字清晰、简洁,表达有力。

英文摘要行文时可以用第三人称,例如 this paper;最好不用第一人称。

把中文摘要翻译成英文可能碰到一个特殊的问题:中文读者在看了中文摘要后比较明白,不详之处还可以从主文中获得全面的信息;但英文读者一般看不懂中文,英文摘要成了他唯一的信息源。因此,翻译的时候可能有必要作一点解释或者补充。

(四)法律术语的翻译

法律术语的翻译向来是个难题。由于一些法律概念在英美法中没有对应的词汇,生硬的译法很容易让人不解或者误解。一般来说,这个问题可以通过查阅一些中英法律词典来解决。但中英法律词典也不尽可靠,最好找找《布莱克法律词典》、《元照英美法词典》等比较可靠的工具书,看看这个概念在英美法中是什么含义。如果一个英文短语在 google 上头一页都出自国人之手,那就要特别慎重。译成英文的目的是与英语学术圈的人交流,法律术语必须尊重他们的语言习惯。

关于行政法一些术语的翻译,我曾经做过一个尝试,可供参考。[1]

练习:

1. 就你选定的主题,写一个文献综述。
2. 根据一篇论文,写一个内容摘要,以及 3—5 个关键词。
3. 查核和纠正一篇论文中不恰当的引注。

---

[1] 何海波《中国行政法学若干关键词的英文翻译》,《行政法学研究》2011 年第 3 期。

第六讲

行 文

常见问题

1. 大段文章一"逗"到底
2. 一页纸满满一段话
3. 标题序数"(一)"后面还加个顿号

文章除了言之有物,还必须讲究修辞、注意结构,让它读起来有声有色,看上去版式美观。

怎么样才能让文章好读呢？关键的一条是,你心里必须有读者。你要意识到,写每一段、每一句都是跟读者在交流。有句话很好(忘了在哪里看到的):"作者必须时刻牢记,他要努力引起读者的注意并保持读者的兴趣。听众出于礼貌得把讲演一直听完,而读者在任何时候都可以放弃阅读。而一旦他放弃阅读,作者毫无办法让他回头。"

好文章是改出来的。从思想到文字,都必须不断锤炼,才能成熟。初稿形成后,可以放一段时间,冷一冷,中间也可以听一听同道好友的意见,再做修改。修改时,一定要带着挑剔、质疑的眼光,否则,"床帐里看孩子,越看越好看"。最后定稿前,可以自己念一念,看看文意是否连贯、文句是否通顺。

一 措词

学术论文跟一般的说话还是不一样的。学术论文总是以学术界的同行为预设的读者,以理性的讨论为目的。一般来说,学术论文的基调应当是平和、直白的。这里不是慷慨激昂或者义愤填膺发泄情绪的地方,大量的反问句、感叹句并不合适,过分的抒情、煽情也不合适。这里也不是发布警世寓言的地方,崇尚把话说明白,不崇尚春秋笔法,不刻意追求微言大义。学术本来是灰色的,能把话说明白、让读者看明白就不容易,让人阅读时省一份力气、多一份愉悦就更好了。

怎么样让文章好读呢？这里介绍几点心得。

（一）文字要干净

1. 用词要简省

人说话要好听，必须去掉那些废话；满口"然后"、"然后"，听起来就不舒服。学术论文要好读，必须去掉废词；太多的介词、连词和助词，读起来也不舒服。梁启超总结说："大凡文章以说话少、含意多为最妙。文章的厚薄，即由此分。意思少，文章长，为薄；篇无剩句，句无剩字，为厚。"[1]

要做到"篇无剩句，句无剩字"是很难的。但从我自己的经验来看，文章里边可删的字句真的不少。例如，自己经常写下一些不必要的助词、介词和连词。你看这一句："在省级政府和较大市政府的规章之外，地方政府及其部门制定的大量的规范性文件，在国家治理中发挥着巨大的作用，在法律体系中却没有地位。"其中的两个"的"，就可以省略，改成："在省级政府和较大市政府的规章之外，地方政府及其部门制定的大量规范性文件，在国家治理中发挥着巨大作用，在法律体系中却没有地位。"再看这一句："乙以争议房屋不属甲所有为由进行抗辩，并对甲的房产证的效力提出异议"，不妨改成"乙以争议房屋不属甲所有为由进行抗辩，并对甲所持房产证的效力提出异议"。如果一个句子连着出现两个"的"，最好能够去掉一个；如果一个句子连着出现三个"的"，你一定要想办法去掉一个。

---

[1] 梁启超《中国历史研究法》，上海古籍出版社 1998 年，170 页。

又如，一些作者习惯"但是……却……"连用。语法学家认为，这是个语法错误。我倒不觉得绝对不可用，一些时候可以舒缓舒缓语气；但两者连用，毕竟不那么利落，还是慎用。

2. 正文中少夹注英文

中文的学术文章中夹带几个英文单词，现在很常见。把英文单词用括号夹注在中文译名之后，便于读者领会和查核；比起用脚注说明，既可节省篇幅，又可免去读者视线上下往返之累。

但是，有些文章中夹带的英文单词太多了，让人受不了。一些常用词、常用语后面也括号夹个英文，实在没必要。你说，"最高法院"、"司法审查"、"正当程序"这些词后面，还要加什么英文呢？更有甚者，有的把整句整句的英文都搬上去，弄得整篇文章像个中英文对照读本。

作者一定要搞清，你写的是中文论文，是给中国读者看的。除非确实必要，正文中尽量不出现英文。所谓确实必要，主要是文中的外国人名、地名等专有名词和文章涉及的关键术语，尚无统一译法，可能引起读者疑虑或者误解的；或者一些关键术语用英语表达更为精准，而一般读者又熟悉这些英语词汇的。总之，正文中的英文不能多，以保持版面干净、阅读流畅。

3. 少使用解释性的脚注

页下脚注，除了交代所引文献的来源信息（即"注引"），还常常用于说明概念、澄清观点或者补充论证；有的甚至借题发挥，敷衍成一篇短文。这些属于"解释性的脚注"，我简称为"注释"。

下面是我自己用过的几个注释，内容也用脚注的方式照抄页下。说明概念的如:"这些研究都或多或少地触及了本章讨论的核心问题:司法机关对行政裁量的尊让(deference)[1]。"澄清观点的如:"本文并不笼统地反对行政诉讼采取协调解决[2],也无意去讨论协调的法律界限。"补充事例的如:"在实践中,一些学校为了照顾违纪学生的前途,对一些本来应当作勒令退学甚至开除处分的学生进行'善意的处理',作退学处理化之了之。"[3]

相对来说,这类注释可以帮助表达作者的意思,而又不那么影响正文的流畅。但注释多了,也会影响阅读。你既然注了,总是希望人家去读的,读者视线难免上下往返。所以,注释跟前面说的注引一样,应当以必要为限,能不注的就不注。有一篇文章总共30多个脚注,这类注释就达十几个,篇幅还长,弄得下面密密麻麻的。太多了!

有的作者在无关紧要之处也来个注释,这样文章就不利索了。例如,有文章在说到"营利"是一个法律概念时,顺手加了一

---

[1] 尊让一词出自古汉语。例如,"夫人必知礼,然后恭敬,恭敬然后尊让,尊让然后少长贵贱不相逾越(《管子·五辅》)","儒皆兼此而有之,犹且不言仁也。其尊让有如此者(《礼记·儒行》)","恭俭尊让者,礼之为也(《淮南子·泰族训》)"。中国学者讨论相关问题时多用"尊重"。后者尽管通俗,并有约定俗成之势,但侧重尊敬重视的心态,而没有强调克制谦让的效果。相比之下,"尊让"更能体现法院与行政机关之间的权力关系,也更能与英文 deference 对应。本书将根据具体语境,交替使用这两个词。

[2] 若干年前,本文作者就曾主张今后修改行政诉讼法时应当允许调解。何海波《行政案件应当允许调解》,《法制日报》2002年3月3日。

[3] 本案被告北京科技大学在两年时间内,依学校规定,共对23名作弊学生作退学处理。

个注:"不排除其也具有经济、社会和一般语词等意义"。这个注加得很没必要,实在是低估了读者的理解力。有一篇讨论征收补偿协议法律性质的文章,在导论中提出检讨"民事契约论"正确与否。作者在"民事契约论"后边加了个注:"为了表述的方便,笔者把搬迁补偿协议定性为民事契约的主张,简称为'民事契约论'。"这个注也不合适。"民事契约论"代表一派重要的学术观点,宜于放在正文中叙说;作者却把它放到脚注里,结果把文脉给截断了。所以,能在正文说还是尽量在正文中说,无关紧要的,不说也罢。

(二) 术语要规范

人们常说,法律语言强调精确。其实,任何一门学科都要求精确,都有很多类似于行话的术语。正确地使用术语能够减少交流障碍;能够正确地使用术语,也是作者得以进入一个学科的标志。"起诉"、"上诉"和"申诉",在老百姓看来可能是一回事,但法律人知道它们代表诉讼程序的不同阶段;法律条文的条、款、项、目,引用时不能搞混。从原理上,同一个概念必须使用相同语词来表达,同一个语词的含义必须前后一致。

但是,术语的使用也有限度。满篇术语,文章自然难读一些,甚至让人望而生畏。所以,在不损害精确表达的情况下,一些不那么核心的概念可以用"大白话"来代替。苏力教授写文章,充满了俗语白话,以及一些新潮的词汇。例如,"活人永远不能给尿憋死","法盲与法律人,总体而言,就是尿不到一个壶里"。[1]如此"半文半白",文章不见得低俗外行,却要好读多了——反正我喜欢!

有些术语使用起来比较生硬,影响阅读。所以,在不妨碍理解的情况下,也可以根据语境变换语词。例如,法院对行政行为的司法审查有条原则:法院对行政机关的裁量行为应当给予足够的尊重,避免过分干预行政机关的自主判断;如果立法机关所定法条的含义不清楚,而行政机关对该法条的解释是有道理的,法院就应当遵从行政机关的解释。这一原则英文叫"doctrine of deference",中国学者多译"司法尊重原则"。我觉得"司法尊重原则"听起来怪怪的,把它改成"司法尊让原则";但在行文中,也常常使用"尊重"、"遵从"的说法(例如前句)。又如,法律经济学中的"cost"这个词,经济学家张五常建议根据不同语境使用不同译法:production cost 不妨仍说"生产成本",transaction cost 则译为"交易费用",social cost 译为"社会耗散"。[2]

(三)说话有分寸

历史学研究非常强调严谨,"有一分证据说一分话,有九分

---

[1] 苏力《法律人思维?》,《北大法律评论》第14卷第2辑(2013)。文章中甚至还有这样的段子:"凭什么,严谨和缜密一下子就都被你法律人独占了?这类说法太容易让人怀疑法律人的思维是否真的严谨或缜密。更糟的是,别,哪天,'能忽悠'成了普通人心目中的中国法律人的思维特点!"如此汪洋恣肆的文字,确实有些出格,恐怕也只有苏力敢写了。

[2] 张五常《经济解释》,转引自凌斌《法科学生必修课:论文写作与资源检索》,北京大学出版社2013年。有趣的是,凌斌博士思量再三,还是倾向于将 cost 一概译为"成本"。

证据不说十分话"。法学——或者任何一门科学——何尝不是？我们都可能犯错，所以说话要留有余地，别说过头话，没有把握不下斩截的结论。这一点不但适用于文章的结论，也适用于论述过程中的叙述和论断。例如，有篇讨论英国陪审团制度起源的文章提到："在陪审制度建立之初，既没有什么陪审团法，也没有胁迫、贿赂陪审员的事件发生。"没有陪审团立法估计是真的，"没有胁迫、贿赂陪审员的事件"就不一定那么绝对了。

怎么样留有余地？谨慎使用"都"、"所有"等全称判断，根据情况使用"若干"、"有些"、"多数"、"几乎"等。谨慎使用"一定"，根据情况使用"也许"、"很有可能"等。谨慎使用最高级，根据情况使用"相当"、"很"、"非常"、"极其"等。

当然，也不是说得越保守越好。你可以试着在每一句话中加上"有些"、"也许"、"在一定程度上"；这也许能够让你的话无懈可击，却失去了思想的棱角、语言的力量。太保守了，给人感觉太不确定，其实也是一种不负责任。具体分寸如何把握，有的时候还真颇费思量。

下面是我一篇文章中的片断，可供讨论（引注是原有的，粗体是后加的）：

在中国的法律传统中，程序观念的稀薄、程序制度的简陋**几乎**是公认的。当清末和民国时期，现代意义上的行政法开始植入中国,却不包含正当程序的概念。[1]即使到20世纪80年代,行政法学重建之初,中国学界对正当程序还**完全**陌生:在法学辞典里,法律程序仅仅指诉讼程序[2];在行政法教材中,对行政程序可以不置一词。[3]当时中国的**多数**行政法学者**也许**要等到龚祥瑞和王名扬两位学者介绍[4],才了解英美法上的"自然正义"和"正当程序"理论。最近十几年,正当程序的概念**至少**在学术界变得耳熟能详,确立正当程序原则也呼声四起。

---

[1] 当时也有部分著作简略地提到"行政程序"或者"法定程序"的概念。例如,徐仲白《中国行政法论》,现代科学出版社1934年,312—316页("行政程序"作为对行政法关系的动态考察,是行政实体法上所规定的权力义务实现手段的形式,以行政法规所明示或者默示的规定为限);马君硕《中国行政法总论》,商务印书馆1947年,215页("法定程序之违背"系行政行为形式上违法)。但是,当时学界对一种超越成文法的普遍的正当程序观念是完全陌生的。即使代表当时学界对英国行政法最深认识的陈体强的著作,也只是在阐述英国国内对行政司法(行政裁判所)制度的批评时,提到几条"自然法原则"(今译"自然正义");作者认为它们不过是"关于程序和方法的枝节问题"。参见陈体强《英国行政法论》,商务印书馆1945年,63—65页。而且,当时大陆法学理在中国的格局已经定型,英美行政法几乎没有什么影响。关于中国行政法学的知识背景,可参见何海波《中国行政法学的外国法渊源》,《比较法研究》2007年第6期。

[2]《中国大百科全书·法学》,中国大百科全书出版社1984年,80页("凡规定实现实体法有关诉讼手段的法律为程序法,又称诉讼法");《法学词典》,上海辞书出版社1984年,914页(程序法是"为保证实体法所规定的权利义务关系的实现而制定的诉讼程序的法律")。两部权威法学词典都没有"行政程序"词条。

[3] 王岷灿主编《行政法概要》,法律出版社1983年。这是当代中国第一本正式出版的行政法教科书。

[4] 龚祥瑞《比较宪法与行政法》,法律出版社1985年;王名扬《英国行政法》,中国政法大学出版社1987年。

(四) 学会间接引用

现在许多学校对学位论文要求"查重",一些刊物也对拟发表的论文进行"查重"。有些文章因文字重复率过高,不合要求。作者很委屈:"我都有引注的呀!"原来,一些作者喜欢直接引用原文,满篇的引号,时不时还双引号套单引号。

把援引文献狭隘地理解为寻章摘句,不但可能忽略了被引文献的主旨,有违学术引用的真趣,从修辞的角度来说,也可能妨害文章的流畅感。别人写下的观点、陈述的事实或者法律条文,其文字放在你的文章中不一定都合用:部分内容可能与你无关,有的文字冗长啰唆,有的本身还有语病。遇到这种情况,你可以考虑间接引用,即用自己的话加以归纳。原文引用,只限于简短摘录其中的重要文字。

1. 引用观点

在一篇文章的初稿中,我这样引用两位学者的话:

> 德国学者平特纳告诫:"当事人对无效的行政行为不需要采取任何行动,他不用理睬即可。实践中这种做法却带有相当风险,因为无法保证以后所有的行政机关和行政法院也会这样认为。"[1]他的同行毛雷尔也说:"如果关系人自己认为行政行为无效,须冒一定的风险。行政机关很有可能不接受公民的意见而执行(违法的、可撤销的但却有效

---

[1] 〔德〕平特纳《德国普通行政法》,朱林译,中国政法大学出版社1999年,137页。

的)行政行为;而且,确认行政行为无效的请求也可能一无所获。公民在法定期限内要求撤销行政行为,才是明智之举。"[1]

定稿时,上面一大堆话被压缩成两句:

> 德国学者平特纳指出,当事人不理睬无效行政行为的做法,实践中有相当风险。[2]他的同行毛雷尔也告诫:"公民在法定期限内要求撤销行政行为,才是明智之举。"[3]

2. 引述案例

案例中往往包含复杂的事实叙述和理由论证,即使说个梗概也要占去相当篇幅。引用案例时,陈述案情事实、叙述判决理由要多详细,需要根据情境来决定。一般情况下,可以不陈述案情事实,只归纳裁判要旨就行了。例如:

> 多个案例表明,行政执法有严重瑕疵的,抗拒者不但可能不构成妨害公务犯罪,甚至可能免于行政处罚。在一个案件中,法院以行政执法人员"没有出示监督检查证,且均未着装,无充分证据证实其检查是公务活动",而判决被告

---

[1] 〔德〕哈特穆特·毛雷尔《行政法学总论》,高家伟译,法律出版社2000年,254页。

[2] 〔德〕平特纳《德国普通行政法》,朱林译,中国政法大学出版社1999年,137页。

[3] 〔德〕哈特穆特·毛雷尔《行政法学总论》,高家伟译,法律出版社2000年,254页。

人的抗拒不构成妨害公务罪[1];在另一个例子中,法院以地方政府组织的强制拆迁行为"没有按照法定程序进行,是不合法的行政行为"为由,二审改判被告人无罪。[2]在王选林诉泸州市公安局江阳区分局行政拘留案中,泸州市中级法院二审判决认为,"阻挡合法的执法行为属违法行为,而阻挡违法的执法行为并非均属违法"。被告的处罚决定没有考虑工商管理员的违法行为在纠纷起因和发展中的因素,认定事实不清,定性错误,并且也不符合《行政处罚法》所规定的公正原则。[3]

3. 引用法条

有的作者想当然地认为法律条文必须原文照引,其实不然。如果间接引用更简明流畅,也可以考虑间接引用。

在讨论法律、法规、规章以外的其他规范性文件的效力时,我提到了《最高人民法院关于执行〈中华人民共和国行政诉讼法〉若干问题的解释》(法释[2000]8号)第62条第2款的规定。该条款云:"法院审理行政案件,可以在裁判文书中引用合法有

---

[1] 《执法人员违规检查被打伤 妨害公务案被告无罪》,东方新闻网 http://news.eastday.com/epublish/gb/paper148/20020314/class 014800012/hwz 620805.htm(工商行政管理人员对邓传兴所购磷肥进行检查时,没有出示监督检查证,且均未着装,无充分证据证实其检查是公务活动,故判决邓传兴无罪)。

[2] 刘德禄《抵制政府违法拆迁 上饶县农民获法院无罪判决》,今视网 http://news.jxgdw.com/724645.html,2007年6月22日(上饶县人民政府组织的强制拆迁行为没有按照法定程序进行,是不合法的行政行为,二审改判林芳福、张清炎无罪)。

[3] 泸州市中级人民法院行政判决书,(2001)泸行终字第33号。

效的规章及其他规范性文件。"这句话不长,原文照引似也无妨。问题是,这里单独讨论其他规范性文件的效力,可以引用"合法有效的规章"无关主题。我就改成间接引用,只说《若干解释》多少条多少款规定,法院审理行政案件,可以在裁判文书中引用合法有效的其他规范性文件。这一改,虽然只省3个字,但意思就单纯、连贯了些。

在一些情况下,由于法条本身交叉援引,直接引用法条原文简直是个灾难。试看《行政强制法》第10条的规定:

> 行政强制措施由法律设定。
>
> 尚未制定法律,且属于国务院行政管理职权事项的,行政法规可以设定除本法第9条第1项、第4项和应当由法律规定的行政强制措施以外的其他行政强制措施。
>
> 尚未制定法律、行政法规,且属于地方性事务的,地方性法规可以设定本法第9条第2项、第3项的行政强制措施。
>
> 法律、法规以外的其他规范性文件不得设定行政强制措施。

这一条分别规定了法律、行政法规、地方性法规以及其他规范性文件关于行政强制措施的设定权,还牵涉到其他条款,相当繁复。在叙述该条意思时,我重新做了归纳:

> 依照《行政强制法》的规定,行政强制措施原则上应由法律设定。尚未制定法律且属于国务院行政管理职权事项的,行政法规也可以设定行政强制措施,但限制公民人身自由、冻结存款汇款等应当由法律规定的行政强制措施除外。尚未制定法律、行政法规且属于地方性事务的,地方性法规

也可以设定行政强制措施,但限于查封场所、设施或者财物和扣押财物。法律、法规以外的其他规范性文件不得设定行政强制措施。

二 句段

句段是文章的组件,文章无非是一句一段按照逻辑和语势连缀而成的。这里主要讲讲句式、标点和段落。

(一) 句式

1. 长句和短句

与一般文体相比,学术论文的句式往往比较复杂、句子也比较长。作者为了把话说得严谨一些,常常加了修饰、限定、补充、解释。说某个现象,可能附带说一下原因;说某个条件,可能补充说一下其他条件;讲一个观点,还得界定一下适用范围。因此,句子就枝枝蔓蔓,不易简短痛快。总体来讲,学术论文适合于阅读,而不适合于口述。学术论文的作者在做口头报告时,一般不会照稿念的。

当然,不同作者的文字风格也不同。下表是几位法律学者在《中国社会科学》上所发论文的字数统计:连标点符号也算字,正文(不含标题、摘要和注释)平均一个句子的字数多的70,少的45,整体平均起来约为50字。50字,相当于通常版式(A4纸张、小四字号)的一行半。

文章	字数	段	句	段均字数	句均字数
林来梵《国体概念史:跨国移植与演变》	14715	60	209	245	70
贺卫方《中国司法管理制度的两个问题》	12118	28	204	265	59
苏力《解释的难题》	18989	59	333	322	57
高鸿钧《法律移植:隐喻、范式与全球化时代的新趋势》	16465	41	306	401	54
季卫东《法律程序的意义》	17441	63	377	277	46
张明楷《论被允许的危险的法理》	17523	64	382	274	46
王利明《惩罚性赔偿研究》	12623	47	269	282	45
何勤华《清代法律渊源考》	19314	74	427	261	45

即使是同一个作者,不同文章也可能风格有异。我拿自己写的三篇文章做了个统计,连标点符号也算字,正文(不含标题、摘要和注释)平均一个句子为44、46、53字,三篇平均起来为48字。

文章	字数	段落	句数	段均字数	句均字数
《何以合法?对"二奶继承案"的追问》	18700	81	421	231	44
《公民对行政违法行为的藐视》	18610	85	404	219	46
《晨光初现的正当程序原则》	26716	99	506	270	53
合计	64026	265	1331	242	48

可见,句长句短是因人、因文而异的。但句子太长,其中逻辑关系复杂,读起来总是一个负累。所以,要慎用长句,特别是

上百字的超长句。下面是林来梵教授文章中的一句话：

> 在明治21年(1888年)6月枢密院召开宪法草案审议会之际，伊藤博文就以枢密院院长的身份披沥了制宪的根本精神，指出："宪法政治"起源于西方，其发祥已有千余年之历史，从而人民习熟此制度，此外又有宗教作为其"国家之基轴"，从而深入人心，使之归一；而反观当今日本，情状则不然，故欲制定宪法，必先确定"国家之基轴"为何，否则政治任由人民妄议之时，则纲纪俱失，国家亦将随之废亡，但如今日本宗教力量萎落，可以作为"国家之基轴"者，唯独"皇室"，故此草案亦"以君权为基轴"。

这句话很长、很繁复，颇有个人风格。它的好处在于层次清楚、意思紧凑，缺点在于读者负累较重，必须提着气才能读完。如果把它拆成几个句子，读起来就会轻松些：

> 在明治21年(1888年)6月枢密院召开宪法草案审议会之际，伊藤博文就以枢密院院长的身份披沥了制宪的根本精神。他指出，"宪法政治"起源于西方，其发祥已有千余年之历史，从而人民习熟此制度，此外又有宗教作为其"国家之基轴"，从而深入人心，使之归一。而反观当今日本，情状则不然。故欲制定宪法，必先确定"国家之基轴"为何，否则政治任由人民妄议之时，则纲纪俱失，国家亦将随之废亡；但如今日本宗教力量萎落，可以作为"国家之基轴"者，唯独"皇室"，故此草案亦"以君权为基轴"。

这大概又是一种风格了！

2. 连接词

心理学的研究表明,人脑在处理信息时受到短时记忆(short-term memory)的制约,通常只能有效处理7个单位左右的信息,阅读时一边读、一边忘。如果有符号标示句段之间的逻辑关系,阅读时就有个心理准备,及时对信息进行编码组块,从而减轻记忆负担。

事实上,学术论文的句与句、段与段之间大量使用连接词或者引导句,来指示各句段的关系。这些标示能够使句段之间的逻辑关系更加严谨和清晰,从而减少误解,并使阅读更加轻松。例如,你一看到"虽然",就知道重心在后面的"但是";一看到"首先",就知道还有其次、再次;一看到"总之"、"最后",就知道这部分该完结、可以松口气了。如果没有这些标示,句段之间的逻辑关系需要读者一一揣摩,就会加大阅读负担。如何恰当使用这些词语,是论文初学者需要学习的。

类似的连接词非常多,这里只举几个常见例子。表示并列的,如"首先、其次……最后"、"第一,第二,第三……",或者干脆"(1)、(2)、(3)";表示比较的,如"同样"、"类似的"、"相反";表示转折的,如"但是"、"尽管如此";表示让步的,如"当然"、"诚然"、"固然";表示实情的,如"其实"、"事实上";表示因果的,如"由于"、"正因如此"、"之所以";表示推论的,如"可见"、"据此";表示总结的,如"总之"、"综上所述",等等。

频繁和大量使用连接词是学术论文的一个特点(比较一下散文)。但是,也不是用得越多越好。太多的"但是"、"由于"、"总之",也会让文章变得滞涩。如果不用上述连词,句段之间的逻辑关系已够清楚,最好不用。文章的流畅轻快,主要还是靠意思的连贯。至于误用连接词,例如没有因果关系的两句话之间也来个"因此"、没有转折关系的两句话之间也来个"但是",更会让读者困惑。

3. 插入语

中文语法与英文语法有一些不同:英文中有大量的插入语,中文中不是没有,但不那么常用。不同语言之间可以相互借鉴,但归根到底还得符合本土语言的表达习惯。一些喝惯了洋墨水的作者,不知不觉间洋话连篇,读起来就会有些"隔"。

下面是苏力教授《法律社会学调查中的权力资源》中的一段话,讲一位公安局长为考察干警作风而报假案(省略号处系本书引用时做的删减):

> 至少在一定意义上讲,这位公安局长也是在获得一种真正的知识(我将在后面对此有更多地展开),而这种知识同样是我——作为关心当代中国社会生活的法律社会学研究者——希望获得的。……但是,又很显然,我不可能使用这种方法来获得知识。为什么?人们会说,你要是这样做了,就会有大麻烦了。的确如此,我们可能会轻者受到警告:报假案是妨碍公务;重者,我也许会受到拘留,甚至——如果遇到个别"横"一点且"手痒"的警察——会受一点皮肉之苦。好在我不曾这样做。但是,我没有这样做并不是出于对这样做可能引出的后果的考虑;而是——坦白地说——是因为我从来就没有这样想过。我的社会生活经历、地位以及我所经历的关于如何进行学术研究的教育塑

造了我的习性,塑造了同时也剥夺了社会调查研究中我的——如果不是听说了这个故事的话——想象力。在这里,同样的对于特定知识的关切和渴望——尽管出于不同的职业旨趣——却不能获得同一知识;同样的对于了解真实情况的真诚,并不能使我逾越这里的获取知识的障碍。……

这段话长短句兼有,论述中夹着反问,用词也相当平白。然而,在这个500多字的段落里,竟用了5个插入语,10个破折号!这就不符合中文的表达习惯,读起来磕磕绊绊。苏力的语言向来明白流畅、气势如虹,极具美感和穿透力,但有时所用的句式太"洋"了,不像中国话。

(二) 标点符号

标点符号的问题本来是不需在这里说的。小学语文就开始讲标点符号的用法,国家层面还有国家标准。[1]但我很遗憾地发现,许多人根本不会或者完全不注意标点符号的使用。

1. 逗号的使用

中文中逗号的使用规则与英文不尽相同。在中文中,一个句子的主语之后可以用个逗号舒缓一下语气。例如,"法律,也是要讲人情的"。当主语部分比较长的时候,尤其如此。是否用

---

[1] 现行的《标点符号用法》(GB/T15834—2011),是由教育部语言文字信息管理司提出,国家质量监督检验检疫总局和国家标准化管理委员会2011年发布,自2012年6月1日起施行。

逗号,也有个使用习惯的问题,看你想让句子舒缓些还是紧凑些。

当然,一个句子里边动辄逗号,也会让句子支离破碎。例如,"一些老问题,长期悬而未决,或者争论不休,就是因为欠缺新的材料和方法",这句话若去掉两个逗号就顺畅了:"一些老问题长期悬而未决或者争论不休,就是因为欠缺新的材料和方法。"频繁使用逗号是早期白话文的特点,供人摇头晃脑读的。现在的学术论文已不兴这么用了。

也有人根本不注意句逗,靠着一个逗号打天下:大段文章一逗到底,只有末尾一个句号。这实在让人受不了! 看下面一个例子:

> 从既有的文献来看,主要的观点集中在第三方围绕法律义务与可能的受到的制裁展开成本收益之间的衡量,当他们计算发现的风险与潜在的惩罚之后,如果作出非遵从(noncompliance)的情况时,那就意味着他们能够从违反法律义务中获利,但是这些法社会学的研究并不足以揭示第三方义务制度的本质以及对行政法学的意义。

2. 其他标点的使用

除了逗号,中文中还有顿号、分号和破折号,表示语词之间的关系。要学会使用这些符号。

中文中的书名号,也常常被人忽略。文章、书籍、法律文件的名称,应当加书名号(如果仅指文章标题,则用引号)。有的文章(包括时下的裁判文书)写到法律名称时,不加书名号,这不好。"《行政诉讼法》"与"行政诉讼法"的含义是不同的:前者特指全国人大1989年制定的那部法律,后者泛指行政诉讼法律规范。

也有文章为了表示强调,大量使用感叹号、着重号。学术论文以平实为常格,能够不用感叹号、着重号的,原则上不用。

文章小标题中的标点,后面专门讨论。

3. 标点符号的输入

标点符号有全角和半角之分,一般用半角;在中英文输入状态下又是不同的,不能混淆。

有些标点符号,如单书名号〈〉、六角符号〔〕、省略号……,一般的键盘上是没有的,需要到word上寻找并插入。

(三) 段落

文章需要分段。如何分段,一看意思,二看字数。

段落是由一系列互相关联的句子意思连贯地组合起来的。通常情况下,一个段落表述一个中心观点。在学术论文中,段落应当有一个明确的主题句,表达该中心观点。多数情况下,主题句放在段首,便于读者快速识别。主题句力求打动读者,因为读者是否愿意继续读下去很大程度上取决于主题句。

每一段的字数不宜太多。试想整页纸就一个段落,密密匝匝,人家一看就头大了,阅读兴趣立马减低。多少算合适,很难一概而论。不妨把这个作为一条黄金戒律:每页纸必有分段。这样算起来,一般情况下,二、三百字就可分段;到五百字,就得赶紧考虑在哪里分段了。段落字数短的,没有限制。但如果总是两三句话一个段落——就像古龙小说——不但没有小说的凌厉或灵动,反倒会给人干瘪和零碎的感觉。一篇排版优美的文章,往往是段落长短兼有。短则一行,长则大半页。从前表可见,几位成熟的法律学者写文章,整体平均起来一个段落的字数约为300字,各篇文章的段落平均字数从245到401不等。这也可以作为参考。我自己的三篇文章,平均起来一个段落为242字,略偏少。

三 章节

论文的章节结构常常是一个折磨人的问题。许多年轻作者夜不能寐,为的就是这个结构(我就是这么过来的)。论文结构安排反映了作者的论证思路,结构松散多半是文章欠缺核心命题,结构不顺多半是因为作者思路不清。合理安排论文结构,需要根据论文主题、论证方法、资料情况而定,很难说个清楚。但毕竟,还是有一些共同的方法的。

(一) 论文结构

论文需要分层次;每一个层次,通常分为几个部分(也就是下一层次)。每个部分加标题(小标题)。

论文分几个层次好呢?一般分两个层次或者三个层次;特别长的论文,才分四个层次。学术论文的层次也不宜繁多。层次太多,文章就太零碎,有损思想的连贯。

每个层次到底分几个部分合适呢?当然看论证需要。梁慧星教授有个意见:本论部分所划分的单位至少应在三个以上,否则就叫结构不合理。[1]这个意见主要是针对论文的第一层次说的,下面的层次也大体适用。一般来说,两个偏少,三个五个正常,七个八个嫌多,十个以上的一定要反省。一个标题下包含的点数太多,多半是作者归纳不够,文章逻辑混乱。而且,点数多了,读者也不易记取。"五讲四美"还行,"八荣八耻"谁记得住?

小标题该怎么写呢?梁慧星教授有个意见:各章或部分的小标题,均应重复一下论文题目中的关键词(例如,文章标题是"现代商人法研究",各小标题中均应出现"现代商人法");否则,就叫不切题,不容易让读者理解该部分内容与文章主题之间的关联。[2]梁先生的说法是一种经验之谈,值得借鉴,但倘若一律如此,就未免有些八股。我看还是根据行文需要写吧,不妨有点个人风格。其道理,跟论文大标题的起法是一样的;所不同的是,同一层级的小标题有多个,最好有一定严整性。论文标题前应加序号,并且用"一、二、三"、"(一)、(二)、(三)"、"1、2、3"之类区别不同层次(详见后面"标题的格式")。

文章结构是否合理,做成目录后就比较直观,容易看出问题来。实际上,作者通常会先列提纲,再着手写。这样不至于信马由缰,不知所终。当然,写作过程中修改提纲也是常有的事。

(二) 论文结构的逻辑

论文结构的基本逻辑不外乎两种:一是并列式的,即同一层

---

[1] 梁慧星《法学学位论文写作方法》,法律出版社 2012 年第 2 版,63 页。
[2] 同上书,64—66 页。

次下的几个部分各自独立、相互并列;二是推进式的,即同一层次下的几个部分在论证上步步为营、相互依存。实际中的论文结构,多是两者的组合。

下面分别举一个例子加以说明。

1. 并列式的结构

我的《司法审查的合法性基础:英国话题》,主要采取了并列式的结构。[1]

除了导论和结论,整篇文章分三部分。前两部分分别讨论了英国学界流行的作为司法审查基础的两种对立模式:"立法意图模式"和"普通法模式"。前者认为,司法审查的合法性必须从议会的立法意图中得到证明;后者则认为,英国法院遵循先例又创造先例的普通法传统本身便为司法审查提供了合法性。我论证,无论是用来解释司法审查的现实还是划定司法审查的边界,它们都不足以成为司法审查的基础。在接下来的第三部分,我正面阐述了我自己的观点,即"法律共识理论"。我论证,支持英国司法审查发展和限定司法审查边界的真正力量,来自于英国法律共同体的共识。

在前述每一个部分,我继续运用并列式的结构。以论文对普通法作为司法审查基础的讨论为例:在简要地梳理"普通法模式"的产生和发展之后,我从三个方面批驳了"普通法模式":(1) 一些"普通法模式"倡导者所鼓吹的"司法至上"是虚幻的;

---

[1] 何海波《司法审查的合法性基础:英国话题》,中国政法大学出版社 2007 年,目录。

(2) 英国法院司法创造的实际能力是有限的;(3) 英国法院的司法裁量也并不像"普通法模式"倡导者所暗示的那样一贯和坚定。因此,普通法自治不能作为司法审查合法性的基础。

在更下面的一个层次上,我还是采取并列式的论证结构。以对"司法至上"的批驳为例,我讲了三个方面:(1) 从宏观上看,英国司法审查的发展不是由法院而是由议会主导的;(2) 从历史事例来看,当法院与议会发生激烈冲突时,都是以法院失败或者退却收场;(3) 就现实来看,英国的学术界和英国社会还没有形成"司法至上"的共识。因此,"司法至上"仅仅是部分学者的虚构。

2. 推进式的结构

我的《实质法治:寻求行政判决的合法性》,主要采取了推进式的结构。[1]该书的宗旨是在行政行为司法审查的场景下,论证一种实质法治的立场。

在展开正面的论述之前,我首先讨论了形式法治在中国的初步建构。这主要是出于树立"靶子"的需要。其中,第一章梳理和分析我国形式法治的建构逻辑,并对它提出一个初步的批评。第二、三章以法院为中心考察这套制度的实际运作,指出在形式法治的冰河下,实质法治的思维和实践已经暗流涌动。

该书其余各章,通过连续追问、层层推进,正面论述了实质法治主义的立场。

第四章讨论了法律的概念。从实质法治的立场出发,我把

---

[1] 何海波《实质法治:寻求行政判决的合法性》,法律出版社2009年。

法律看成是一个有待确定、允许争论的规范命题。相应的，后面所分析的法律渊源的论辩、价值衡量的推理、司法尊让的策略和法律共识的担保，从根本上讲都是对上述规范命题的论证。

第五章讨论法律渊源。我重新探讨了法律渊源的性质，把法律渊源理解为包括各种成文和不成文渊源在内的、法律争论中可以作为论据使用的材料。在此意义上阐述法律渊源的各种类型，特别是行政法的一般原则，并初步分析了各种法律渊源之间可能的位阶顺序。

第六章讨论价值衡量。鉴于法律渊源的多样性和法律渊源论证的不确定性，本书提出并探讨了价值衡量这一法律论证方法。法官在审案时，通过个案又超越个案，以准立法者的姿态去把握和衡量法律条文背后的各种法律价值，并作出裁判。

第七章讨论司法尊让。法院对行政行为的合法性要有充分的、完整的判断权，但为了防止法官的僭越和专断，也应当在一定程度上尊重行政机关对法律和事实的判断。这不但是司法审查获取合法性的一种实践策略，也是司法与行政在宪政体系中的必要关系。

第八章讨论法律共识。作为对法律议论中"诸神之争"的回应，本书提出行政行为合法性最终来源于法律共同体的共识。为了保障法律共同体共识的达成，必须建构一个既独立又开放的司法体制和法律运作机制。

3. 混合式的结构

混合式的结构，是指同一层次内既有并列式的，也有推进式的结构。我写的《多数主义的法院》一文，就是一个混合式的结构。试看该文的目录：

导言
一　司法审查的"反多数难题"
　　（一）"反多数难题"的起源
　　（二）对司法审查合法性的几种回应
　　（三）上述讨论的缺失
二　司法审查真的"反多数"吗？
　　（一）法院否定议会立法是一个相对少数的现象
　　（二）否定议会立法的判决可能符合判决当下多数公众的意见
　　（三）从较长时段看，司法判决与公众意见趋同
　　（四）司法机构及其司法审查整体上获得公众支持
三　法官对公众意见的反应
　　（一）法官对公众意见的关注
　　（二）法官受公众意见影响，及其因素
　　（三）"不断演变的适当标准"：对公众意见的自觉参考
四　宪法解释的行动者
　　（一）联邦行政部门的解释和行动
　　（二）联邦国会和州议会的行动
　　（三）联邦下级法院和各州法院的行动
　　（四）公众的行动
五　被选择的法官
　　（一）法官任命过程中的意识形态因素
　　（二）法官的实际任期与任命频率
六　司法审查的民主合法性

（一）民主理论的重新检讨

（二）民主过程中的司法审查

（三）人民意志的多头表达

结语

　　如一级标题所显示，文章的6个部分整体上是逐步推进的。首先，在文章的第一部分，我从司法审查"反多数难题"入手，简单交代它的起源以及美国学界对这一问题的几种回应。接着，在文章的第二部分，我借鉴政治学研究的成果，指出司法审查在很大程度上与美国主流社会的共识相吻合，"反多数难题"的命题误导了人们对司法审查性质的理解。之后，在第三、四、五部分，我描述司法审查的实际运作和政治框架，包括法院对公众意见的关注和回应、各种外在因素对司法审查的制衡，以此解释司法审查与主流公众意见为何大体一致。最后，在第六部分，我重新阐释司法审查与民主过程的关系，揭示司法审查所具有的民主合法性。

　　文章结构复杂就复杂在第三、四、五部分。这三部分是并列的，只是从不同方面论证司法审查中的"多数主义"不是偶然现象。那为什么不把它们归入一个标题之下，从而让文章结构更加简单明了呢？主要是因为这三部分字数太多了。整篇文章正文3万字，这三部分就占了将近一半（1.3万）。如果归为一处，这部分就过于庞大，各部分之间有失均衡；而且，下面又多出一个层次来，局部呈三级结构，有些繁复。目前这个结构也是不得已而为之。

　　在第二层次，第一部分和第六部分是推进式的，其余部分则是并列式的,其结构也不尽一致。

(三) 章节之间的联系

文章各部分之间,要保持上下衔接、意思连贯。为了让读者明白各部分之间的逻辑关系,往往需要在开头说明接下来要讨论什么问题、分几个小部分来讨论。整篇论文开头有导论,各个部分开头也应当有个"导论"。有位本科生写了篇论文,开头啰哩啰唆、半天讲不到问题,各部分开头也没个引子介绍一下这部分写什么、怎么写,就直接"一"、"二"、"三"了。我问:"你说话是这么说的吗?"她不明白。我解释说:"你就设想,下面坐着你的同学和老师,你把你的研究讲给他们听。你会怎么讲?"她明白了,后来改得不错。

四 排版

排版是一篇论文的"表面工程",虽非核心却也不能忽视。尤其当你经过无数煎熬,已经无力把文章写得再精彩些,也要记得把文章排得更好看些。一些论文习作甚至投稿,通篇用五号字、一倍行距,连标题的字体字号也没有变化,我看了就皱眉头。还有更奇葩的:正文用隶体,段首不缩进,脚注字号大过正文……细节见品性,以这种态度来做事,他能做好什么事呢?你不认真对待自己写的东西,又怎么能期望别人认真对待呢?如果说论文写作是一种训练,那么排版也是这训练的一部分。

论文排版没有完全统一的格式:各个学校对学位论文的排

版格式有具体的要求,杂志社和出版社也有自己的做法。下面介绍的是我自己的排版习惯,适用于 word 文档、A4 纸型。

(一) 正文字体和字号

正文用宋体,小四号字,1.5 倍行距,每段开头缩进两字。

宋体竖粗横细,保留了传统书法的一些特点,清晰、稳重而不失优雅,是一种比较理想的印刷体,特别适合写大块文章。

小四字号(12 号)适合一般人阅读。党政机关公文正文规定三号字[1],一页只写五六百个字,这用在学术论文上就太奢侈了(我曾接到投稿,一看正文大大的三号字,就知道是出自党政机关的人)。也有的用五号字(10.5 号),尚可接受,但偏小一些。实际上,一页 A4 纸,用五号字比小四号字,多不出几个字。

1.5 倍行距,显得疏朗,看着舒服。1 倍行距太密了,插不进字。实在要节省,可以用 1.3 倍行距。

段首缩进两字,可以让分段更明显,也不占地方。有的段首不缩进,而让段与段之间空行,比较占地方。

(二) 标题的格式

1. 标题序号的标法

法学论文除了主标题,还有不同层次的小标题。小标题的序号,有两种标法。一种是,用"一、二、三"、"(一)、(二)、

---

[1] 《党政机关公文格式》(GB/T 9704—2012),2012 年 7 月 1 日起施行。

(三)"、"1、2、3"依次标明序号;论文篇幅特别长的(如硕士、博士学位论文),有的还分章节(或者章),章节之下再"一、(一)、1"。目前常见的是这一种。还有一种是,用"1、2、3"、"1.1、1.2、1.3"、"1.1.1、1.1.2、1.1.3"依次标明序号。这一种在法学论文中尚不多见。

2. 标题所用的标点符号

标题所用的标点符号,主要是两个地方:一是标题序号与标题之间,二是标题末尾。

在前述第一种标法下,标题序号与标题之间往往用顿号(、)连接。但这不一定是最好的,还得具体分析:

(1) 章节序号与标题之间,习惯用空格,而没有顿号,如"第一讲 选题"。

(2) "一、二、三"层次,习惯上用顿号(、)连接。但为版面简洁起见,我更倾向于不用顿号,而用空格表示,如"四 排版格式"。

(3) "(一)、(二)、(三)"层次,千万不能用顿号,否则又括号又顿号,很别扭。试看,"(二)、标题的格式"。"(1)、(2)、(3)"层次,同理。

(4) "1、2、3"层次的,我也倾向于不用顿号,而在阿拉伯数字后加圆点,然后空格,如"2. 标题所用的标点符号"。

标题末尾,除了需要引号或者问号,一般不用其他标点符号。例如,写"(二)标题的格式",而不写"(二)标题的格式。"例外情况是,层次较低的小标题不单独成段,之后直接跟着正文。这时不得不用句号句开,哪怕标题不是一个完整的句子。

3. 标题的字体字号

标题的字体字号既要做到层次分明,也要美观统一。下面着重根据第一种标法,讲讲标题的格式:

文章标题用宋体或者标宋,小二字号,加粗,居中。有人把标题用大号字加粗、居左,也可以。

各章标题(如果需要)用宋体三号字,加粗,居中;各章分页(用分页符隔开)。

各节标题(如果需要)用宋体小三号字,加粗,居中;各节之间空一行。

节以下的一级标题,即"一、二、三……",使用宋体(或者黑体)四号字,加粗,与正文对齐(缩进两个小四字符);一级标题上面,空一行。

节以下的二级标题,即"(一)、(二)、(三)……",使用宋体小四,加粗,与正文对齐;二级标题上面,也可空一行。

节以下的三级标题(如果需要),即"1、2、3……",使用宋体(或者楷体)小四号字,不加粗,与正文对齐。

(三) 脚注的字体字号

脚注用宋体小五号字,一倍行距,开头缩进两字。脚注序号与其后文字之间,空一格。例如:

〔1〕龚祥瑞主编《法治的理想与现实:〈中华人民共和国行政诉讼法〉实施现状与发展方向调查研究报告》,中国政法大学出版社1993年。晚近,武汉大学林莉红教授的团队做了更加严谨的问卷调查。

〔2〕夏勇《走向权利的时代:中国公民权利发展研究》,中国政法大学出版社 1995 年初版。

(四) 特殊情况的处理

1. 叙述案例或者引证文字超过三行字的,缩格,并变换字体排版(建议用仿宋体)。例如下文:

> 针对一审判决,被告争辩说:"《行政复议法》关于第三人的规定属于弹性条款,第三人是否参加行政复议由复议机关视情况决定。本案张成银没有参加复议,不能以此认定复议机关违反法定程序。"对此,二审判决给予直接而有力的回答:

> 《行政复议法》虽然没有明确规定行政复议机关必须通知第三人参加复议,但根据正当程序的要求,行政机关在作出对他人不利的行政决定时,应当听取相关当事人的意见……徐州市人民政府未听取张成银的意见即作行政复议决定,构成严重违反法定程序。

变换字体排版的引文,可以不加引号。引文结束后,如果接着讨论、不换段的话,正文要顶格写,不缩进。

2. 文中的图形和表格,可根据排版需要变换字号。

3. 引用文字或者表格如果超过一页,可以用附录的方式,置于正文之后、参考文献之前。

(五) 页码

记得给论文插入页码。页码通常置于页面底端,居中或者居右;如果双面打印,必须居中或者置于外侧,不能居右(不然,你试试看)。

练习:

1. 拿一篇现成文章,对其措词、句式、段落乃至结构和版式做修改、调整。

2. 拿一篇2万字左右的现成文章,先将其篇幅压缩一半,再压缩至2000字。

第七讲

伦 理

常见问题

1. "借鉴"人家东西,连引注也一并抄过
2. 想早日发表,又怕一稿多发
3. 把所有人感谢一遍

学术研究以追求真理为己任,但我们生活在人群中,受社会伦理的约束。所以,在追求真理的同时也要顾及伦理。

2004年,教育部社会科学委员会第一次全体会议讨论通过《高等学校哲学社会科学研究学术规范(试行)》(以下简称《社科学术规范》)。[1]该规范作为"高校师生及相关人员在学术活动中自律的准则",是目前正式成文的一份官方文件。本讲的讨论也会注意相关内容。

一 社会调查中的伦理

作为一般原则,社会调查应当取得调查对象的知情和同意,并避免干扰他人生活或者侵犯他人隐私。[2]

(一) 知情原则

调查人员应当告知对方你的身份、调查的目的和用途。

在开放场合的实地观察,是知情原则的一个例外。一则,事先告知可能破坏调查的自然场景,不能取得真实的结果;二则,对调查人员来说,调查对象通常是匿名的;三则,人们在开放场合的活动一般谈不上秘密。第三讲中提到的对同性恋者行为的"茶室"观察和对警察在火车站拦截盘查的观察,没有事先告知当事各方,并不违反调查伦理。在前一案例中,调查者还利用调

---

[1] 教育部文件,教社政函[2004]34号。
[2] 本部分内容主要参考[美]艾尔·巴比《社会研究方法(第11版)》,邱泽奇译,华夏出版社2009年,第3章"社会研究中的伦理和政治"。

查对象的汽车牌号追踪到其住处,然后假装陌生人对调查对象进行访谈。这一做法遭到了非议。

在实验研究中,研究者为了保证实验效果而谎称研究目的,是常有的事。当然,实验过程中不告知真正的研究目的,在实验结束后告诉他们真相也算一种弥补。

(二) 同意原则

调查人员告知对方你的身份、调查目的和用途后,如果对方不愿接受调查,那就不必勉强。强迫为之,调查效果也不好。

在某些情况下,研究人员握有强大的"权力资源",足以与被调查者建立一种支配性的关系;后者虽然同意接受调查,但可能心中不快,敷衍了事。例如,老师在课堂上向学生发放问卷,请学生填写,学生担心拒绝参与会影响成绩而勉为其难。这种情况下,老师可能需要特别强调自愿参与,在学生填写问卷时可以暂时离开教室,或者请学生代表收集问卷。

(三) 无害原则

文章发表时,一般应当说明调查对象的情况。但如果披露调查对象的身份可能会给他带来不便,调查者应当主动采取变通措施。实践中,人们往往用"A、B、C"、"A 法院"一类来指代受访者。特别是,如果对方愿意接受调查,但要求不公开其身份,那在发表文章时就不应当披露其身份。

研究者遇到的一个难题是:有时候,通过对调查对象所有回答的仔细分析,也能够判断这个人的身份。例如,他说自己是某个公司的员工,并透露了性别、年龄、教育程度等特征,公司很有可能推测出这个人是谁。这种时候,研究者就需要根据问题的敏感程度做相应的处理。如果问题高度敏感,有些研究者在做完研究后,就把所有可能辨别身份的信息予以删除。在美国,曾有研究者为遵守保密规范而拒绝回答大陪审团的问题,因此被判入狱。面对刑事起诉,他坚持了无害他人的原则。

二 论文写作中的称呼

学术论文中的称呼,包括自称和他称,有时候是个难题。如何称呼自己的国家,有时也成为一个问题。

(一)"笔者""我""我们":如何自称?

学术论文总是表达作者的见解。不管是陈述事实,还是提出主张,甚至综述他人观点,说的都是作者的话。但多数时候,作者是"隐身的":你没有必要处处说"我发现"、"我注意到"、"我相信"、"我认为"、"我主张"……你不说这些,文章反倒干净利落。这就像一个专业的译员在翻译他人讲话时,不需要说"他说"、"他说"、"他刚才说"。理论上,甚至可以做到整篇文章不提一个"我"。说到"我"的地方,可以用"本文"、"文章"或者"本文作者"来代替。

有的时候,"我认为"、"我觉得"反而是不恰当的。例如,有人写道:"综上所述,我觉得行政诉讼制度最为重要的功能是保护公民、法人或者其他组织的合法权益。"在这里,"我觉得"是不必要的。这种措辞给人感觉既主观又随意,不应当在论文中使用。

但有时候,难免要提到作者。当文章说到作者的时候,到底是称"我",还是"笔者",抑或"我们"?这个问题迄今没有形成一致观点。有人认为,用第三人称"笔者"自称,显得超脱、中立、客观,更符合学术论文的理性风格。也有人认为,"笔者"的用语太冰冷、太虚假,假装置身事外实际又脱不了干系,还不如用"我"更直率、更真诚、更负责任。我本人现在写文章,多用后者,直呼其"我"。至于"我们"——除非文章是合作作品——就很不适宜,甚至有点装腔作势了。明明是你一个人在论说,怎么变成"我们认为"了?你无权自行代表他人说话,何况有理也不在人多。现在年轻一代学者写文章,基本不用"我们"自称了。

当然,也有一些情况可用"我们"。例如,"今天,在一个相当不同的法律传统中,我们将看到一个精神相似的原则——我们称之为正当程序原则——正在中国蓬勃生长";"在讨论正当程序这个一般法律原则在司法实践中的应用前,让我们先看看法定行政程序在行政诉讼中的状况"。这里是作者拉读者一起,称"我们"。

下面是几个用"我"自称的例子,看看是否适当:

一种情况是,交代作者为论文写作而做的努力。例如,"我所运用的案例主要来自《最高人民法院公报》和《人民法院案例选》,以及我本人曾经参与、在网上所寻找和法官所推介的案件"。又如,"为此,我曾经走访本案一审的审判长王振峰副院长……他跟我谈起'法律精神'在司法中的作用,谈起立法的缺陷与法官的补救"。

另一种情况是,介绍文章的写作安排。例如,"本文将通过阅读有关行政程序的判例,结合对法官所做的访谈,勾勒一幅正当程序原则在司法实践中的发展图景。我希望这些案例能够展示,在中国的司法实践中正当程序原则已经晨光初现,正在冉冉上升"。又如,"下面我将在梳理这几个概念的基础上,为这几个概念的存在辩护,同时也试图指出这类概念和讨论进路的弱点。"[1]

还有一些特殊情况,作者的身份必须交代。例如,"本文作者(当时为北京大学法学院的博士生)曾经代理刘燕文参加诉讼,一定意义上是那场辩论的当事人之一。我的参与在某种程度上使正当程序这一主题在那场辩论中更加突出,同时也激发了我本人对正当程序问题的持续关注。在本文中,我尽可能以一个旁观者的立场来叙述那场争论。"

(二)"教授""博士""先生":如何称呼他人?

法学文章里难免要称呼人,称呼人最难办的大概是称呼长辈。我刚写文章时,也曾为这个问题颇费踌躇。最简单的办法,当然是直呼其名。但若遇上自己导师或者其他前辈,就有些叫不出口。思来想去,在学术文章(以及正式学术会议)上,称

---

[1] 这种情况,多可以以其他主语来代替。例如,"这些案例试图展示"、"本文将在梳理这几个概念的基础上"。

"×××教授"之类的学术头衔还是一个比较得体的称呼。没有特别的理由,不称呼人家"院长"、"主任"等无关学术的官职(除非对方的主要身份是官员),也不使用"恩师"、"师兄"之类的个别化的称呼。其潜在的含义是,学术文章相当于在公共论坛上发言,既要对其他参与者保持足够的尊重或者尊敬,也要保持学术的独立性,不考虑学术以外的身份,不过分强调私人之间的关系。[1]

但称呼学术头衔也有问题。除了教授,还有副教授、讲师,有的地方还有研究员、副研究员,越讲究越麻烦。实践中的做法,教授、研究员一概称"教授";除此之外,有博士学位就称"博士"(好在现在做学问的年轻人几乎都有博士学位)。为了减省文字,第一次出现名字的地方叫"教授"、"博士",再次出现名字时,不再带头衔。当然,最简便的办法还是不讲究,统统直呼姓名。至少,学生在文章中直呼我的名字,我是不会有意见的。

目前已经形成确定规矩的是:注引文献和参考文献中的作者信息,一律不带头衔。

(三)"中国""我国",还是"中国大陆"?

我的一篇文章在刊物上发表时,编辑把里边提到的"中国"

---

[1] 我的师兄包万超当年在博士论文开题时,直呼自己的导师"罗豪才"、"罗豪才",那场景给我的惊讶,至今记忆犹新。而一些人在学术会议上口口声声"罗老师",让我感觉稍稍过于强调私人关系了。至于一些人在学术会议上"罗主席"、"罗主席"的(罗曾任全国政协副主席),我听起来不是个滋味。

统统改成"我国"。我觉得完全没有这个必要。相反,我觉得在学术论文中"中国"的用法比"我国"要好。因为它平和、中立,而"我国"的说法暗示了一种身份的界分,不太符合学术讨论的气质。

有的作者还喜欢用"中国大陆"来指称文章主题所涉及的地理范围。这一称呼主要是与台、港、澳做法律比较时用的。单独讨论中国大陆的法律现状,在中国大陆的学术刊物上发表,一般说"中国"就可以了。这虽然有些以偏概全,但简洁通俗,也不致引起误会;处处"中国大陆",反而别扭。至于统称中国大陆以外的事情,如果包括台、港、澳在内,一般说"境外"、"域外",而不说"国外"。"境外",指边境之外;"域外"者,法域之外也。

三　批评和商榷

学术研究重在传承,贵在批评。传承也好,批评也罢,都应当保持学术独立、真诚讨论。学术独立,是学者人格的独立;学术真诚,是学者为人的真诚。

(一) 学术批评要有明确对象

与称呼相比,批评是更难办的事。批评多多少少会让人尴尬,甚至不同意见的商榷有时也会让人不悦。但学术的活力就在于批评,没有批评就没有进步。我曾开玩笑地说:"要以批评别人为乐,以被人批评为荣。"

一般来说,学术批评是针对特定学者的某个具体观点、论证方法甚至概念的使用。在我为时不长的学术经历中,我经常批评别人,也多次被人批评。在《行政诉讼举证责任:一个价值衡量的方法》中,我找了师兄沈岿和一位当时还不认识的研究生桑本谦的文章作为批评对象,以此推进我的论证。我认为,沈岿所谓的"举证责任个性化研究"仍然限于追寻个案中的事实真相,遮蔽了举证责任制度对于潜在当事人的指引功能;而桑本谦运用经济学分析方法给出的举证责任分配公式过于简单,缺乏实践意义。文章写好后,我分别寄给两位学者,请他们评议指正。

在有特定对象的情况下,批评者应当做指名道姓的批评,不必为了和谐而遮遮掩掩。有一篇批评"实质法治观"的文章,初稿中居然没有对"实质法治观"的基本纲领做一个梳理,更没有援引一篇所谓"实质法治观"的文献。这样的批评容易给人感觉是无的放矢,跟空气作战。另一个例子是王贵松教授的一篇文章,其中相当的篇幅是讨论"中国行政法学的诞生"问题。文章以比较翔实的材料论证钟赓言《行政法要论》的出版才代表了中国行政法学的诞生,从而否定了我在一篇较早文章中提出的"中国行政法学诞生于日本"的说法。但不知何故,作者没有提及我的文章,没有给我被人批评的光荣。

在特定情况下,学术批评也可能没有特定对象。例如,在《内部程序的法律规则》中,我首先描述了中国学者在过去二十多年中对内部程序的研究与对外部程序研究之间的巨大落差,前者鲜有关注,后者一窝蜂。接着,我指出这种状况的后果(引用时省略注释):

> 对内部行政程序认识的局限也影响到对《行政程序法》

的立法构思。虽然学者们普遍同意,未来的《行政程序法》在主要调整外部程序的同时也应当调整部分内部程序,但所提及的"内部程序"往往只有管辖、协助、委托等几点。基于对内部程序的这种狭隘理解,在《行政程序法》的专家试拟稿中内部程序被置于"行政机关"的章节之下,草草对付。按照目前构想制定的《行政程序法》,在行政程序的内容上必定是"跛腿"的。它更像是外国立法的一个摹本,而不是对中国现实的回应。

在文章结尾,我又重申了这一问题的严重性:

> 在过去的二十多年中,中国学者汲取了英美的程序正义理念,把当事人的参与作为行政程序制度建设的重点,很大程度上克服了"重实体、轻程序"的积弊。然而,当学界把视线聚集在当事人的参与制度,当无数的学者一窝蜂般地赶写"听证"的文章,我们忽略了中国法律实践中正在生发的制度,忽略了内部行政程序这一保障行政公正的重要机制,忽略了中国行政管理中值得珍重的本土资源。

这种批评不是没有对象,只是没有针对具体哪个人,而是针对整个行政法学界,"棍扫一大片"。每个学者都有选择论文主题的自由,我无权批评;但就整个行政法学界而言,导向发生了偏差,我必须指出。

(二) 学术批评的"金规则"

有意义的学术批评必须是真诚的学术批评。为此,要牢记

学术批评的几条"金规则":

一是,不要贬低他人的智商。能够值得你批评的,大体上跟你在一个层次。人家都说"三七二十八"了,完全不在一个层次,你就不必和他正儿八经地争去。批评时,不要轻易使用"缺乏起码常识"、"连七岁小儿也知道"、"如此低级的错误"之类的恶语。批评他人不是为了抬高自己;何况,把人家说得啥也不是,也不能抬高自己。

二是,不要否定他人的人格。批评要对事不对人,不能上纲上线,随便扣帽子。没有确凿的证据,也不要去质疑别人的写作动机。你一上来就指对方"五毛党",对方则还以"带路党",这样就没法讨论问题了。学术批评不是比拼道德立场和政治正确,不是抢占了道德制高点或者拉扯起政治大旗就能够获得胜利。

三是,不要轻率推翻他人观点。要防止误读,误读会使你的批评毫无价值。不要轻易全盘否定,该肯定的地方还得肯定。不要说没有根据的话,批评者对自己的观点负有举证责任。一张口就"你说得都是错的",而且不加任何论证,这是极端轻率的。

四是,不要光抓人家小辫子。学术批评旨在纠正学术导向的偏差、推动学术进步。因此,批评应当主要着眼于人家著作的问题意识、论证方法、材料运用等关键问题。个别不当的引注、不通的文句乃至误用的标点,也都可以指出;但光指正这类错误,老是纠缠于一些细枝末节的问题,哪怕说的都有道理,意义也不大。

(三) 批评与反批评

把批评文章发表前寄给被批评的人,请他(他们)提出意见,是个很好的办法。这不但可以消除对对方观点的误读,有时还能听到很好的意见,促进文章完善。因为你所批评的对象,正是对这个问题做过深入思考的人。师兄沈岿、前辈叶必丰老师,几次被我批评,每次都很真诚地帮我提出修改意见。他们的意见使我受益匪浅,他们的真诚更令我感动。

现在有些学术刊物,在刊发前,把批评文章寄给被批评人,听取其意见,甚至邀请其提出反批评。这是一个很好的做法。《行政法论丛》曾经收到一篇文章,主要是跟我《行政行为对民事审判的拘束力》一文商榷的。《论丛》编辑把文章发给我,想听取我的意见。我回复说,是否刊发,我作为当事人不便发表意见;如果刊发,请给我一个回应的机会。后来刊发时,我写了一篇两千来字的短文,附在该文后面,算做一个回应。[1]

四 假引和抄袭

学术上的不端与学术研究本身一样古老,今后也不会绝迹。有本书叫《背叛真理的人们》,介绍了科学史上一些伪造数据、杜

---

[1] 韩思阳《行政与民事争议交织问题的"斯芬克斯之谜":兼与何海波教授商榷》,载《行政法论丛》第12卷,法律出版社2009年,及附文《两点澄清,一点质疑:答韩思阳》。

撰实验结果和剽窃他人研究成果的重大案例,令人触目惊心。[1]它提醒人们,学术界也不过是社会的一部分,学术人并不因为从事学术研究而变得圣洁。面对各种学术不端,人们没有理由漠视纵容,任其滋生蔓延,败坏学术风气和学术声誉。

《社科学术规范》对学术引文提出两项明确的要求:(1)引文应以原始文献和第一手资料为原则。凡引用他人观点、方案、资料、数据等,无论曾否发表,无论是纸质或电子版,均应详加注释。凡转引文献资料,应如实说明。(2)学术论著应合理使用引文。对已有学术成果的介绍、评论、引用和注释,应力求客观、公允、准确。伪注、伪造、篡改文献和数据等,均属学术不端行为。

下面主要探讨错误标引和该引不引所带来的学术伦理问题。前者主要是假引伪注的问题,后者主要是抄袭、剽窃的问题。

(一)假引伪注

凡是没有查核原文而错标引注信息的,都属于假引伪注。假引伪注是一个比较普遍的问题。即使在权威法学期刊中,也存在假引伪注的现象。

引注错误可能源于各种情况,其性质也有所不同。有的只是作者凭印象,马马虎虎地写下引注信息。经常见到一些文章的引注,把别人的书名或者文章名写错的。我有次凭记忆写下自己文章的发表信息,后来发现竟然写错了。可见,记忆是不完

---

[1] [美]威廉·布罗德、尼古拉斯·韦德《背叛真理的人们:科学殿堂中的弄虚作假》,朱进宁、方玉珍译,上海科技教育出版社2004年。

第七讲　伦理

全靠得住的。遇到自己不完全确定的信息，一定要去查阅。

比较多的情况，是转引他人错误文献，以讹传讹。有的作者阅读了他人论文中提及的文献，自己没有查阅，就在论文中直接引用他人论文所提及的文献。这样做，是对相关论文作者的不尊重，在某种意义上也属于抄袭。而且，转引他人文献而不去查明原始出处，一旦他人引注错讹，就会谬种流传。自己不懂外文或者没看过外文文献，却直接引用外文文献而不标注转引的，就更不保险了。一旦出了问题，这责任是逃不掉的。

这方面，我自己就有过教训。在《形式法治批判》中，我提到英国法学家拉兹坚持法治的形式特征，反对把法治与民主、正义、平等、人权混为一谈。接着，我援引了一位前辈关于拉兹的译文："如果法治意味着良法之治，则探究其性质便旨在提出完善的社会哲学。倘如此，法治一词缺少任何功用。"[1]后面，我还假模假样地引用了拉兹的原著，并解释说："不过，这一点并不意味着拉兹反对民主、人权等当代社会普遍的意识形态，只表明拉兹反对把法治当成一个分析框架时，让其承载过多的政治道德含义。从根本上，他争辩的是法治的一个定义问题。"毕竟我没有看到拉兹的原著，文章发表后一直惴惴不安。直到后来接触拉兹的原著，对照了一下，意思没有大错，心里才稍稍安定。尽管如此，我没看原著，转引他人的译文却没有标明转引，总归

---

[1] 拉兹的原话是："If the rule of law is the rule of good law then to explain its nature is to propound a complete social philosophy. But if so the term lacks any useful function." Joseph Raz, *The Authority of Law: Essays on Law and Morality*, Clarendon Press, 1979, p.211.

是心虚的。

也有个别情况,错误的引注是作者为隐瞒抄袭的事实而有意伪造的。这比作者抄袭他人文章而不注明出处更加恶劣。我的论文《通过判决发展法律》发表后,在《人民法院报》上发了一个简缩版,原有的注释就去掉了。有位作者大概只看到报上的文章,在结尾中大段抄袭时,遇到了一句带引号的话:"法理或者学说在推论中被运用来论证正当理由,在我国并不缺乏实例,只是被我们所疏忽罢了。"这句话原是孙笑侠教授《法律对行政的控制》一书中来的;这位仁兄一时不知从何找去,就胡乱地加了个注,把它安在另一教授的头上。嘿嘿!

(二) 抄袭与剽窃

在汉语中,抄袭与剽窃往往相提并论,两者的界限却不是特别清楚,有时候似可混用。一般来说,抄袭是袭用他人的思想或者文字表达方式,而没有注明出处的行为。不管是照抄文字还是改头换面,都不影响抄袭的认定。而剽窃是指以隐蔽的手段,将他人作品部分或全部当作自己作品发表的行为。两者的区别似乎主要是行为方式和程度轻重。

下面举的一个抄袭的例子,是贺卫方教授的一篇评论文章中所指出的;一个剽窃的例子,是《法学研究》编辑部所公告的。

例1:周叶中、戴激涛《共和主义之宪政解读》抄袭崔卫平教授的《汉娜·阿伦特主要著作简介》

崔卫平的原文是这样的：

《论革命》(*On Revolution*)，1963年出版。这是阿伦特一部重要的政治理论著作，表达了她"自由宪政的共和主义"思想。首先，阿伦特分析了在"革命"这个人类创造性活动中所包含的难以逃脱的悖论，她称之为"自由的深渊"：一方面，革命意指砸碎枷锁、推翻旧体制；但是另一方面，革命同时意味着要建立新的秩序，而且通常被说成是"前所未有"的"新天新地"。对于革命者来说，它所带来的一个难题是——当革命推翻旧体制而着手建立新体制时，革命者如何继续保证它的最初的原创性或自由发挥力？经常出现的情况是革命者最终变成了吞噬自己子女的恶魔。比这个问题更棘手的是，由不受既定传统束缚、揭竿而起的革命所建立起来的政权如何说明自己的正当性？从什么样的资源可以取得它的合法性论证？解决的办法往往是赋予这个新的创制一种更高超、更绝对的根据，这个绝对根据可以是古代的"圣人"、"伟大的立法者"、"自然法和自然法的上帝"（民族的"普遍意志"），但以权威之外的权威来解释其正当性，这是一个恶性循环。

《共和主义之宪政解读》是这样的：

《论革命》则集中深刻地阐述了阿伦特的自由宪政共和主义思想。她将"革命"称之为"自由的深渊"，自身有着难以逃脱的悖论，她称之为"自由的深渊"。一方面，革命意指砸碎枷锁、推翻旧体制；但是另一方面，革命同时意味着要建立新的秩序，而且通常被说成是"前所未有"的"新天新地"。对于革命者来说，它所带来的一个难题是——当革命推翻旧体制而着手建立新体制时,革命者如何继续保证它的最初的原创性?经常出现的情况是革命者最终变成了吞噬自己子民的恶魔。比这个问题更为难解的是,由不受既定传统束缚、揭竿而起的革命所建立起来的政权,如何说明自己的正当性与合法性?解决的办法往往是赋予这个新的创制一种更高超、更绝对的根据,这个绝对根据可以是古代的"圣人"、"伟大的立法者"、"自然法和自然法的上帝"(民族的"普遍意志"),但以权威之外的权威来解释其正当性,这无疑是一个恶性循环。

贺卫方教授评论:没有任何注释表明这段话是来自崔卫平教授。而且,你是否会觉得抄袭得太"惟妙惟肖"了?文字改动的地方很少,其中的第一句是一例,结果还容易引起误解,仿佛《论革命》是另外一位作者写的阐述阿伦特宪政共和思想的一本书。另一例是把"革命子女"改成(或误成?)"革命子民",一字之差,简直可以说是把共和国复辟成君主制了。[1]

例2:金泽刚剽窃王昭武《论共犯关系的脱离》

《法学研究》编辑部在《法学研究》2007年第4期发表"本刊声明",原本不漏地抄在这里:

有读者反映本刊2006年第2期刊载的上海交通大学副教授金泽刚《论共犯关系之脱离》与《武大刑事法论坛》第2卷(中国人民公安大学出版社2005年9月出版)刊载的王昭武《论共

---

[1] 贺卫方《周叶中教授事件及其他》,《社会科学论坛》2006年第2期。

犯关系的脱离》一文的主要内容大多相同。

经查,金泽刚文中所使用的若干日文学术资料系由王昭武收集、整理和提供;构成金泽刚文章核心内容的第三部分之主要观点系由王昭武提供。金泽刚在此基础上作了一定的增删修改,作为其与王昭武的合作作品向本刊投稿(此前王昭武已告知其中部分内容已向《武大刑事法论坛》投稿)。在本刊初步决定采用后,金泽刚征得王昭武同意,将该稿件作为自己的独著作品投稿并与本刊订立《稿件使用合同》。

本刊认为,金泽刚先生把他人的学术观点作为自己文章核心部分的主要观点,而且未作任何说明,严重违反了学术道德和学术规范。为了维护学术研究的基本规则,净化学术风气,本刊声明:自即日起五年内,不再接受金泽刚先生的任何投稿。

十分感谢读者对本刊的关心和爱护,并为采用该稿件上的失察向读者致以深切的歉意!

五 署名和致谢

一篇文章,宽泛意义上的参与者往往有多人。文章应当署谁的名字?作者在文章中又应当如何对他人的参与表示感谢呢?

(一) 署名

《著作权法》规定,除了该法另有规定,著作权属于作者。谁是作者呢?该法对此做了明确的规定。首先,创作作品的公民是作者;由法人或者其他组织主持,代表法人或者其他组织意志创作,并由法人或者其他组织承担责任的作品,法人或者其他组织视为作者。如无相反证明,在作品上署名的公民、法人或者其他组织为作者。其次,两人以上合作创作的作品,著作权由合作作者共同享有。没有参加创作的人,不能成为合作作者。《社科学术规范》要求,学术成果的署名应实事求是,署名者应对该项成果承担相应的学术责任、道义责任和法律责任。

实践中,比较容易引起争议或者非议的是合署名字的问题。合署名字多发生在有师承关系的两人或者多人之间。一方面,师生之间声气相通,比较容易合作;另一方面,对一些作者来说,合署名字既可以帮助年轻学生解决发表论文之难,也可以帮助导师维持和扩大其学术影响。除了师生合署,在一些交叉学科研究中,我们也看到一些学者进行跨学科的合作。

但合署作品(尤其是师生合署)存在明显的弊端。一些学者(甚至包括一些中青年学者)过早地停止了创造性的学术生产,甚至依赖与学生合写文章维持学术产出。而且,一旦学生写的论文有问题,作为合作作者的导师也难脱干系。在"周叶中事件"中,武汉大学的周叶中教授与他的博士生戴激涛合作发表的著作《共和主义之宪政解读》被指控多处抄袭。事后发现,这本书基本上是在这位学生的硕士论文基础上加工而成的,操刀的看来主要是学生。但因为周叶中教授署了名,他也必须对抄袭问题负责。[1]

---

[1] 贺卫方《周叶中教授事件及其他》,《社会科学论坛》2006年第2期。

对年轻学者来说,过多地依赖与他人合作来发表论文,对其成长也是不利的。我所在单位有一次讨论进人,有教授就问起一位求职者:"为什么你写的论文都是跟人合作的?"最终,这位求职者没能进来,因为别人很难判断其真实的学术水平。

总而言之,对合作作品既要慎重,也不能一棍子打死。法学研究从观点、方法、材料到文字,基本上是一种个人化的研究,是别人很难替代的。从最近几年的实际情况看,法学论文中的合作作品越来越少,有多家刊物几乎不再发表合作作品。但是,也要看到合作的必要。特别是从事跨学科研究时,合作往往是需要的,甚至是值得鼓励的。考虑到利弊两个方面,《清华法学》的约稿启示采取了这样的办法:"本刊特别提倡作者独立署名。凡是合作撰写的文章,均须在论文标题上加上特别注释,说明合作者在实际合作过程中的具体分工,如论文的主要观点、写作纲要是由何者提供、初稿写作以及最终定稿是由何者完成等事项。"

(二) 致谢

对于没有参与创作,而只是提供指导或者思路启发、协助查找资料、进行评论的人,作者可以在题记或者后记中表示感谢。例如,人家在讨论中给了你重大的思路,你最好还是感谢一下。人家的评论,哪怕是批评,促使你审慎考虑,你也应当感谢一下。《社科学术规范》要求,研究成果发表时,应以适当方式向提供过指导、建议、帮助或资助的个人或机构致谢。

当然,感谢也要实事求是,不能没边没沿,把相关不相关的人都提一遍。人家没有任何参与你也感谢一番,听起来就不那么诚恳了。在学术刊物发表时,考虑到版面的问题,感谢的话尽可能精炼些(有些刊物干脆把这些话都删了,我就碰到过好几次)。如果作为论文后记,则可以写得长些、个性化一些。

下面是我的两个例子:

1. 何海波《行政行为对民事审判的拘束力》

在本文写作过程中,台湾大学林明昕教授向我提供了部分台湾地区的文献,清华大学研究生张建江帮我查找了部分资料。叶必丰教授、王亚新教授、宋华琳博士、王贵松学友等阅读了本文初稿,提出了修改意见。在中国法学会行政法学研究会2007年年会上,评议人吴偕林法官以及多位同仁做了富有启发性的质疑和批评。特此致谢。

2. 何海波《何以合法?对"二奶继承案"的追问》

本文的写作,得益于与何兵、萧瀚、宋功德、杨利敏、程金华、黄卉、叶逗逗和陆宇峰诸友的讨论和争辩。论文初稿曾先后在国家行政学院的读书小组和北京大学法学院的workshop做过讨论,得到不少有益的评论。还有多位匿名评审人给了认真、直率而富有启发性的批评。泸州中级法院吴红艳法官提供了判决书。在此一并感谢。

六 投稿和转载

文章写成后如何发表、发表后如何使用,属于论文写作的延伸问题。因为涉及学术伦理,所以也在这里说一说。

(一) 一稿多投

目前中国还没有多家刊物共享的论文发表平台,投稿只能一家一家地投。你投给一家意向刊物,他通知你不予刊用或者过了约定期限没有回音,你才能转投另家。这可能使论文发表周期很长。投稿者要像填报高考录取志愿一样谨慎,一个精明的投稿者必须选好"第一志愿"。

目前有一些机构宣称他有门路帮你发表,你可以"委托投稿"(当然是要钱的)。这是完全不靠谱的。至少在现阶段,他们与真正的学术刊物生存于两个不同的世界。

那么,能不能同时向多家刊物投稿?这个问题颇有争议。有的编辑对此很反感,也有的表示理解。例如,《法制与社会发展》曾经特别声明,禁止一稿多投[1];《华东政法大学学报》则表示,"欢迎专稿专投,反对一稿多发"[2];而《法学研究》的张广兴副主编曾经明确表示,反对一稿多发,但提倡一稿多投。[3] 慎重起见,作者最好查询一下相关刊物的政策。为了避免一稿多发,作者接到一家刊物的刊用通知时,应当尽快与其他刊物联系,撤回投稿。这样做,自然给其他刊物带来一些不便(尤其是其他刊物也进入实质审查的情况下),但也是不得已求其次的办法。

---

[1]《本刊关于"一稿多投"的特别声明》,《法制与社会发展》2007 年第 6 期。
[2]《华东政法大学学报稿约》,《华东政法大学学报》2011 年第 6 期。
[3] 张广兴《学术规范与法学论文写作》,爱思想网站 http://www.aisixiang.com/data/15893.html。

(二)重复发表

文章在一个地方发表后,能否拿到其他地方再次发表?这种情况不值得鼓励,一般是不允许的,但也有例外。

几乎所有的出版者都希望保持出版信息的唯一性。《著作权法》也对出版权做了规定。有些出版机构在刊发前,还与作者订有专门的出版协议,规定未经其同意作者不得如何如何。实践中,少数作者把自己已经发表的东西稍微改头换面,又拿到别的刊物作为原创论文发表。这是不妥的。

但有的时候,文章发表以后,作者希望它能够获得更大范围的阅读,想在其他刊物或者书籍中刊载;或者,文章以一种语文发表后,又以另一种语文在别处发表。这种冲动是可以理解的,但作者必须告知双方出版机构并获得其同意。我自己就经历过多次,这里举两个例子。

一个例子是,我的《中国行政法学研究范式的变迁》最初作为会议论文,发表在会议文集中。这类文集的缺点是没有固定主题,出版后往往就被人束之高阁、少有光顾。正好《行政法论丛》的编辑邀我参与"新行政法学"的讨论,我把原来的文章稍作修改,寄给编辑。同时在文章中声明:"一个较早的版本见于《中国行政法之回顾与展望:'中国行政法20年'博鳌论坛暨中国法学会行政法学研究会2005年年会论文集》,中国政法大学出版社2006年。再次发表时,作者做了局部修改。"但这句话被人删掉了。

另一个例子是,我《晨光初现的正当程序原则》一文的中英文版本,相继在《法学研究》(编辑将标题改成"司法判决中的正当程序原则")和 Columbia Journal of Asian Law 发表。发表前,我跟两边的编辑简单地说了一下,他们都不介意。不久,在一个研讨会之后,牛津大学出版社希望我把英文做一个缩写,收进他们的会议文集。我告诉他们该文曾经在 Columbia Journal of Asian Law 上发表了(我提交的会议论文其实也说得很清楚);如果要收录,我得跟那边的编辑说一下。我给 Columbia Journal of Asian Law 的编辑发了邮件,并得到他们积极的回复。在文集中,我加了一段话:"A full version of this article originally appeared at 22 Columbia Journal of Asian Law 57(2008) and a Chinese version on which this article has been based may be found at 法学研究 [Chinese Journal of Law], vol.1, 2009."

文章在学术期刊上发表之后,又在非学术期刊或者报纸上压缩或者摘要刊登的,一般没有问题。但压缩或者摘要刊登时,最好能够注明原文的出处。

(三) 转载

原则上,转载文章应当告知出版机构并获得其同意。但这原则在中国似乎有一个例外。那就是,文章发表后,在互联网上转载。我不知道这个问题是否已经有了定论,但情况非常普遍,以至于很多文章只需搜索 google 或者百度就能找到。其中,有的是作者自己主动提供给网站的,更多的是网站编辑从其他途径获取的,而多数出版机构对此似乎并不反感。出版机构所要求的:一是,保证正式出版在前,互联网转载在后;二是,转载必须在适当位置标示出版信息,并且尽量保证两者内容相同。在此前提下,传统出版机构与互联网相得益彰:前者起到评价、保存论文的作用,后者则起到检索、传播论文的功能。

互联网改变一切啊!

附 录

附录1 有关法学研究的参考文献

(一) 法学研究状况

成凡《从竞争看引证:对当代中国法学论文引证外部学科知识的调查分析》,《中国社会科学》2005年第2期

何海波《中国行政法学的外国法渊源》,《比较法研究》2007年第6期

何海波《中国行政法学研究范式的变迁》,载《行政法论丛》第11卷,法律出版社2008年

刘思达《中国法律社会学的历史与反思》,载苏力主编《法律和社会科学》第7卷,法律出版社2010年

苏力《也许正在发生:转型中国的法学》,法律出版社2004年

苏力《也许正在发生:中国当代法学发展的一个概览》,《比较法研究》2001年第3期

苏力《从法学著述引证看中国法学:中国法学研究现状考察之二》,《中国法学》2003年第2期

周林彬《中国法律经济学研究中的定量分析问题》,《制度经济学研究》2006年第4期

(二) 法学论文写作

〔美〕H.泰特尔鲍姆《英语论文写作向导》,刘健等译,科学出版社1987年

陈瑞华等《法学论文写作与资料检索》,北京大学出版社2011年

梁慧星《法学学位论文写作方法》,法律出版社 2012 年第 2 版

凌斌《法科学生必修课:论文写作与资源检索》,北京大学出版社 2013 年

刘南平《法学博士论文的"骨髓"与"皮囊"》,《中外法学》2000 年第 1 期

罗伟主编《法律文献引证注释规范(建议稿)》,北京大学出版社 2007 年

宋华琳《选择怎样的题目做研究》,载《法学家茶座》第 17 辑,山东人民出版社 2007 年

于丽英主编《法律文献检索》,北京大学出版社 2013 年第 2 版

张广兴《学术规范与法学论文写作》,爱思想网站 http://www.aisixiang.com/data/15893.html

(三) 学术研究方法

〔美〕艾尔·巴比《社会研究方法(第 11 版)》,邱泽奇译,华夏出版社 2009 年

潘绥铭、黄盈盈、王东《论方法:社会学调查的本土实践与升华》,中国人民大学出版社 2011 年

谢宇《社会学方法与定量研究》,社会科学文献出版社 2012 年第 2 版

梁启超《中国历史研究法》,上海古籍出版社 1998 年

荣新江《学术训练与学术规范:中国古代史研究入门》,北京大学出版社 2011 年

严耕望《治史三书》,上海人民出版社 2011 年

〔德〕卡尔·拉伦茨《法学方法论》,陈爱娥译,商务印书馆 2003 年

白建军《法律实证研究方法》,北京大学出版社 2008 年

陈瑞华《论法学研究方法:法学研究的第三条道路》,北京大学出版社

2009 年

梁慧星《民法解释学》,法律出版社 2009 年第 3 版

王利明《法学方法论》,中国人民大学出版社 2012 年

杨仁寿《法学方法论》,中国政法大学出版社 2013 年第 2 版

张明楷《罪刑法定与刑法解释》,北京大学出版社 2009 年

张志铭《法律解释操作分析》,中国政法大学出版社 1999 年

(四) 学术研究规范

〔美〕威廉·布罗德、尼古拉斯·韦德《背叛真理的人们:科学殿堂中的弄虚作假》,朱进宁、方玉珍译,上海科技教育出版社 2004 年

贺卫方《学术引用的伦理规则》,北大法律信息网 http://www.chinalawinfo.com/ad/20050907/xsyydllgz.doc

贺卫方《周叶中教授事件及其他》,《社会科学论坛》2006 年第 2 期

教育部社会科学委员会《高等学校哲学社会科学研究学术规范(试行)》,教社政函〔2004〕34 号

附录2　本书所引的相关著作

〔美〕罗伯特·埃里克森《复杂地权的代价:以中国的两个制度为例》,《清华法学》2012年第1期

〔美〕E. A. 霍贝尔《初民的法律》,周勇译,中国社会科学出版社1993年

〔美〕孔飞力《叫魂:1768年中国妖术大恐慌》,陈兼、刘昶译,生活·读书·新知三联书店2012年再版

〔美〕彼得·萨伯《洞穴奇案》,陈福勇、张世泰译,生活·读书·新知三联书店2012年再版

〔美〕乔治·施蒂格勒《管制者能够管制什么?电力部门实例》,载斯蒂格勒《产业组织和政府管制》,潘振民译,上海人民出版社、上海三联书店1996年

陈端洪《制宪权与根本法》,中国法制出版社2010年

陈端洪《立法的民主合法性与立法至上:中国立法批评》,《中外法学》1998年第6期

陈端洪《由富强到自由:中国宪法的价值取向与司法化的可能性》,《法制日报》2002年12月5日

陈端洪《宪法学研究中的政治逻辑》(在中国法学创新讲坛"中国宪法学研究方法之辩"上的主题发言),《法制日报》2012年12月12日

陈耿《〈行政许可法〉实施在我国西部基层地区的实际影响研究:以四川省南河县为考察对象》,载吴敬琏、江平主编《洪范评论》第2卷第2辑,中国政法大学出版社2005年

陈瑞华《案卷笔录中心主义:对中国刑事审判方式的重新考察》,《法

学研究》2006年第4期

陈映芳、朱芒《市民的法意识:关于上海市行政处罚听证制度》,《社会科学》2005年第3期

冯象《法学的理想与现实:兼评龚祥瑞主编〈法治的理想与现实〉》,《中国书评》第3期(1995年)

龚祥瑞主编《法治的理想与现实:〈中华人民共和国行政诉讼法〉实施现状与发展方向调查研究报告》,中国政法大学出版社1993年

郭松《人民调解纠纷数量为何下降?超越已有理路的新论说》,《清华法学》2010年第3期

韩大元《社会变革与宪法的社会适应性:评郝、童两先生关于"良性违宪"的争论》,《法学》1997年第5期

韩思阳《行政与民事争议交织问题的"斯芬克斯之谜":兼与何海波教授商榷》,载《行政法论丛》第12卷,法律出版社2009年

郝铁川《论良性违宪》,《法学研究》1996年第4期;《社会变革与成文法的局限性:再谈良性违宪兼答童之伟同志》,《法学研究》1996年第6期

贺卫方《司法的理念与制度》,中国政法大学出版社1998年

贺卫方《通过司法实现社会正义:对中国法官现状的一个透视》,载夏勇编《走向权利的时代》,中国政法大学出版社1995年

洪世宏《无所谓合不合宪法:论民主集中制与违宪审查制的矛盾及解决》,《中外法学》2000年第5期

姜明安《论中国共产党党内法规的性质与作用》,《北京大学学报(哲学社会科学版)》2012年第3期

强世功《文学中的法律:安提戈涅、窦娥和鲍西娅——女权主义的法律视角及检讨》,《比较法研究》1996年第1期

强世功《"法律不入之地"的民事调解:一起"依法收贷"案的再分析》,《比较法研究》1998年第3期

金观涛、刘青峰《观念史研究:中国现代重要政治术语的形成》,法律出版社2009年

李松锋《游走在上帝与凯撒之间:美国宪法第一修正案中的政教关系研究》,中国政法大学博士学位论文,2013年

梁上上《利益衡量论》,法律出版社2013年

梁治平《清代习惯法:社会与国家》,中国政法大学出版社1996年

林来梵《规范宪法的条件和宪法规范的变动》,《法学研究》1999年第2期

林彦《从自我创设,到政治惯例,到法定权力:全国人大常委会执法检查权的确立过程》,《清华法学》2009年第3期

林彦《执法检查的政策功能》,《清华法学》2012年第2期

林彦《通过立法发展宪法:兼论宪法发展程序间的制度竞争》,《清华法学》2013年第2期

刘忠《"命案必破"的合理性论证:一种制度结构分析》,《清华法学》2008年第2期

罗豪才、袁曙宏、李文栋《现代行政法的理论基础:论行政机关与相对一方的权利义务平衡》,《中国法学》1993年第1期

罗豪才主编《现代行政法的平衡理论》,北京大学出版社1997年

罗豪才等《行政法平衡理论讲演录》,北京大学出版社2011年

罗豪才、毕洪海编《软法的挑战》,商务印书馆2011年

罗豪才、宋功德《软法亦法:公共治理呼唤软法之治》,法律出版社2009年

罗玲《水木清华BBS纠纷解决机制的历史变迁》,载苏力主编《法律和社会科学》第2卷,法律出版社2007年

孟璞《警察的当场盘查》,载《行政法论丛》第11卷,法律出版社2008年

苏力《送法下乡:中国基层司法制度研究》,中国政法大学出版社

2000年

苏力《法治及其本土资源》,中国政法大学出版社2004年修订版

苏力《法律与文学:以中国传统戏剧为材料》,生活·读书·新知三联书店2006年

苏力《法律规避和法律多元》,《中外法学》1993年第6期;《再论法律规避》,《中外法学》1996年第4期

苏力《变法、法治及其本土资源》,《中外法学》1995年第5期

苏力《秋菊的困惑和山杠爷的悲剧》,载苏力《法制与本土资源》,中国政法大学出版社1996年

苏力《契约的隐喻:对一种国家学说的知识考古学》,《中国社会科学》1996年第4期

苏力《解释的难题:对几种法律文本解释方法的追问》,《中国社会科学》1997年第4期

苏力《法律社会学调查中的权力资源:一个社会学调查过程的反思》,《社会学研究》1998年第6期

苏力《制度是如何形成的?关于马伯里诉麦迪逊案的故事》,《比较法研究》1998年第1期

苏力《窦娥的悲剧:传统司法中的证据问题》,《中国社会科学》2005年第2期

苏力《法律人思维?》,《北大法律评论》第14卷第2辑(2013年)

孙沛东《谁来娶我的女儿:上海相亲角与"白发相亲"》,中国社会科学出版社2012年

孙书东《媒体报道中的"好法官":以〈人民法院报〉为样本的研究》,清华大学法律硕士学位论文,2010年

童之伟《"良性违宪"不宜肯定:对郝铁川同志有关主张的不同看法》,《法学研究》1996年第6期

汪庆华《政治中的司法:中国行政诉讼的法律社会学考察》,清华大学出版社2011年

汪庆华《土地征收、公共使用与公平补偿:评 City of Kelo v. New London 一案判决》,《北大法律评论》第8卷第2辑(2007年)

王波《执法过程的性质:法律在一个城市工商所的现实运作》,法律出版社2011年

王锡锌《中国行政执法困境的个案解读》,《法学研究》2005年第3期

王亚新《实践中的民事审判:四个中级法院民事一审程序的运作》,《现代法学》2003年第5、6期

伍德志《论医患纠纷中的法律与信任》,《法学家》2013年第5期

夏勇《走向权利的时代:中国公民权利发展研究》,中国政法大学出版社1995年初版

夏勇《中国宪法改革的几个基本理论问题》,《中国社会科学》2003年第2期

肖泽晟《墓地上的宪法权利》,《法学》2011年第7期

应星《大河移民上访的故事》,生活·读书·新知三联书店2001年

张泰苏《中国人在行政纠纷中为何偏好信访?》,《社会学研究》2009年第3期

张维迎、邓峰《信息、激励与连带责任:对中国古代连坐、保甲制度的法和经济学解释》,《中国社会科学》2003年第3期

张龑《没有社会的社会契约:从商讨理论对卢梭公意学说的批判性重建》,《清华法学》2012年第6期

赵晓力《通过合同的治理:80年代以来中国基层法院对农村承包合同的处理》,《中国社会科学》2000年第2期

朱晓东《通过婚姻的治理:1930年—1950年共产党的婚姻和妇女解放法令中的策略与身体》,《北大法律评论》第4卷第2辑(2002年)

附录3 本书作者的相关著作

(一) 专著

1.《司法审查的合法性基础:英国话题》,中国政法大学出版社 2007 年

2.《实质法治:寻求行政判决的合法性》,法律出版社 2009 年

3.《行政诉讼法》,法律出版社 2011 年

(二) 文章

1.《通过判决发展法律:评田永案件中行政法原则的运用》,载《行政法论丛》第 3 卷,法律出版社 2000 年

2.《行政诉讼撤诉考》,《中外法学》2001 年第 2 期

3.《行政诉讼受案范围:一页司法权的实践史(1990-2000)》,《北大法律评论》第 4 卷第 2 辑(2002 年)

4.《举证责任分配:一个价值衡量的方法》,《中外法学》2003 年第 2 期

5.《通过村民自治的国家治理》,载沈岿编《谁还在行使权力?准政府组织的个案研究》,清华大学出版社 2003 年

6.《依据村规民约的处罚:以明堂村近 25 年情况为例》,载沈岿编《谁还在行使权力?准政府组织的个案研究》,清华大学出版社 2003 年

7.《我国行政法的渊源:反思与重述》(与应松年合作),浙江大学公法与比较法研究所编《公法研究》第 2 辑,商务印书馆 2004 年

8.《没有宪法的违宪审查:英国故事》,《中国社会科学》2005 年第 2 期

9.《"越权无效"是行政法的基本原则吗?英国学界一场未息的争论》,《中外法学》2005年第4期

10.《英国行政法上的听证》,《中国法学》2006年第4期

11.《具体行政行为的解释》,《行政法学研究》2007年第4期

12.《中国行政法学的外国法渊源》,《比较法研究》2007年第6期

13.《中国行政法学研究范式的变迁》,载《行政法论丛》第11卷,法律出版社2008年

14.《行政行为对民事审判的拘束力》,《中国法学》2008年第2期

15.《司法判决中的正当程序原则》(又名《晨光初现的正当程序原则》),《法学研究》2009年第1期

16.《正当程序原则的正当性:一场模拟法庭辩论》,《政法论坛》2009年第5期

17.《何以合法?对"二奶继承案"的追问》,《中外法学》2009年第3期

18.《行政行为的合法要件:兼议行政行为司法审查根据的重构》,《中国法学》2009年第4期

19.《多数主义的法院:美国联邦最高法院司法审查的性质》,《清华法学》2009年第6期

20.《中国行政法学若干关键词的英文翻译》,《行政法学研究》2011年第3期

21.《公民对行政违法行为的藐视》,《中国法学》2011年第6期

22.《内部行政程序的法律规制》,《交大法学》2012年第1、2期

23.《困顿的行政诉讼》,《华东政法大学学报》2012年第2期

24.《行政法治,我们还有多远?》,《政法论坛》2013年第6期

图书在版编目(CIP)数据

法学论文写作/何海波著. —北京:北京大学出版社,2014.3
ISBN 978-7-301-23825-7

Ⅰ.①法… Ⅱ.①何… Ⅲ.①法学-论文-写作-高等学校-教材 Ⅳ.①H152.2

中国版本图书馆 CIP 数据核字(2014)第 019052 号

书　　　名：法学论文写作
著作责任者：何海波　著
责 任 编 辑：白丽丽
标 准 书 号：ISBN 978-7-301-23825-7/D·3522
出 版 发 行：北京大学出版社
地　　　址：北京市海淀区成府路 205 号　100871
网　　　址：http://www.pup.cn
新 浪 微 博：@北京大学出版社　@北大出版社法律图书
电 子 邮 箱：编辑部 law@pup.cn　总编室 zpup@pup.cn
电　　　话：邮购部 62752015　发行部 62750672　编辑部 62752027
　　　　　　出版部 62754962
印 刷 者：三河市北燕印装有限公司
经 销 者：新华书店
　　　　　　890 毫米×1240 毫米　A5　10.75 印张　223 千字
　　　　　　2014 年 3 月第 1 版　2025 年 1 月第 27 次印刷
定　　　价：38.00 元

未经许可,不得以任何方式复制或抄袭本书之部分或全部内容。
版权所有,侵权必究
举报电话:010-62752024　电子邮箱:fd@pup.cn